21世纪高职高专规划教材
公共课系列

应用文写作与口语训练

■ 主　编　农　柳　战　歆　陈献兰
■ 副主编　黄丹妮　蒋梅玲　吕丽梅　梁　宣
■ 参　编　汤　楠　陈　曦　许　丽　彭碧梅
潘丹丹　赵　丽　莫思敏　黄玉梅
李彦羲　周红湘　贾雨潇　黎春晓
李筱翎

中国人民大学出版社
·北京·

图书在版编目（CIP）数据

应用文写作与口语训练/农柳，战歆，陈献兰主编．--北京：中国人民大学出版社，2020.8
21 世纪高职高专规划教材·公共课系列
ISBN 978-7-300-20507-6

Ⅰ.①应… Ⅱ.①农… ②战… ③陈… Ⅲ.①汉语-应用文-写作-高等职业教育-教材②口才学-高等职业教育-教材 Ⅳ.①H152.3②H019

中国版本图书馆 CIP 数据核字（2020）第 150734 号

21 世纪高职高专规划教材·公共课系列
应用文写作与口语训练
主　编　农　柳　战　歆　陈献兰
副主编　黄丹妮　蒋梅玲　吕丽梅　梁　宣
参　编　汤　楠　陈　曦　许　丽　彭碧梅
　　　　潘丹丹　赵　丽　莫思敏　黄玉梅
　　　　李彦羲　周红湘　贾雨潇　黎春晓
　　　　李筱翎
Yingyongwen Xiezuo yu Kouyu Xunlian

出版发行	中国人民大学出版社		
社　　址	北京中关村大街 31 号	**邮政编码**	100080
电　　话	010－62511242（总编室）		010－62511770（质管部）
	010－82501766（邮购部）		010－62514148（门市部）
	010－62515195（发行公司）		010－62515275（盗版举报）
网　　址	http://www.crup.com.cn		
经　　销	新华书店		
印　　刷	北京溢漾印刷有限公司		
开　　本	787 mm×1092 mm　1/16	**版　　次**	2020 年 8 月第 1 版
印　　张	17.5	**印　　次**	2024 年 1 月第 6 次印刷
字　　数	395 000	**定　　价**	42.00 元

前　　言

在信息化日益显著的当代，应用文具有广泛的社会功能，不仅成为各级机关、企业、团体开展各项公务、实施有效管理的重要工具，而且在某些领域也成为衡量个人综合能力、加速个人发展的有效助力。

对于高职高专学生而言，最重要的就是技能，而能根据岗位工作需要撰写相应的应用文是每个接受了高职教育的学生必备的综合技能之一。本书深入贯彻党的二十大精神，全面融入社会主义核心价值观，根据高职高专学生的特点，本着实用、够用的原则，选取与学生学习、生活、工作紧密联系的文种，旨在编写一本适合高职高专院校使用的、学生易学、教师易教的应用文写作教材。

与国内同类教材相比较，本书有以下主要特点：

第一，在内容设计上体现“教、学、做”一体化的设计理念。每个文种的案例都针对学生的学习、生活、工作内容进行设计，并配有“应用文写作与口语训练实操手册”，针对所学内容进行了任务设计。学生在完成实操手册的任务内容过程中，学会“做事”并对所学知识做到举一反三、融会贯通。

第二，以学生为中心。本教材所选取的应用文文种，都是学生在日常学习、生活、工作中常常会使用或接触到的文种。在教学设计上重点突出学生的自主学习能力（在教材中，我们结合教学中的实际情况，选用了学生的优秀写作成果作为例文展示）、团队合作能力（一些任务设计必须小组合作完成）、创新能力等综合素质的培养，充分体现精讲多练的原则，用直观形象的例文教学法引导学生以例文为借鉴，经历从模仿、熟悉到自如写作这样一个学习过程。此外，还设置了“知识拓展”栏目，扩大了信息容量，方便学生自学及拓展知识。

第三，本教材分上编和下编，上编侧重学生的写作技能训练，下编侧重学生的口头表达技能训练。写作课程不仅要培养学生的写作能力，也要提高学生的口头表达能力，使学生会写、会说，努力达到培养综合应用型人才的目的。

本书由广西经贸职业技术学院通识课程教学团队的教师与广西工商职业技术学院教师组成编写小组合作完成，具体编写分工如下：

上编的项目一、项目二、项目四由陈献兰、蒋梅玲、许丽、吕丽梅、彭碧梅、赵丽、潘丹丹、李彦羲、黄玉梅编写，项目三、项目五、项目六、项目七、项目八由农柳、战歆、黄丹妮、梁宣、吕丽梅、陈曦、莫思敏、周红湘、贾雨潇、黎春晓、李筱翎编写；下编由农柳、汤楠编写。此外，全体参编教师还结合教材内容编写了配套的“应用文写作与口语训练实操手册”，制作了本书的PPT课件，并力邀设计专业的杨琼老师根据本书的特点设计PPT课件，力求PPT课件与教材能够完美配合。

在本教材编写过程中，我们参阅了不少国内外优秀的写作成果，参考了一些相关写作论著和部分网络资料，例文中也有选自报纸、杂志和网络的优秀文章。因部分参考内容来源比较复杂或多次转载，未能一一在参考文献处详细说明出处，在此一并向相关作者深表歉意和感谢。

由于时间仓促、水平有限，本书肯定会有不完善之处，希望各位专家、读者提出宝贵意见，我们不胜感激。

编 者

目　录

上编　应用文写作

下编　口语训练

上编

应用文写作

项目一　应用文基础知识

知识导入

就写作目的而言，写作可分为基础写作、文学写作、应用写作。基础写作主要是指基础文体（如记叙文、议论文、说明文等）的写作，以及写作的基础知识；文学写作是指文学作品（如诗歌、小说、戏剧、散文等）的创作，主要用于抒发作者主观情感，反映社会现实，是为人们欣赏而进行的艺术创作；应用写作是指各种应用文的写作。我们在小学、初中、高中重点学习了基础写作中的记叙文、议论文、说明文三大文体，却没有系统地学习应用写作。应用文与其他文体最大的区别是“实用”，应用文主要是为了解决实际问题而作的。

应用文的使用范围非常广泛，几乎涉及各个领域、各个部门、各个阶层。比如，科研单位的人员，经常会用到学术论文；政府机关指导工作，需要用公文；工商企业经营，需要用合同；打官司，需要用诉状……相对于其他文体，应用文的使用频率更高。很多人可以一辈子不写小说、剧本、诗歌、散文，但他在工作、生活、学习中却免不了要写应用文，小到请假条，大到计划、总结、论文等。正如我国著名教育家、作家叶圣陶先生所说的：“语文教育的功能，重要的不是培养多少作家，而是‘把普通民众的写作水平提高到可以胜任一项工作的程度’。”通过对应用文的学习，广大学生可以增强综合素质，更好地适应社会生活和工作。

知识目标

1. 理解应用文的概念，了解应用文的种类和特点。
2. 掌握应用文写作的基础知识，了解其主旨、材料、结构、语言和表达方式。
3. 理解应用文的语言要求和专门用语。

第一讲　应用文写作概述

一、应用文的概念

应用文是党政机关、企事业单位、社会团体和个人在日常生活、学习、工作中交流思想、沟通信息、处理事务时所使用的，具有实用价值和惯用格式的文章的总称。

写作是运用书面语言表情达意的一种精神劳动，它是随着文字的产生而产生的一种特殊的社会实践活动。如果说殷商时代的甲骨文是中国最早的文字，那么用甲骨文写卜辞就是中国最早的写作，那成千上万的记录占卜、天象以及描绘征战、田猎的卜辞片，当然就是中国最早的文字作品了。从那时算起，我国人民的写作活动已有三千多年的历史。

那么，何为应用写作？凡是以实用为目的，针对特定的读者对象，用相对固定的格式以及简洁、朴实的语言进行的，可以直接用于处理公私事务、解决实际问题的文章写作，皆为应用写作。

在现实社会中，我们接触最多的是应用文，应用文可以说无时不在、无处不在，被频繁应用于处理公事和私事。因此，应用文写作能力也成为衡量一个人综合素质和工作能力的重要标准之一。

二、应用文的性质

应用文在内容上与现实生活是密切相关的，以解决现实生活中的实际问题为目的，是现实生活内容的反映；应用文在形式上或多或少都有固定的体式，带有一定的程式化特点。

三、应用文的种类

应用文按作者和用途，分为公务文书和私务文书两大类。公务文书是机关、团体、企事业单位用于办理公务的文书；私务文书是个人用于处理私务的文书。

应用文按适用范围，分为通用文书和专用文书两大类。下面简要介绍一下这两类。

（一）通用文书

通用文书指党政机关、社会团体、企事业单位和个人经常使用的文书。

1. 党政公文类

命令、决定、公告、通知、报告、请示、函等。

2. 通用事务类

调查报告、总结、计划等。

3. 个人事务类

书信、条据等。

（二）专用文书

专用文书指某一领域专门使用的文书。

1. 科技类

论文、实验报告等。

2. 财经类

经济活动分析报告、经济合同等。

3. 司法类

起诉状、答辩状、申诉状等。

4. 传播类

消息、通讯、广告等。

5. 礼仪类

祝词、感谢信、贺信等。

此外，专用类还有外交文书、警务文书、军事文书等，这里就不一一叙述了。

四、应用文的特点

（一）使用的广泛性

在丰富多彩的社会生活中，应用文无处不在、无时不有，和社会的政治经济生活联系十分密切。人们离不开应用文这个记录和传递信息、商洽和处理问题的工具。做行政工作的离不开决定、请示、通知等公文的写作；从事经济工作的离不开市场调查报告、经济合同、宣传广告的撰写；进行文教工作的，又离不开计划、总结和各类学术论文的写作。所以说，应用文的第一个显著特征就是使用的广泛性。

（二）文体的实用性

应用文是伴随着人类的生产劳动和文字而产生，又随着社会的发展而发展的。它起源于人类生活的实际需要又直接为人类生活的实际需要服务，大到国家管理，小到迎来送往。无论是从国家管理的高度还是从现代人生存发展的需要出发，应用文都已成为不可或缺的工具。与文学作品不同，应用文的写作目的是解决工作和生活中的各种实际问题。因此，实用性对应用文来说特别重要。无论是处理公共事务还是私人事务，应用文都必须具有实际应用的价值。“实用”是应用文最重要的特点，实用性是判断应用文的价值尺度，也是应用文区别于其他文种的标志。

（三）格式的规范性

应用文讲究格式的规范性。每一文种在长期的使用过程中都形成了比较固定的格式，所以写作时必须根据应用文的具体类型，遵守各自的固定格式。新中国成立后，有些应用文的格式被国家认可，用法规予以确定；有些应用文的格式约定俗成，已被人们所习惯使用；有些应用文的格式经过改造，已在实践中形成新格式。有了固定统一的格式，应用文就会眉目清楚、易于理解，给处理问题提供了便利。因此，我们在写应用文时，应该认真遵循格式要求，不能随心所欲、任意杜撰，以免给别人理解造成困难，达不到行文的目的。

（四）内容的真实性

应用文要实事求是地反映现实生活，内容应真实可靠。应用文是管理工作的工具，要为解决现实问题、指导实际工作服务，因而它完全排斥虚构和杜撰，文中所用的数据、材料等要真实、准确；所发布、传达的上级指示精神要确切，不能经过任何艺术加工，否则撰写者将承担一定的行政和法律责任。

（五）对象的明确性

因为应用文是为了处理具体事务、解决具体问题而写的，所以应用文的读者不像文学作品那样广泛，阅读对象大都明确具体。无论是党政机关公文中的“请示”“通知”，还是日常应用文中的“启事”“申请”，都有明确的读者对象，即使是“欢迎词”等，也是直接面对特定听众的。

（六）传达的时效性

由于应用文是为了解决实际问题而写的，所以它的时效性很强。一旦出现问题，就必须及时反映，否则会给生活、工作、生产带来影响。尤其是当今社会，市场竞争激烈，如果信息传递慢，企业随时有被淘汰的危险；而信息反映及时，则会给企业带来效益。

（七）语言的平实性

由于应用文注重实用，所以它的语言讲究平实，也就是语言简洁、朴实、明白、准确、规范，便于理解执行。语言平实得体是应用文写作的基本风格。

五、应用文的作用

应用文的作用主要体现在以下几方面：

（一）宣传教育作用

发布党政机关公文，是各级机关和单位宣传党和政府的方针政策、推广经验、宣扬好人好事、批评不良现象和揭露丑恶行为的重要方式，其主要作用是宣传教育，加强舆论监督，规范人们的行为。

（二）权威规范作用

应用文是行政管理的工具，党和国家的各级组织和各部门的组织系统以及企事业单位，需要通过传达法律规范、方针政策、意见办法等来部署工作，实现领导职能。命令、决定、通知、批复、意见等公务文书，就具有权威规范作用。

（三）沟通协调作用

上级机关可以通过批复、命令等应用文下达指导意见；下级机关可以通过报告、请示等应用文报请有关事情；企事业单位和人民群众可以通过各种专用书信、启事、函件等应用文来沟通思想、传递信息、加强联系。

（四）依据和凭证作用

应用文还是单位、团体履行职责、开展公务活动的真实记录。大部分应用文在宣传政策、指导工作、规范行为、沟通信息的同时，也具有便于检查、作为监督的凭证和依据的作用，一旦阅办完毕，便须立卷归档，以便日后查考。

第二讲　应用文的基本要素

任何文章的写作都离不开主旨、材料、结构、语言和表达方式这五个要素，应用文写作也不例外。

一、应用文的主旨

在不同的文体中，主旨的叫法不尽相同。在记叙类文章中称为主题、主题思想或中心思想；在议论类文章中称为中心论点或基本论点；在说明类文章中多称为中心意思；在行政公文中则称为主旨。

主旨是作者通过文章的具体材料所表达的中心思想或基本观点，是作者的意图、主张或看法在文章中的体现，是统帅全篇文章的灵魂，是决定文章是否有价值、衡量写作是否成功的标准。既然主旨是应用文的统帅和灵魂，那么一篇应用文的材料选择和取舍、结构安排、语言运用及表达方式等，都要受主旨的制约。只有这样，应用文的各要素才能在主旨的统领之下，整合为一个互相协调的统一体。

尽管应用文的主旨随文种的不同，要求会有所变化，但都应做到以下几点：

（一）正确

正确即主旨要符合党和国家的方针政策，符合有关的法律法规，符合客观实际情况，能够正确反映客观事物的本质规律，对工作起积极指导作用，经得起实践的检验。应用文的主旨决定着文稿的质量和价值，如果主旨错误，会给工作带来损失。

（二）鲜明

鲜明即应用文的基本思想、作者的态度应表达得明确清楚。赞成什么，反对什么，肯定什么，否定什么，都要表述和交代得一清二楚，决不含糊其词、模棱两可。这就要求应用文的撰写者思路清晰，对事物有明确的认识，表达时不出现歧义。

（三）单一

单一即应用文的主旨要相对集中、重点突出。对于某些篇幅短小的应用文，如请示，要做到一文一事，不能表达多种意图。对于那些内容比较复杂、篇幅较长的应用文，主旨也要集中，即便要表达的具体观点不止一个，这些观点之间也应存在一种内在的逻辑联系，共同表达一个中心思想。比如，一篇经验总结的具体经验可以有好几条，但都要围绕一个核心，共同表达某种观点。

（四）深刻

深刻即要求应用文的主旨不能只停留在表面事实的罗列上，而要从事实中归纳出观点，提炼出思想。这当然是针对那些思想内容比较复杂、篇幅较大的应用文而言的，如总结、调查报告、学术论文、可行性研究报告、市场预测及经济活动分析报告等。此类应用文的主旨要做到深刻，要能反映某种规律性的问题，帮助人们达到对某一客观事物的深刻认识。

二、应用文的材料

（一）应用文材料的含义

写文章离不开材料，写应用文更离不开材料。俗话说："巧妇难为无米之炊。"再会写文章的人，没有材料，也无法写出好文章。因此，写好应用文，材料是关键。什么是材料呢？应用文的材料是指撰写者为表现应用文的主旨，所收集或积累的一系列事实、数据或论据。如果说主旨是应用文的灵魂，那么材料就是应用文的血肉。

（二）应用文材料的作用

材料之所以重要，是因为它是应用文写作的基础。从写作的程序上讲，材料是第一性的，它是写作一切应用文的根基；而应用文的主旨是第二性的，它是在占有大量材料的基础上产生的观点、意念和感觉。在应用文写作中，主旨和材料相辅相成、密不可分。材料的重要作用体现在两个方面：第一，材料是提炼形成主旨的基础。应用文的主旨不是凭空确定的，而是对各种材料进行分析提炼，通过去伪存真、去粗取精、由此及彼、由表及里的鉴别来分析、整理，综合加工形成的。一篇应用文的内容如何，很重要的一个方面是要看它使用的材料是否真实可靠。第二，材料是表现、深化主旨的支柱。主旨可以用一句或一段简明扼要的话概括表述，但它却不能孤立地存在，而必须由文中的人物、事件、数据、理论等材料来表现、支持或证明。主旨的提炼和深化均是在大量占有材料的基础上实现的，材料在应用文写作中的作用和地位显而易见。

（三）应用文材料的来源

应用文的材料主要分为理论材料和事实材料两大部分。根据特定的写作目的，应用文的材料要做到丰厚、典型。那么，怎样获取应用文的材料呢？一般来说，主要通过直接获取和间接获取两条途径获取应用文的材料。

1. 直接获取

直接获取是指写作者亲自从现实生活中获取材料。如运用观察、实地调查、访问、开调查会等方法直接收集材料。在现实生活中，积累材料有以下三种重要的方法：（1）观察。观察可采取总体观察、分解观察、个别观察、比较观察、动态观察、静态观察等不同的方法，然后把观察的情况记录下来。（2）体验。体验就是亲身投入各种活动中去，激发情感，捕捉感受，然后把这些情感和感受记录下来。（3）调查。调查有全面调查、典型调查、抽样调查等多种手段，写作者可进行广泛的调查研究，向有关人员询问、打听，核实有关情况，尽量做到准确无误。

2. 间接获取

间接获取是指写作者通过某种传播媒介获取材料。查阅各种记录、报表、报刊、书籍、部门或单位的档案，以及网络查询等都属于间接获取。

（四）应用文材料的选择和使用

1. 选择材料

选择材料是指在收集和分析材料的基础上，对具备候选资格的材料进行筛选、取舍。通过各种途径获取的材料不可能都作为确立主旨的依据和支持主旨的基石，因为有的材料有用，有的材料没用，有的材料甚至是虚假的。如果把虚假的材料当作依据，势必会得出错误的结论。因此，写应用文之前，首先要对材料进行选择。要根据主旨的需要去选择那些真实、典型、新颖的材料，这是由应用文的实用性决定的。

（1）选材要真实。

选择真实的材料，要使材料能够反映客观事物的本质，不要使用凭空捏造、道听途说的材料。如果选用的材料不真实，不仅会影响应用文的质量，还会直接影响工作的开展。

（2）选材要典型。

典型的材料能够以一当十。对于能说明同一问题的不同材料，一定要努力找出最能深刻揭示事物本质、最有广泛代表性和最具强大说服力的材料。

（3）选材要新颖。

新颖的材料包括：新出现的事物，鲜为人知的事物，生动、活泼、群众喜闻乐见的事物。新颖的材料符合时代的特征，具有时效性。

2. 使用材料

获取材料、选择材料，最终的目的是使用材料。材料使用恰当与否关系到主旨的表达和文章的质量。使用材料的过程，是不断剪裁材料的过程，即删除芜杂，保留精华，恰当安排，合理使用。在此过程中，要注意三个方面的问题：一是要将材料整理分类，使材料条理化，确定材料使用的先后顺序，使各种材料都能充分发挥它在表现主旨上的应有作用；二是要对材料进行周密安排，使之详略疏密得当；三是要对材料进行加工润色，以显示不同的感情色彩。因此，使用材料时一定要分清主次，根据主旨的需要，按照一定的组织形式，安排材料的先后顺序。在安排顺序时要考虑材料的主次、时间的先后、材料间的逻辑顺序、人们认识事物的规律、事物发展的过程等诸多因素。

三、应用文的结构

（一）结构的概念及作用

结构是指应用文内部的组织和构造，是对观点与材料、内容与形式进行组织安排的具体形式。应用文的结构具有两层含义：一是宏观结构，即应用文的总体构思、大体框架；二是微观结构，即对应用文的层次、段落、开头、结尾、过渡、照应和主次的具体设计。只有将各要素有机组合，才能形成一篇中心突出、结构严谨、层次分明、条理清晰的应用文。

结构的作用主要表现在三个方面：一是安排好结构，能使应用文言之有体，符合规定体裁的应有程式；二是合理安排结构，能使应用文言之有序，即根据一定的思路将零散的材料组织起来，条理清晰，成为一个有机整体；三是精心安排结构，能使应用文言之成文，增加文采，增强可读性。

（二）应用文结构的特点

1. 条理清晰

应用文在内容的组织和安排上十分注重条理性、逻辑性，通常有纲有目、有主有次、有总有分。

2. 严谨周全

应用文的结构表现为：首尾贯通，上下联结，过渡自然，顺理成章。写作者在撰写应用文时思路要严密，对层次段落的划分要恰当，过渡和照应要自然，不能刻意雕琢，更不能牵强拼凑。

3. 程式划一

应用文在内容构成上通常有固定的项目，在文面形式上也有惯用格式。

4. 单一平直

应用文是为了解决问题、处理事务，而不是供人欣赏，因而其篇章结构呈现出单一平直的特性，平铺直叙，如实道来，合乎逻辑，不费解。

（三）应用文结构的安排

结构的安排是指应用文的谋篇布局。要安排好应用文的结构，必须注意以下几点：

1. 主旨先行，拟定提纲

应用文写作是为了解决问题，所以在写作之前就要想好解决问题的方法，这就是我们常说的“主旨先行”“意在笔先”。拟定提纲就是在正式写作前，先根据主旨要求将应用文的框架和所用的材料分目的、分层次地列出来。提纲的拟定过程也是梳理思路的过程。拟定提纲不一定非得动笔，有时可在心中反复修改，即“打腹稿”。

2. 行文连贯，完整统一

应用文大都由开头、主体、结尾三部分构成，要使这三部分形成一种内在联系，不可互相冲突。段与段之间、句与句之间所表达的意思都必须前后连贯；各部分详略适当，哪部分重笔浓抹，哪部分轻描淡写，要心中有数；要注意过渡段、过渡句的使用，以求达到前后照应、结构严谨。

3. 开门见山，服从需要

应用文无论选用什么样的结构，都要服从和服务于内容表达的需要。读者希望得到的是信息，希望一看就懂。所以应用文结构的安排也要简洁明了，使读者可以直接了解所要说明的问题，不能因为复杂的结构安排而影响读者的阅读。

4. 格式规范，体例统一

应用文的写作有惯用格式和固定体例。一般来讲，应用文会用到一些序数，合理地利用序数可以使应用文的结构安排更清晰。使用序数时，要注意体例的一致性，在分条列项时可以依次标上“一”“（一）”“1.”“（1）”等。有的应用文可以用“首先”“其次”“再次”或“第一”“第二”“第三”等词语来表明说明的次序和结构。

四、应用文的语言

应用文的语言要做到朴实、准确、简洁、庄重，这也是应用文语言的四个基本特征。

（一）朴实

朴实，即语言朴实无华，讲究务实。应用文写作一般是平铺直叙，文风要求朴实自然，不追求华丽辞藻，尽量不使用修饰性词语。

当然，应用文写作也不排斥生动形象的语言。品味我国历史上流传下来的许多名篇佳作，可以发现它们既是应用文，又是上乘的文学作品。所以，在重视实用性的前提下，应用文写作也应该注意语言本身的魅力和所表现的艺术价值。

（二）准确

准确是指努力使语言的表达更加符合客观实际，事实、数字甚至细节都必须切实可靠；遣词造句要求语意明确，所叙述的概念只能做单一的解释，不能产生歧义。

词语的信息容量与信息的确定性成反比，如果一个词语的信息容量过大，就会使人对其所含的内容认识模糊，从而影响理解，甚至因为主观因素的不同而产生误解。因此，在撰写应用文时，要避免使用词义不确定的词语表述事物状态，宜用含义单一、意义确定的数量词、名词、动词和代词，尽量不用或少用副词与形容词。如：说明一项工作任务时用“已基本完成”，不如用“已完成 80%”更为确切；表述事件发生的时间，应确切地写出“×时×分”，而不要用时间概念模糊的词语，如：“太阳已经落山”或“时近黄昏”；在表述事物的性质时，也应选用词义确定的词语，若因事物性质复杂，无法用确切的词语表述，就要增添附加词语，做必要的修饰与限定，使概念得以明确。

（三）简洁

1. 文字要简练，篇幅要短小精悍

应用文写作要惜墨如金，尽量选用简洁的文字，删去可有可无的内容。冗长的内容往往会淹没主旨，浪费阅读时间，从而降低办事效率。

2. 避免套话、空话、废话

应用文是为了解决实际问题而作的，只要清晰地表情达意、传递信息即可，不需要太多的套话、空话、废话。

（四）庄重

庄重是指应用文语言应适应不同文种的需要，不拿腔作调，不滥用形容词和堆砌词语，不乱用口头语、网络用语等，讲究分寸、适度。

五、应用文的表达方式

应用文写作中常用的表达方式有记叙、说明、议论三种，而描写、抒情一般在广告、调查报告、经济新闻等文体中偶尔使用。我们现在只简要介绍一下记叙、说明、议论这三种表达方式在应用文中的使用。

（一）记叙

记叙也叫叙述，主要用来交代事物的基本情况，事件发生、发展与变化的过程，人物的经历和事迹，问题的来龙去脉、原因与结果等。完整的叙述包括时间、地点、人物、事件、原因、结果六要素。叙述是应用文写作中最常用的表达方式。

叙述的方式有概叙、详叙、顺叙、倒叙、插叙、补叙等，应用文写作以概叙、顺叙为主，倒叙、插叙则很少使用。此外，叙述还要注意人称的选择。应用文写作的叙述主要使用第一人称和第三人称。第一人称叙述是指写作者以当事人、见证人的身份进行叙述，如我、我们、笔者、本局（部门）等，常见于书信、报告、总结、计划等。第三人称叙述是指写作者以局外人的身份进行叙述，如他（她）、他们等，常见于通讯、报道、纪要等文体。叙述在应用文写作中具有如下特点：

1. 以记事为主

应用文写作以记事为主，如：反映经济活动状况、市场情况、经济信息，介绍典型经验，阐述事情原委，总结工作经验，等等。

2. 以概叙为主

在应用文写作中，叙述是为后面得出结论服务的。如“通报”的叙述是为后面阐述事实的性质，达到对这一事实学习、鉴戒或引起注意的目的而服务的。叙述本身不是全文的核心所在，因而应用文写作的叙述大多用简明扼要的概叙。

3. 多用顺叙

为使应用文条理清晰，让读者掌握、理解所述的客观事实，常常使用顺叙。在叙述时有的按照时间顺序，有的按照事件发展的顺序，有的按照人们认识事物的客观过程，这样叙述能使较复杂的事实头绪清晰、一目了然。

（二）说明

说明，即阐述和解说。在应用文写作中，说明往往在陈述或议论过程中出现，主要用于解说事物的形态、构造、性质、特征、成因、关系、功用等。说明书、报告、请示、合同、自荐书等，都离不开说明。说明在应用文写作中表现出以下特征：

1. 说明客观、科学

为了真实客观地反映事物的真实面貌、本质特征，说明需要客观、科学。

2. 多用数字进行说明

说明不但要客观、科学，而且要做到准确无误，用数字进行说明就能起到这样的作用。因此在应用文写作中就少不了用数字进行说明，特别是需要反映量的变化时，数字的作用尤为突出。

3. 综合使用多种说明方法

例如，数字说明和比较说明、定义说明和分类说明、举例说明和引用说明等说明方法结合运用，可以把事物表述得更具体、准确。

（三）议论

议论，是指对客观事物进行分析，做出评价或判断，表明立场、观点和态度。应用文写作常常用议论的方式进行评论、分析，探寻事物发展的规律，阐明主旨。议论在应用文写作中有以下特点：

1. 重数据，重材料

应用文反对不切实际的议论，不是依靠言论的雄辩，而是需要无可辩驳的事实材料和数据为依据。如运用具体事例或统计数字作为论据证明论点。例如：

勤奋出成果。马克思写《资本论》，辛勤劳动，艰苦奋斗了 40 年，阅读了数量惊人的书籍和刊物，其中做过笔记的就有 1 500 种以上；我国历史巨著《史记》的作者司马迁，从 20 岁起就开始游历，足迹遍及黄河、长江流域，收集了大量的社会素材和历史素材，为《史记》的创作奠定了基础……

2. 常与说明、叙述等方式结合使用

夹叙夹议、叙议结合，是应用文中议论的特点。应用文写作往往不单独进行完整的议论，议论依赖于所叙述的事实和说明的现象。例如：

我们系统内的大多数老企业，多年来负担很重，有些厂福利性开支竟占年收入的20%；有些老厂，离退休人员工资占全厂年收入的30%以上，这些企业的亏损是由体制造成的。有些企业没有市场意识，产品几年不变，质量低劣，大量库存积压，造成投资无法回收，从根本上说，这些企业的亏损也是体制造成的。因此我们要走出困境，就必须深化体制改革。

第三讲　应用文的语言要求与专门用语

一、应用文的语言要求

选材、立意、谋篇，如果不用语言表现出来的话，这些思维的内容都不能转化成现实的成果。措辞和造句就是指对语言文字进行推敲锤炼，从而准确、得体地表现出作者的认识。应用文写作的目的性很强，非常注重实效，具有直接使用价值。因此，在长期的实践中，形成了一套既符合人们思维习惯，又能够比较清楚完整地反映事物规律的、为内容服务的相应的写作体式。

除了讲话稿等少数文种外，应用文一般不使用口语。书面语和口语，其雅俗程度有别。交际文书求雅，故行文当以书面语为主。譬如宴请宾客，就不宜在请柬上用口语“请你吃个便饭”来表达。再如在商请、介绍之类的文书中求人接待，若以口语要求对方“接待他们一下”，其效果可能会大打折扣。应用文的语言还要谦敬适度。总体而言，应用文的语言应注意以下几个方面：

（一）叙述语言需简洁、概括

在叙述时要用最简洁的语言陈述特定时空的信息，概述事实的主干，而不应纠缠于耗时费字的具体情节之中。如有一篇表彰通报是这样写的：

×××在科学研究上走的是一条不平凡的路，他全身心扑在科研上，而忘记了个人的事。有一次孩子病了，他妻子在家里忙着护理，打电话到×××单位叫他赶回家把孩子送医院治疗。×××接了电话答应后，电话筒一放他又开始做实验。他妻子在家中左等右等，等不到他回家，急得像热锅上的蚂蚁，又往×××单位打电话，这时×××正潜心做实验，电话铃声都没听见。他妻子又急又气只好打120急救中心的电话，才把孩子送往医院治疗。他的小孩高烧退后，还在问他妈妈：“爸爸又出差了吗?”

该公文将×××的先进事迹作为表彰决定的理由时，不懂得以最简洁的文字概述事实的主干，结果摆脱不了耗时费字的情节纠缠，内容冗长。

（二）语言表达要严谨、有分寸

应用文语言表达是否严谨、有分寸，关系到对问题的判断、处理是否合理、准确。如一份处理决定，其中这样写道：

李××在2019年9月间收受×××工程公司50万元的巨款。案发后李××还和×××工程公司经理及会计订立攻守同盟，妄图掩盖其过错。

文中“过错”一词有失严谨，表述与事实不符，李××的行为不是过错而是严重犯罪。

除此之外，汉语的语词还有约定俗成的搭配习惯。比如，“交流”习惯于跟“思想、经验”等抽象的词语搭配，而“交换”则习惯于和“礼物、座位”等表示实体的词语搭配。再者，汉语有丰富的同义词，如果不注意辨析这些同义词之间的细微差别，应用文是很难做到表意准确的。同义词之间有语体色彩、感情色彩、语义轻重、表意范围大小等的差异，如“吃饭”与“赴宴”是语体色彩不同，“成果”与“后果”是感情色彩有异，“毛病、缺点、错误”则是在语义轻重方面不同。

（三）数据语言要规范、清晰、准确

具体要做到以下几点：

（1）在同一篇文章中序数数字的体例要统一。如“农历初一至初7放假”一句，前后数字体例书写不规范，需统一书写。同时分数与小数的体例也必须统一。

（2）表示年、月、日、时刻一般使用阿拉伯数字，而星期则用汉字。如“2020年”“星期五”。

（3）邻近的两个数字并列表示概数时，应该用汉字书写，数字与数字之间不能用顿号隔开。如“3、4天”应写成“三四天”，“七、八种”的“七”和“八”之间不能用顿号隔开。

（四）把握好语境和语感

1. 语境

语境是指写作的具体环境，是词汇、语法的表意系统。能够因境而变，灵活调度语言，善于借助语境，使句子表达更简练、更有效，是语言表达富于功力的更高要求。

2. 语感

语感标志着一个人的语言悟性。语感强才有可能落笔生辉，语感弱则笔下容易迟钝、平淡。语言的顺、畅、美是语感强的突出特征。

（1）顺。

应用文要文从字顺。书面语最终也是供人“读”的，死守书面语的清规戒律，为了保持语句的结构完整而造成语感不顺会得不偿失。

“顺”的更高要求是文气通达，即不仅单个的句子通顺，句间的衔接也要不受阻隔，能让人读来一气呵成。

（2）畅。

“畅”含有痛快、尽情之意。仅靠文从字顺或文气通达，还不能让人获得畅快的感觉。

“畅”有节奏的要求，有速度的变化。如同水流之畅需要有落差一样，语感的畅快需要积起厚势，倾泻而下。

（3）美。

由词汇构筑的美，是表象的美；由语感构筑的美，是神韵的美。语感的美源自疏淡的笔法，源自对语词音韵的精心调配，源自长期蓄积的语言功力。

二、应用文的专门用语

人们在长期的应用文写作实践中，适当吸纳、锤炼某些传统与现代词汇，积累、形成了一套应用文专门用语。这些词语使应用文简洁、通俗易懂，成为应用文语体的一种标志。这里所说的“专门”，并非这些词语不能用于他处，而是说在应用文写作中一旦为行文所需，则必须使用。常见应用文专门用语如下：

（一）开头用语

开头用语主要有表示目的、依据、原因、时空环境等的用语。

表示目的：为了、为；

表示依据：根据、遵照、按照；

表示原因：由于、因为；

表示时空环境：目前、当前、兹、兹有、悉、收悉、敬悉、惊悉、欣悉。

（二）结尾用语

结尾用语主要有表示敬意、谢意的用语，以及规范化结语等。

表示敬意、谢意：敬礼、致礼谢意、谨致谢忱、……为盼。

规范化结语：此令；此布；此复；特此报告；此致；谨此；当否，请批复；妥否，请批复；请批准。

（三）全文用语

下列词可用于主体中，亦见于开头或结尾。

1. 人称用语

第一人称：本、我。后面可加单位简称，如本厅、我局、本公司等。

第二人称：贵、你。“贵”表示尊敬与礼貌，用于平行公文，如贵厂、贵校；“你”用于下行文。

第三人称：该。兼用于单位和人，如该厂、该公司、该同志、该同学。

2. 追叙用语

用来引出被追叙的事实：经、业经、已经、前经、兹经、拟经。

3. 承转用语

承上启下用的关联、过渡性词语：据此、为此、故此、鉴此、综上所述、总而言之、总之。

4. 祈请用语

请、敬请、烦请、恳请、希、敬希、希望、望、要求。

5. 受事用语

用于向对方表示感谢、感激：蒙、承蒙。

6. 命令用语

命令用语表示命令或告诫，用于下行公文，引起受文者注意。

表示命令：责令、着、着即、令、特命、令其、务必。

表示告诫：切实执行、不得有误、严格办理、遵照办理、参照执行、遵照执行。

7. 表态用语

表态用语又称回复用语，用于针对下级的请示、问函，表示明确意见：同意、不同意、可行、不可行、准予备案、特此批准、照办。

/ 知识拓展 /

口语和书面语的区别

口语和书面语是两种不同形式的语言变体。口语是语言存在的最基本形式。从语言的起源和发展来看，口语是第一位的；书面语源于口语，是第二位的。

口语，也叫做“口头语”，是口头交际使用的语言。一般来说，它比书面语灵活简短，理解时，对语境的依赖性比较强，但不如书面语严谨。

书面语也叫做“笔语”“文字语”，是书面交际使用的语言，是文字产生后逐渐形成的。一般来说，它比口语精确、严谨和规范。

知识巩固练习

一、填空题

1. 获悉________总公司成立，谨表________。

2. ________生________我校中文系文学专业 2019 级学生。

3.《××办法》________厂务委员会讨论通过，现发给你们，望结合本单位情况，________执行。

4. 邻近的两个数字并列表示概数时，应用________书写，数字之间不能用________。如“3、4 天”应写成“三四天”。

5. 应用文的主要表达方式是________、________、________。

二、改错题

指出下列句子存在的问题并修改。

1. 这个集团目前已成为拥有 11 个专业公司、2 个研究所、3 个生产厂，现有固定资产 6 500 万元。

2. 我们公司已经扭转了售鲜果出手慢、腐烂多的状况。
3. 我踏上走进大学生活的那一天。
4. 文明的火炬，点燃了她心灵的窗户。
5. 她煮了几个丈夫喜欢吃的菜。

三、简答题

1. 什么是应用文？应用文有哪些特点？有什么作用？
2. 应用文写作主旨的要求是什么？
3. 结合自己读过的应用文，谈谈应用文语言的特点。

四、能力训练

指出下面这则通知存在的问题并加以改正。

关于举行学院 2019 届毕业生毕业典礼的通知

各系：

时光飞逝，转眼又迎来了毕业的季节，校园里弥漫着离别的气息。学院办公室经与学工处、教务处、后勤处多次协商，定于 2019 年 6 月 26 日（星期 3）上午 9:00 在综合楼举行 2019 届毕业生毕业典礼。请各位小主准时参加，迟到的不许进入；无故不到者，后果自负。现就有关事项通知如下：

…………

项目二　日常文书

知识导入

当今社会，发达国家的高等学校已经把日常文书写作能力作为受教育者必备的能力。美国预测学家奈斯比特在《大趋势》这本书中曾说："在信息社会里，文明史上第一次竞赛是人与其他人之间的互相作用。这就使人与人的交往成几何级数增加：打电话，写支票、便条、留言和信件……在这个知识密集的社会，我们比以往任何时候更需要具有基本的阅读和写作能力。"这里的写作能力指的就是撰写日常文书的能力。

日常文书与个人的日常生活、工作、人际交往活动关系密切，使用范围比较广泛，是应用文中用途最广、最大众化的。

知识目标

1. 理解日常文书的概念、特点和作用。
2. 掌握各类日常文书的写法，重点掌握条据类文书和申请书的写法。
3. 学习例文，模拟写作，能熟练写作各种日常文书。

第一讲　日常文书概述

一、日常文书的概念

日常文书是指人们在日常工作、学习和生活中，办理公务、处理私事时所使用的一种实用性文书。由于其通俗易懂，实用性强，也有人把它称作实用文。

二、日常文书的种类

日常文书一般包括以下几类：

（一）条据类

条据类文书是指由当事人出具给对方的，作为凭证或说明某些问题的一种常见应用文，它短小精悍，可随时使用。如：请假条、便条、借条、收条、领条等。

（二）启事类

启事类文书是指可以公开张贴在公共场合或通过媒介公开播放、刊登的一类应用文。如：寻人启事、寻物启事、征稿启事、征婚启事等。

（三）申请书类

申请书类文书应属于专用书信类的一个分支，但由于其使用较为特殊，具有自身特点，在这里专列为一类，如：入党/入团申请书、贫困生补助申请书、住房申请书等。

（四）书信类

书信类文书包括一般书信与专用书信，专用书信包括介绍信、证明信、感谢信、慰问信、推荐信、邀请信、求职信等。

三、日常文书的特点

（一）实用性

日常文书是人们在生活、工作、学习中经常使用的文书，是为某一特定事情或需要而使用的文书，具有很强的实用性。

（二）礼节性

日常文书的交际色彩非常浓厚，具有礼节性，其内容要关注对方的需要和感受，措辞要礼貌，态度要庄重。

（三）书信性

日常文书大部分属于书信体，承载着传达信息、表达情感、记录凭证的功能，从内容到形式都具有浓厚的书信体色彩。

四、日常文书的作用

日常文书具有较为广泛的社会功能，在人们的日常交往中起着重要的作用。具体来讲，我们可以将日常文书的作用归纳为以下几点：

（一）沟通交流的作用

个人与个人之间、单位与个人之间、不同的单位之间的交流日益频繁，日常文书起着沟通双方情感、互通信息的重要作用。

（二）凭证性的作用

有一部分日常文书具有凭证性的功能，如证明信、条据、聘书等。

（三）广告宣传的作用

起广告宣传作用的日常文书很多，如海报等，主要就是为了宣传而写的。它就是要将有关的信息刊登发布出来，让尽可能多的人知道。

（四）提供和保存一些历史资料

日常文书反映单位和个人的种种活动，记载着各个时期的政治、经济和文化等方面的情况，因此可以保存和积累大量的历史资料，为今后有关部门和个人的研究提供方便。

第二讲　条　　据

一、条据的概念及特点

“条”即便条，“据”即单据，条据类应用文是指人们在借到、领到、收到或归还钱物时写给对方作为凭据的便条或单据。通过简单书面条子的形式向有关人员托付事情、说明情况，这样的条子也属于条据类应用文。

条据主要有以下 3 个特点：

（一）凭证性

条据的主要功能就是凭证作用。作为钱物借还重要凭据的条据，应该被严加保管，以供日后核对情况，甚至可以作为档案加以保存。

（二）说明性

条据的内容涉及钱物的名称、用途、时间、数目、去向等重要信息，具有说明事实的性质，其语言要遵守说明文语言的规范。

（三）简便性

条据类应用文一般在熟悉的人员之间使用，运用起来灵活、方便，文虽小功能却很大。

二、条据的种类

条据一般可以分为说明性条据和凭证性条据两大类。

说明性条据在日常生活中最常见，如留言条、请假条等，不具有法律效力。

凭证性条据是单位或个人之间，在收到、借到、领到、欠人钱物时出具的凭据。常用的凭证性条据有领条、收条、借条、欠条，具有法律效力。

三、条据的结构和写作方法

（一）说明性条据的内容和结构

说明性条据主要向有关人员说明情况、托付事情、传递信息，通常由标题、称谓、正文、落款四部分组成。

1. 标题

说明性条据的标题是可有可无的。人们一般只在写请假条、留言条时使用标题，即在正文上方中间写上“请假条”或“留言条”。

2. 称谓

称谓要求在标题下顶格写上收条人的称呼或姓名，后加冒号。如“王杰:”。

3. 正文

正文从称谓下一行空两格处写起。正文内容要求将所要表达的意思、需对方办的事情写清楚。“谢谢”“此致 敬礼”“特此拜托”等礼貌性的话语，可写可不写。

4. 落款

说明性条据的落款包括署名和日期。署名写在正文右下方，在署名的正下方写明具体的成文日期。

例文

请假条

王老师：

我因感冒发高烧，身体乏力，被医生诊断为重感冒，需要休息三天（11 月 12 日至 14 日），故不能上课。特此请假，恳请批准。

附：医院证明一张（略）

此致

敬礼！

20××级文秘 2 班　张三
20××年 11 月 11 日

【例文简析】该请假条简洁明了而又符合规范，标题、称呼、正文、致敬词和落款一目了然，请假理由充分，期限清楚，用语礼貌得体。

留言条

小美：

妈妈有急事出去一趟，你放学到家后，先完成作业，然后才可以看电视。妈妈大约 6 点回到家。

妈妈

4 月 10 日

【例文简析】标题可有可无；写清楚留言的原因、相关事情即可。

（二）凭证性条据的内容和结构

凭证性条据一般涉及借、欠、收、还、领个人或公家现金、财物，它往往起到凭证作用，钱物归还后，条据要回收作废或撕毁。凭证性条据主要有借条、欠条、收据、领条等。其通常的写作格式为：

1. 标题

可以直接用条据的种类“借条”“欠条”“收据”“领条”作为标题，标明条据的性质。标题要居中。

2. 正文

正文开头惯用语为“今借到”“今领到”“今收到”等，涉及钱物数量的数字要大写。

3. 落款

包括制件人姓名和日期两项内容。如果是单位，除写明单位名称外，还应写明经办人姓名。

例文

借　条

今借到陈梅芳女士人民币伍仟元整（￥5000）。定于今年七月归还。

此据。

借款人：谢明

2020 年 3 月 10 日

【例文简析】借条中钱款标明币种，数字大写，约定归还时间。内容表述清楚，言语规范。

领　条

今领到学院保管室发放的办公用品打印纸壹箱、信笺拾本、水性笔捌支、信封壹百个。

经手人：化学系　赵兰

2019 年 9 月 5 日

【例文简析】具体写清所领到的物品名称、数量（大写）。

欠　条

今欠深圳市恒泰电子公司货款人民币叁仟元整（￥3000）。即日起5日内还清。

此据

经手人：深圳市长安电子科技公司　李平（章）

2020年3月2日

【例文简析】写明所欠钱款数额及归还日期。涉及钱款数额一定要大写，标明币种，数字后加“整”字。

收　条

今收到新闻系交来爱心捐款人民币肆仟元整（￥4000）。

经手人：学院工会　张三

2020年4月20日

【例文简析】写明钱款的数量、来源及经手人。钱款数字要大写，数字前加币种，数字后加“整”字。

四、条据的写作要求

（1）条据必须由对方亲笔书写，接收方不能代笔，要交代清楚四个要素，即写给谁、什么事情、谁写的、什么时间写的。

（2）条据涉及的钱物，数量要写清楚，数字要大写，数字前后不能留空白，后面要写明计量单位，以防恶意添加或篡改。

（3）语言要避免歧义，以免造成纠纷。

（4）内容不可涂改，文面保持整洁。如确实需要改动内容，改动处必须加盖印章。

（5）书写应用蓝色或黑色钢笔或圆珠笔，不要用铅笔、易褪色的墨水或红色墨水。字迹要工整、清楚，不要用草书，以免误认。

/ 知识拓展 /

借条与欠条的区别

借条是出借人向借款人交付借款时，借款人向出借人出具的一种证明借贷事实的依据。借条要写明出借人姓名，借款金额（要有大小写），借款人签名或盖章，出具借条的日期。有利息的借贷还要注明还款方式、利息的计算方法、违约责任等。

法律规定，借条的诉讼时效期限是3年，从借条上注明的还款期限之日起算。超过3年出借人未向人民法院主张权利的，人民法院将不再保护。对没有注明还款日期的借条，出借人可以随时向借款人要求还款，诉讼时效应从出借人主张权利的次日起计算。但是如果出借人在借款人出具借条后的20年内没有主张权利的，诉讼时效不再起算。

欠条是当事人双方在经济往来中，以某种经济结算的方式产生的一种债权债务关系，比如买卖、损害赔偿、劳务等形成的欠款，欠款人向债权人出具的一种结算依据。欠条一定要写明债权人姓名、欠款金额（要有大小写）、欠款时间，最后是欠款人签名或盖章，出具欠条的日期。

法律规定，欠条的法定诉讼时效期限是3年，已注明清偿欠款日期的欠条，诉讼时效期限从注明清偿欠款日期之日起算，没有注明清偿欠款日期的欠条，诉讼时效期限从欠款人出具欠条的次日起算，超过3年债权人未向人民法院主张权利的，人民法院将不再保护。

第三讲　启　　事

一、启事的概念及特点

（一）启事的概念

启事是机关团体、企事业单位、公民个人有事情需要向公众说明，或者请求有关单位、广大群众帮助时所写的一种说明事项的实用文章。

（二）启事的特点

启事具有以下3个方面的特点：

1. 周知性

启事所涉及的内容必须是需要向社会公众公开陈述的有关事项。因此，周知性便成为其第一个特点。为了使有关事项被社会公众周知，它往往采用多种多样的发布途径和发布形式；既可以抄写张贴在公共场所，也可以制成印刷品广泛传播；既可以在报刊登载，也可以利用广播、电视播放。

2. 商洽性

启事和通知、通告一类的公文虽然都具有周知性，但它不像通知、通告等公文那样具有行政的强制性和约束力。机关、单位需要社会公众周知有关事项时，因它们与告知对象之间在行政上并没有隶属关系，故不能以通知、通告之类的行政公文发布，而只能采用启事以商洽的语气向社会公众陈述有关事项；不能硬性规定公众必须阅读、收看或者收听，更不能强制公众必须办理、执行。

3. 祈请性

启事的目的不仅在于向公众公开告知有关事项，而且更侧重于请求公众协助办理。

二、启事的种类

（一）按内容分

启事种类繁多，根据内容大体可以分为如下几类：

（1）招取类。如招领启事、招工启事、招生启事、招聘启事等。

（2）征求类。如征订启事、征文启事、征地启事、征婚启事等。

（3）寻找类。如寻人启事、寻物启事。

（4）变更类。如改期启事、更名启事、迁址启事、出租启事等。

（5）经营类。如开业启事、停业启事、庆典启事等。

（二）按公布的形式分

按公布的形式分，启事有报刊启事、电视启事、广播启事、张贴启事等。

（三）按写作目的分

按写作目的，可分为征招类启事、寻找类启事、告知类启事。

（1）征招类启事是向公众征招有关的人或物的启事，如征稿、征婚、征友、招生、招聘、招工、招商、招标等启事。

（2）寻找类启事是向公众寻找有关的人或物的启事，如寻人、寻物等启事。

（3）告知类启事是提醒公众注意有关事项的启事，如开业、停业、更名、更正、迁移、庆典等启事。

三、启事的结构和写作方法

启事一般由标题、正文和落款 3 部分组成。

（一）标题

在第一行中间用比正文字体大的字写上文种“启事”或说明事项内容和文种。

（1）只用文种作标题或在文种前面加上修饰性词语，例如“启事”“重要启事”“紧急启事”。

（2）用事由直接作标题，例如“寻人”“招聘”“营养师培训班招生”。

（3）用事由和文种组成标题，例如“寻物启事”“征婚启事”“征稿启事”。

（4）由启事者、事由和文种组成标题，例如“××医科大学 50 年校庆启事”“××杂志投稿启事”“××集团公司产品广告征集启事”。

此外，一定要注意区分启事与启示。“启事”是为了公开声明某事而登在报刊上或贴在墙上的文字，这里的“启”是“说明”的意思，“事”就是指被说明的事情。而“启示”

的“启”，则是“开导”的意思，“示”是把事物摆出来或指出来让人知道。“启示”是指启发指示，开导思考，使人有所领悟。可见“启事”和“启示”的含义截然不同，二者不能通用。无论是“征文启事”还是“招聘启事”，都只能用“事”字，而不能用“示”字。如把“征文启事”写成“征文启示”是错误的。

（二）正文

在第二行空两格写正文。正文因启事所说明的事项不同而异，一般应包括目的、意义、原因、要求、对象、条件、待遇、询问事宜、联系方法、联系时间等项目。正文是主体，内容要周到完整，语言应具体明确、简明扼要、中肯礼貌，使人一读就懂，切忌啰唆。正文的篇幅和结构，要根据不同的内容和要求而有所变化。例如“寻物启事”要写清楚丢失物件的时间、地点、数量、颜色和形状等特征。而“招领启事”只要写明拣到物品的时间、地点就可以，不必写出数量和其他特征，应让失主前来认领时自己说出来，以防别人冒领。

启事的正文可以有多种写法：如一段式写法，启事内容简单的通常一段成文；分段式写法，启事内容丰富的通常分几个段落成文；条款式写法，启事内容多的应分条列项地写清楚。

正文后可以写上“此启”或“特此启事”之类的结束语，也可以不写。

（三）落款

在正文后右下角，写上启事单位名称或个人姓名。单位名称已写入标题的，落款处就不必再写。

四、启事的写作要求

（1）标题要能揭示事由，简短醒目，吸引公众。

（2）内容要真实。启事的内容不能弄虚作假，否则不但欺骗他人，还会损害单位和个人形象。

（3）内容单一，一事一启，便于公众迅速理解和记忆。

（4）文字通俗、简洁，态度庄重、平易而又不失热情、文明，给公众以信任感。

例文

××大厦开业启事

××大厦装饰工程已顺利完工，百货商场、餐饮旅馆定于×月×日正式开业，欢迎各界人士光临惠顾。

××大厦

20××年×月××日

【例文简析】该开业启事简洁明了、表述规范。

寻人启事

白玉，性别：女，年龄：12 岁，身高：145cm，圆脸，肤白，大眼睛，双眼皮，身穿粉红色连衣裙，白色凉鞋。于 2020 年 6 月 5 日从南宁西乡塘区住地离家后至今未归。本人若见到此启事，请尽快与家人联系。有知其下落者请与白峰联系，联系电话：15345678910。有重谢。

2020 年 6 月 7 日

【例文简析】这是一则寻人启事，对走失人的外貌特征、着装及走失时间、地点都写得很清楚，并留下了联系电话，表达了酬谢的意愿，内容完整，格式规范。

招聘启事

我院隶属××教育局，是一所公办的全日制大专院校。根据工作需要，现面向社会招聘会计工作人员一名，具体情况如下：

一、应聘条件

1. 遵纪守法，诚实守信，具有良好的个人品质和职业道德，身体健康，能胜任岗位要求，爱岗敬业，吃苦耐劳。

2. 年龄在 30 周岁以下（1989 年 12 月以后出生）。

3. 全日制财经类专业，本科及以上学历，学士及以上学位，具有 2 年以上会计岗位工作经历。

4. 具有会计从业资格证，能熟练运用各种会计软件，有事业单位从业经历者优先。

二、工资待遇

应聘人员聘为我院编外聘用人员，与学院签订聘用合同，按合同约定内容享受相应的工资与福利待遇。

三、招聘程序

1. 报名时间和报名方式。应聘人员请于 2019 年 12 月 15 日前通过网上报名（不接受现场报名），将电子邮件发送到 123456789@qq. com。

2. 报名所需材料：报名时请在邮件标题上写明应聘人员姓名和应聘岗位名称，并提供“××学院应聘人员报名表”（见附件）、个人简历（含全身照片 1 张、个人工作学习经历等内容和相关工作证明材料）及身份证、毕业证、学位证、会计从业资格证的扫描件。参加考试时，请带齐以上材料的原件和复印件，检验后原件退还本人。应聘人员应如实提供材料，如发现有弄虚作假的，将取消其应聘资格。

3. 招聘采取考试、考核的方式，测试应聘人员必需的综合知识和与岗位相适应的专业知识、业务能力及工作技能。通过考核，择优聘用。

四、联系方式

1. 联系人：王老师

2. 联系电话：×××××××××

附件：××学院应聘人员报名表

××学院

2019 年 12 月 1 日

【例文简析】标题点明启事的类型，正文写清楚招聘条件、待遇、程序、联系人及联系电话等，语言简练、通俗易懂。

知识拓展

启事与海报的区别

1. 期求不同

启事除了告知信息，还要求公众知道了以后给予支持和协助；海报主要在于告知信息。

2. 内容不同

启事内容涉及面较广，包括公私事务及政治、经济和生活等方面的消息；海报则以传播文化、娱乐、体育、学术等方面的消息为主。

3. 形式不同

启事一般只以文字的形式来告知；海报则可以配上图片或运用美术装饰材料，图文并茂。

第四讲　申请书

一、申请书的概念

申请书是个人或集体向组织表达愿望，向机关、团体或单位领导提出请求时使用的一种文书。申请书的使用范围非常广泛，个人对党团组织或其他群众团体表达志愿、理想和希望，可以使用申请书；个人在学习、工作、生活上对机关、团体或单位领导有所要求时，可以使用申请书；下级在工作、生产、学习、生活等方面对上级有所请求时，也可以使用申请书。因此，申请书就成了沟通个人与组织、个人与领导、下级与上级的一种手段。它不仅可以把个人或单位的愿望、要求向组织和领导表达出来，争取组织和领导的帮助，而且可以密切个人与组织、个人与领导、下级与上级的关系，使干群之间、个人与组织之间、个人与领导之间、下级与上级之间形成联系紧密、协调一致的整体，促进社会主义现代化建设。

二、申请书的特点

申请书是一种专用书信，它与一般书信一样，是表情达意的工具，但是它与一般书信又有区别。一般书信大部分是个人与个人之间互通情况、交流感情、交换意见、研究工作、商量事情时使用的，内容比较广泛，既可以谈公事，也可以谈私事，谈一件事或几件事都可以；而申请书则是个人或下级对上级或组织、机关、团体、单位有所请求时才使用的，一般是一事一书，内容比较单纯。

申请书主要有以下特点：

（一）申请书请求的特性

“申请”顾名思义是申述自己的理由、有所请求的意思。无论是个人在政治生活上入团、入党的申请，还是个人、单位在其他方面的申请，均是请求满足要求，所以请求的特性是申请书的一个根本特点。

（二）申请书采用书信体格式

申请书是一种专用书信，因此也必须按照书信的格式来行文，内容因要求不同而不同，形式基本保持不变。

（三）申请书是个人向组织、下级向上级的行文方式

这是由申请书的性质所决定的。所以申请书在语言的选择和使用上均需符合这种下对上的行文标准。

三、申请书的结构和写作方法

（一）标题

在第一行正中写“申请书”，有的则根据申请书的内容，标明具体名称，如“入党（团）申请书”“开业申请书”等。

（二）称呼

第二行顶格写接受申请书的组织、机关、团体、单位的名称或有关负责同志的姓名。如“党（团）支部”“校领导”“××同志”“尊敬的先生（女士）”等，名称后面加冒号，表示下面有话要说。

（三）正文

正文要从接受申请书的组织和领导名称下一行空两格处写起，要写清楚所申请的事项和理由。申请的事项和理由最好分段写，每段开头都要空两格，这样既保证了内容的单一性和完整性，又条分缕析，使人容易把握要领。如果申请的理由比较多，可以从几个方面、几个阶段谈认识。

（四）结尾

申请书可以有结尾，也可以没有结尾。结尾一般写“此致敬礼”之类表示敬意的话，或者是“敬祈核准”“请领导批准”等。

（五）落款

在正文的右下方写上申请人或申请单位名称并盖上公章；在署名的下一行写上写申请书的年、月、日。

四、申请书的写作要求

（一）实事求是

写申请书要真实客观地表达愿望、反映情况，叙述事实要准确，提出要求要明确具体；不应该为了达到某种目的而故弄玄虚、言过其实，更不能不择手段、弄虚作假、歪曲事实，提出非分无礼的要求。

（二）简明扼要

申请的内容应该简明单一。说明申请事项要开宗明义，令人一目了然；阐述申请理由要条理清晰、充分透彻，使人信服；表达愿望和要求要明确具体，便于上级单位和领导迅速了解情况，及时研究批准。

（三）朴实诚恳

申请书的读者是特定的上级单位或领导同志，写作者态度应该诚恳坦率，语气应该谦虚，语言应该朴实无华，这样才能给阅读者留下严肃、认真、恭敬、礼貌的印象，从而收到申请书的最佳效果。

例文

入党申请书

尊敬的党组织：

今年的全国“两会”上，习近平总书记手按《宪法》向全国人民郑重宣誓的场景，深深触动了我。如今我怀着十分激动的心情向党组织提出申请：我志愿加入中国共产党，愿意为共产主义事业奋斗终生。

伟大的时代必须建设伟大的事业，建设伟大的事业必须依靠伟大的核心。通过业余时间对党的理论知识的学习，特别是近期对十九大精神的学习，我对中国共产党有了更深刻的认识。中国共产党是中国工人阶级的先锋队，同时是中国人民和中华民族的先锋队，是中国特色社会主义事业的领导核心。我们党以马克思列宁主义、毛泽东思想、邓小平理论、“三个代表”重要思想、科学发展观、习近平新时代中国特色社会主义思想作为自己的行动指南。中国共产党一经成立，就把实现共产主义作为党的最高理想和最终目标，义无反顾肩负起实现中华民族伟大复兴的历史使命。中国共产党人的初心和使命是为中国人民谋幸福，为中华民族谋复兴。中国共产党始终把人民放在心中最高的位置，始终全心全意为人民服务，始终为人民利益和幸福而努力工作。

中国共产党的领导是中国特色社会主义最本质的特征，中国共产党是国家最高政治领导力量，是实现中华民族伟大复兴的根本保证。全国各党派、各团体、各民族、各阶层、各界人士要紧密团结在党中央周围，增强“四个意识”，坚定“四个自信”，万众一心向前进。中国共产党要担负起领导人民进行伟大社会革命的历史责任，必须勇于进行自我革命，坚持立党为公、执政为民，深入推进全面从严治党，坚决扫除一切消极腐败现象，始终与人民心心相印、与人民同甘共苦、与人民团结奋斗，永远保持马克思主义执政党本色，永远走在时代前列，永远做中国人民和中华民族的主心骨！

近代以来，实现中华民族伟大复兴成为中华民族最伟大的梦想，中国人民百折不挠、坚忍不拔，以同敌人血战到底的气概、在自力更生的基础上光复旧物的决心、自立于世界民族之林的能力，为实现这个伟大梦想进行了不懈奋斗。“等闲识得东风面，万紫千红总是春。”新中国成立以后，在中国共产党的领导下，经过70余年的奋斗，中华民族迎来了从站起来、富起来到强起来的伟大飞跃。在以习近平同志为核心的党中央带领下，实现中华民族伟大复兴的中国梦，“一带一路”伟大构想正焕发出前所未有的能量，中国人民国富民强奔小康。

历史已经并将继续证明，中国共产党始终是时代先锋、民族脊梁，没有中国共产党的领导，民族复兴必然是空想。为此，我常常思考，我为什么还没有加入中国共产党，我如何才能加入中国共产党，成为先锋队的一员；我能为党做什么，怎样才能为实现党的伟大事业贡献一份微薄而坚强的力量？中国特色社会主义进入新时代，更加壮阔的征程在我们脚下展开。习总书记深刻地指出：新时代属于每一个人，每一个人都是新时代的见证者、开创者、建设者。可以说，建设新时代中国特色社会主义强国的征程，我将直接参与并全程见证。这是使命，也是荣耀；这是责任，更是担当。

路虽然还很长，但时间不等人，容不得有半点懈怠。我们决不能安于现状、贪图安逸、乐而忘忧，必须不忘初心、牢记使命、奋发有为，努力创造属于新时代的光辉业绩！我决心要在党组织的培养和帮助下，争取早日成为中国共产党的一员，在实现中国梦的生动实践中放飞青春梦想，在为人民利益的不懈奋斗中书写人生华章！

（一）必须加强主观世界的改造，从思想上接受党的教育。大学期间我就通过各种形式认识中国共产党的历史和指导思想。我深知，一名合格的共产党员，不仅是一个解放思想、实事求是的先锋，更需要在不断改造客观世界的同时，努力改造自己的主观世界，树立马克思主义的科学世界观。只有树立科学的世界观、人生观和价值观，才能充满为共产主义事业而奋斗终生的信心和勇气，才能为新时代中国特色的社会主义事业不遗余力地奉献自己的智慧和汗水。我要切实增强学习贯彻习近平新时代中国特色社会主义思想和党的十九大精神的思想自觉和行动自觉，牢固树立“四个意识”，坚决维护习近平总书记在党中央和全党的核心地位，在政治立场、政治方向、政治原则、政治道路上同以习近平同志为核心的党中央保持高度一致，为夺取新时代中国特色社会主义伟大胜利不懈奋斗。

（二）积极向党组织靠拢，把对党的忠诚融入工作中去。进入工作单位后，我踏实肯干，任劳任怨，认真完成本职工作，起到了模范带头作用。同时，在生活中，我接触到了许多优秀的党员同志。他们时刻以党员的标准严格要求自己，吃苦在前，享受在后，勤勤恳恳工作，从不叫苦叫累，我从他们身上看到了党的优良传统和作风，进一步激发了我加入党组织的决心和信心。

（三）强化纪律意识。要以党员标准严格要求自己，严格按党性原则办事。强化纪律意识和服从意识，对纪律心存敬畏，遵守党的政治纪律和各项纪律规定，廉洁自律。

今天，我虽然向党组织提出了申请，但我深知，自己身上还有许多缺点和不足，因此，希望党组织从严要求我，以使我更快进步。今后，我将用党员的标准严格要求自己，自觉地接受党员和群众的帮助与监督，努力克服自己的缺点，弥补不足，在实际工作中以十九大精神为指导，志存高远、脚踏实地，不忘初心、不懈奋斗，争取早日在思想上进而在组织上入党。

请党组织在实践中考验我！

此致

敬礼！

申请人：×××

××××年××月××日

【例文简析】该文从对党的认识、为什么要入党、应该从哪些方面加强努力等方面，全面地概述了自己的面貌和积极向党组织靠拢的决心，言辞真切，条理清晰，是一篇比较规范的入党申请书。

转专业申请书

尊敬的学校领导：

我是2019级服装设计专业××班学生×××。到校一个多月，在对服装设计专业有一定了解后，发现此专业有很多优秀的教师，实训设备先进齐全，能就读于此，实在是很大的荣幸。

但是，本人也逐渐发现自己对服装设计专业课程的种种不适应，画画基础不好，色彩感差，对服装裁剪提不起兴趣，很难继续深入学习这个专业。

经过慎重考虑，并听取父母的意见，本人希望由服装设计专业转到数控加工专业学习。本人自初中以来就喜欢电脑，对编程尤其感兴趣，对数控加工的就业前景也有所了解，相信能在这个专业学有所成。恳请学校领导批准本人的申请！

此致

敬礼！

申请人：××班学生×××

××××年×月×日

【例文简析】标题写明了申请书的具体诉求；正文先写申请理由，理由充分、明晰，再写申请事项。

/ 知识拓展 /

申请书与一般书信的相同点和不同点

1. 相同点

(1) 都是表情达意的工具。

(2) 都是书信体的格式。

2. 不同点

(1) 递交对象不同。一般书信适用范围比较广泛，亲戚朋友、上下级都可以，而申请书只适用于个人或单位对上级组织或团体、机关的申请。

(2) 书写的目的不同。一般书信内容比较广泛，没有什么限制，而申请书的目的非常明确。

(3) 写作手法不同。一般书信表达比较灵活，可以采用叙述、议论、描写等多种表达方式，而申请书一般只适用叙述的表达方式，概括性强，语言较为庄重。

知识巩固练习

一、选择题

1. 申请书是单位或个人根据自己的需求和愿望向组织和领导提出请求的专用文书，因此它具有的特点是（　　）。

A. 主动性　　B. 主观性　　C. 目的性　　D. 真实性

2. 单位发放劳保用品，你去领取时应打（　　）。

A. 借条　　B. 领条　　C. 收条　　D. 借据

3. 原来借别人钱款，还了一部分，还欠一部分，应该打个（　　）。

A. 借条　　B. 欠条　　C. 收条　　D. 领条

4. 请假条必须具备的内容有（　　）。

A. 请假时间　　B. 请假原因　　C. 敬语　　D. 请假人

5. 启事的种类有（　　）。

A. 征求类启事　　B. 告知类启事　　C. 寻求类启事　　D. 招领类启事

6. 条据的内容不可用（　　）书写。

A. 铅笔　　B. 圆珠笔　　C. 毛笔　　D. 水性笔

7. 条据写成后，一般不许涂改，如确需涂改，应在改动处（　　）。

A. 盖章　　B. 按手印　　C. 签名　　D. 加粗

8. 借条的书写内容有（　　）。

A. 称谓　　B. 钱物数量　　C. 钱款的币种　　D. 归还期限

二、改错题

请指出下面的收条的不当之处并修改。

收条

今收到大冶职业技术学校捐款5008元，衣物被褥404件，各类图书482册，部分文具。此据

××市工会财务处

王君

3月26日

三、写作题

1. 王丽在宿管科领到清洁用具拖把3个，扫把6个，水桶2只，抹布7块，请根据内容和格式要求写一份领条。

2. 2019年10月10日张东按照合同向房东缴了2019年第四季度的房租4800元，请你代房东吴伟写一张收条。

3. 特蒙服装××专卖店于6月18日开业。特蒙是中国驰名商标、服装名牌，由××市服装厂定点生产。6月18日至28日开业期间，全场商品8折优惠，专卖店地址：××市××路××号，电话×××××××××。根据以上材料，写一则开业启事。

项目三　事务文书

知识导入

事务文书是机关、团体、企事业单位及个人在处理日常事务时用来沟通信息、安排工作、总结得失、研究问题的实用文体。它与党政机关公文的区别在于：一是无统一规定的文体格式；二是不能单独作为文件发文，需要时只能作为公文的附件行文；三是必要时它可公开面向社会，或提供新闻线索（如简报），或通过传媒宣传（如经验性总结、调查报告等）。

知识目标

1. 理解事务文书的概念、种类及特点。
2. 掌握计划和总结的格式及写作要求。
3. 掌握调查报告和述职报告的格式及写作要求。

第一讲　事务文书概述

一、事务文书的概念

事务文书是机关、团体、企事业单位为处理、反映日常事务工作而使用的一种具有很强的实用性、事务性和某种惯用格式的应用文。

常用的事务文书有计划、总结、调查报告、规章制度、简报等。事务文书在人们处理日常事务中发挥着重要作用，因而写好事务文书是非常必要和迫切的。要想写好事务文书，应该在深入调查研究的基础上，获取全面真实的材料，并且掌握各种事务文书的文体特点、写作方法和写作要求，不断提高自己写作事务文书的能力。

二、事务文书的种类

事务文书根据性质和作用的不同，可分为以下几类。

（一）计划类

这类事务文书是对未来工作的内容、措施、方案等的预定性设想，如计划、规划、方案等。

（二）报告类

这类事务文书是归纳工作的主要内容、成绩、经验、问题和不足，如总结、调查报告、述职报告等。

（三）规章类

这类事务文书是为了更好地开展工作而订立的一些制约性措施，如规则、制度、章程、条例、守则等。

（四）信息类

这类事务文书是向他人传播的或长或短的各类信息，如演讲词、简报、声明等。

（五）会议类

这类事务文书是为会议的召开而准备的有关文件和对会议内容的记载，如开幕词、闭幕词、会议报告、会议记录等。

三、事务文书的特点

（一）不同于法定公务文书

事务文书是公务文书的一种，但它是指法定公务文书（即《党政机关公文处理工作条例》所规定的 15 种公文种类）之外的一切公务文书，所以在法律的严肃性、约束力、强制性及格式的严格性上略弱于法定公务文书。

（二）内容更丰富

党政机关、企事业单位和社会团体日常工作的方方面面都与事务文书息息相关。对于一些专业部门来说，事务文书可作为规范文件，保障工作的顺利进行。

（三）适用范围更广泛

事务文书的级别低于法定公务文书，可供政府机关、企事业单位、社会团体、商业部门等使用，作为开展日常工作的手段和方式。

（四）书写格式灵活

相对于法定公务文书来说，虽然事务文书的写作仍然需要遵循一定的写作规范，包括惯用格式和构成要素等，但是事务文书在书写格式上更加灵活，写作者可以根据实际需要进行适当的改造，以更好地服务于专项工作和表现主题。

四、事务文书的作用

（一）指导作用

事务文书都是因事而制的，如计划、总结、简报等，都是为贯彻执行党的路线、方针、政策和上级指示，统一思想，总结经验教训，以指导今后的工作而制发的。因此，这类文书在机关、团体、企事业单位的实际工作中发挥着指导作用。

（二）宣传教育作用

机关、团体、企事业单位的任何一项工作，都必须根据党和国家的有关方针政策，统一思想、提高认识，在思想上、政治上同党中央保持一致。为此，各级党政机关要及时用各种形式向下级讲解政策、布置中心工作。事务文书中的简报、调查报告等，以其说理性、真实性等特征，发挥着宣传教育作用。

（三）检查监督作用

事务文书中的一些内容，规定了全体社会成员或一定范围的人员共同遵守的行为准则。如计划，在制定工作目标的同时，也为以后的工作目标考核等提供了检查监督的依据；而调查报告、总结等，本身就具有接受检查的意义。

（四）资料作用

机关单位的大量工作都是采用文字材料的形式来处理的。常用的事务文书不仅起到处理公务、交流情况的作用，而且它们中的一部分成为机关工作活动的原始记录，存档后具有很高的资料价值，并且可以作为检查工作的依据和凭证。

五、事务文书的写作要求

（一）写作目的要明确

根据不同的事项选择不同的文种来写作，使得事务文书具有很强的针对性。这种针对性往往体现在发文单位对开展某项工作的指导性需求上，如计划要对今后的工作提出明确的设想；总结则是对前一阶段工作的经验教训做出认识，以便今后更好地开展工作；调查报告是对某些具体问题进行研究，其目的是弄清事实、解决问题，从而促进工作；简报则是要及时反映工作进展、出现的情况、存在的问题等，其目的是了解和掌握工作的全局。

（二）运用材料要真实

事务文书要运用于具体的工作实践中，对工作具有很强的指导性和规约性。如果对基层工作缺乏深入的研究，对某些问题缺乏真实的了解，那么所写的事务文书只能停留在工作的浅层，不可避免地会给工作带来某些缺失。事务文书写作中，首先要求占有的材料要具体、翔实和充分，这样才能有选择的机会；其次是所选择的材料必须是真实的，没有虚假的成分；最后是所选材料应尽可能具有代表性和典型性，这样才能使材料所提示的主旨是揭示本质的。

（三）写作态度要实事求是

实事求是的态度是写好事务文书的重要条件。对事务文书写作态度的要求，往往就是对工作态度的要求。事务文书所涉及的内容多是预见未来、发现问题、解决问题，总结经验教训或做出工作评价等。这些内容的写作往往需要建立在写作者对工作的正确认识之上，而对某些问题（情况、工作）的认识在很大程度上又取决于态度。所以无论是做好工作，还是写好事务文书，都需要有实事求是的态度。

第二讲　计　　划

一、计划的概念

计划是党政机关、企事业单位、社会团体和个人，为实现某项目标或完成某项任务，对未来一定时间内的工作事先做的打算和安排。它包括制订计划的目的、依据，计划的内容，完成计划的步骤、时间、措施等。

计划的应用范围十分广泛，是计划类文书的统称。因为计划所涉及内容和期限的不同，计划类文书还有下列几种不同的叫法：

（1）规划。规划是具有全局性的、跨越年度较长、内容较概括并具有巨大兴革内容的计划。如“××市城市发展规划”。

（2）纲要。纲要是为实现一定的战略任务，指导带有全局性的、跨越年度较长的某一事业的改革和发展的纲领性计划。如“中国儿童发展纲要”。

（3）方案。方案是对专项工作做出全面部署与安排、政策原则性较强、内容较完整的计划。如“房地产市场秩序专项整治工作方案”。

（4）安排。安排是对未来短期内工作进行具体布置的计划。如“××市 2019 年高考招生录取日程安排”。

（5）打算。打算是对短期内工作提出的要点式的计划。如“下周教学工作打算”。

（6）设想。设想是初步的草案性的计划。如“下一阶段工作设想”。

（7）要点。要点是列出未来工作主要目标的简要计划。如“第四季度学校保卫工作要点”。

二、计划的特点

（一）预见性

计划是为完成未来的某项工作而制订的，制订者必须对未来工作中可能发生的问题有充分的预估，并提出相应的、切实可行的措施，保证计划的顺利实现。

（二）指导性

计划是以人们对客观规律的认识为基础的，它是实践的反映，反过来又指导人们的实践，因而具有很强的导向作用。

（三）约束性

工作中，计划的制订体现着上级的意图和要求。计划一旦通过并下达，就要遵照执行。因此，计划对工作不但具有指导作用，还具有约束力。即使是个人制订的工作、学习计划，对个人也应该具有约束力。

（四）可行性

可行性是指计划中确定的目标要行得通。一个有实用价值的计划应该是实施者通过一定的努力能够完成和实现的。

（五）灵活性

俗话说："计划赶不上变化。"在现实工作中还存在着一些我们无法预料的情况，我们制订计划时所做的预想还带有一定的主观性。制订计划要留有余地，充分考虑可能的种种因素，以免出现意外情况时手足无措。

三、计划的种类

计划类文书的种类很多，按照不同的划分标准有不同的分类。根据期限、内容侧重、具体作用的不同，可将计划类文书分为下面三大类。

（一）规划类

规划类实现目标的期限较长，往往是五年、十年、二十年，甚至更长；内容侧重于工作的指导方针、努力方向，工作的实施步骤和重要措施等；其作用主要是对全局工作做战略性、方向性的规定，用以指导局部的、短期的各项工作。文种名称常用"规划""纲要"等。

（二）计划类

计划类实现目标的期限较规划类短，以年度计划和一年以内的短期计划为多。文种名称一般都叫计划，有时前面加上一些限制语，如工作计划、学习计划、年度计划、活动计划等。计划的内容比规划更具体，规定的措施操作性强。计划的作用是指导具体工作，以便按步骤、按时间、按要求完成工作任务。

（三）安排类

安排类指较短时间内对工作的具体安排。一般是在执行计划的过程中，对某阶段的工作做更具体的布置。比如要开什么会，购置什么器材，准备什么材料，人员如何配备，等等。安排类的内容具体、细致，执行和检查比较方便，一般由某项工作的执行部门制订，目的是按部就班开展工作，避免出现忙乱、遗漏。文种名称常用“方案”“安排”“打算”“要点”等。

四、计划的结构和写作方法

其结构一般由标题、正文和落款三部分组成。

（一）标题

计划的标题一般包括单位名称、适用期限、计划内容和文种。有时候，标题也可以省略某些要素。个人计划通常只写计划内容和文种。

（二）正文

计划的正文一般分为前言、主体和结尾三个部分。

1. 前言部分

主要说明制订计划的依据、目的或对基本情况作概述，即说明为什么要制订这个计划。前言部分末尾常用“现制订计划如下”或“为此，特制订20××年××工作计划如下”等句过渡到主体部分。这一部分文字要简明扼要。

2. 主体部分

主要说明目标和任务、措施和方法、步骤、期限和时间安排以及要求等内容，也就是要具体地回答“做什么”“怎么做”“分几步做”“做到什么程度”“何时完成”等问题。目标和任务是计划的核心，一般先写总目标，再写具体任务和指标。措施和方法是指落实目标和任务的具体做法，包括思想工作、人员调配、工作机构、方式手段、人力物力财力安排、后勤保障等。步骤、期限和时间安排是实现目标和任务的重要保证，科学的时间安排可使执行者既产生紧迫感，又能有条不紊地开展工作，如期完成预定任务。这一部分要考虑全面、周到。为使条理清晰，通常采用分条列项的方法来写。

3. 结尾部分

主要用于补充说明注意事项，或提出希望和号召等。这一部分要写得简短有力，切忌过长。有些计划在主体部分写完后，也可自然结束全文，不写结尾部分。

（三）落款

注明计划的制订者和制订时间。机关单位的计划，如果在标题中已含有这两部分内容，落款可省略。

五、计划的写作要求

（一）分析情况要认真细致

制订计划前一定要摸清三个方面的情况：一是大环境的形势及要求，包括全国、本地区、本系统的发展形势及对本单位提出的要求；二是主观条件，即自身人力、物力、财力情况及可挖掘的潜力；三是客观条件，即上级和其他部门可能给予的帮助等。只有分析清楚这三方面的情况，制订计划时才可能避免盲目性。

（二）确定目标要实事求是

计划必须要有一个目标，这个目标既不可太高也不能太低，并且经过努力是可以实现的。这就要求确定目标时一定要实事求是，不可不顾条件乱攀比，既要尽主观努力，又要适当留有余地。

（三）措施步骤要切实可行

采取什么措施，按照怎样的步骤去开展工作，是实现目标的保证，一定要根据条件做周密的设计。各项措施的操作性要强，切忌空泛；实施步骤要合理，不要时松时紧。

（四）条目要分明，语言要简洁

撰写计划，要求简明、扼要、具体、明确。既不要议论，也不要叙述过程，把目的、要求简要地写出就行。用词造句必须准确，不能含糊。

例文

2019 年上学期秋游活动方案

为了增强当代大学生的集体主义精神和团队协作能力，也为了在大一新生之间搭建起沟通的桥梁，提升班级凝聚力，丰富同学们的课余生活，在这个秋高气爽的季节，财经管理一班决定组织全班同学开展秋游活动，现制定方案如下：

一、活动主题：“秋游行·同学情”

二、活动时间：10 月 10 日 9:00—17:00

三、活动地点：××××

四、活动形式：烧烤、表演、游戏等多种形式结合

五、参与人员：2019级财经管理一班全体同学

六、组织方式：班级集体活动，以宿舍为单位划分活动小组，宿舍长担任组长。

七、活动流程

1. 前期准备。

(1) 提前联系好烧烤地点与用具，提前一天到市场预订烧烤食材，并在出发当天清晨去取回食材。(由后勤组负责)

(2) 出发的预定时间为9:00，请同学们在8:45之前到校门口集合。

(3) 由各组组长带领同学们安全有序地前往目的地，到达目的地后由班长负责点名，确保无误。

2. 活动安排。

(1) 自由参观。到达目的地之后自由活动1小时，自由参观景点，后勤组布置场地。

(2) 烧烤环节。大约11:30开始烧烤活动。

(3) 游戏环节。烧烤中场可以适时组织大家开展一些互动的小游戏，如：真心话大冒险、成语接龙、你画我猜等。(由主持人负责)

(4) 清理现场。15:30左右组织同学清理现场，16:00准时清点人数返校。

八、经费预算

见附件。

九、注意事项

(1) 排队行走安全：一切行动听从指挥，紧跟队伍，不掉队，不喧哗，不拥挤，不吃东西。

(2) 不去小溪边玩耍，不攀爬岩石、树木，不钻草丛、树丛，不触摸电线。

(3) 在来回路途中要注意交通文明，不乱穿马路，走人行道和斑马线。

(4) 在游玩过程中要注意卫生文明，不乱丢废弃物，离开时要搞好卫生。

(5) 在游玩过程中要注意行为文明，不追跑打闹，不损坏公共财物。

(6) 不得随意离队，有事离开要向班干部请假并结伴而行。

十、工作人员

负责人：×××

主持人：×××、×××

后勤组：班委会全体成员

附件1：班级秋游活动经费预算

附件2：工作人员名单及联系方式

财经管理一班班委会

2019年9月25日

【例文简析】这是一个较为典范的班级活动方案。全文由标题、前言、主体和结尾组成。其标题由“时间期限＋计划内容＋文种”构成。前言交代方案制定的目的和意义，既说明了方案实施的背景，又为下文的展开提供了依据。主体采用分条列项的方式，介绍了秋游活动的主题、时间、地点、形式、流程等十个方面，对此次秋游活动进行了全方位的

计划。结尾部分标明制定单位名称和制定时间。全文目标明确、步骤清晰、内容全面、可执行性强，值得学习借鉴。

2019年第一学期英语专业学生学习计划

俗话说："好的开始是成功的一半。"新学期，我也该有新的打算。过去的一年，我通过自身的努力，在学习上取得了一定的成绩。在本学期的学习中，我将继承优点、改正不足，争取取得更好的学习成绩。

一、主要学习目标

(1) 切实掌握丰富的专业知识和基础常识，争取获得优良的成绩。

(2) 增加文化素养，提升自身能力。

(3) 端正学习态度，培养积极勤奋的学风，通过做学习计划来自我敦促、自我勉励。

(4) 反思自己有哪些方面做得不足，该如何改善，反思自己有哪些方面值得肯定，通过不断反思，为未来的路指明方向。

二、具体安排

(1) 坚持预习，在上课之前对所上的内容有所了解，提高听课效率。并且在老师上完一课的内容后，能够主动复习，温故而知新。

(2) 每天早起用一个小时时间背诵英语课文。

(3) 每天坚持到自习室上晚自习两个小时。

(4) 对于课程知识，要多想多问，并且把其中有收获的部分记入笔记。

(5) 每个月进行一次学习回顾，反思自己这个月是否完成了学习计划，有哪些做得不足的地方，下个月要注意改进。

(6) 订阅英语辅导报，自学报纸上出现的一些英语单词，并且完成报纸上的练习题。

(7) 在本学期通过全国大学生英语四级考试。

(8) 坚持在平时多练笔，提升英文写作能力。

(9) 争取利用周末时间多学一门外语。

【例文简析】该学习计划的主体部分依照"主要学习目标"规划"具体安排"，将在校生一个学期应做的事情进行了安排。目标明确，实施步骤合理，操作性强。

知识拓展

如何写好计划

计划的写作遵循如下原则：

(1) 对上负责的原则。要坚决贯彻执行党和国家的有关方针、政策和上级的指示精神，反对本位主义。

(2) 切实可行的原则。要从实际情况出发定目标、定任务、定标准，既不要因循守旧，也不能盲目冒进。即使是做规划和设想，也应当保证目标明确、措施可行。

(3) 集思广益的原则。要深入调查研究，广泛听取群众意见，博采众长，反对主观主义。

（4）突出重点的原则。要分清轻重缓急，突出重点，以点带面，不能“眉毛胡子一把抓”。

（5）防患未然的原则。要预先想到计划实施中可能发生的偏差和可能出现的问题，有必要的防范措施或补救办法。

写好一份学习计划一般要考虑以下方面：

（1）计划要尽量全面，一定要对自己的学习、生活做出全面的安排。除了学习时间，还应包括社会工作时间、为集体服务时间、锻炼时间、休息时间及娱乐活动时间等。

（2）从实际出发来制订计划，要考虑自己的知识水平和现有能力，抓住重点，有针对性地查漏补缺。

（3）安排好常规学习时间和自由学习时间。

（4）协调好长计划和短安排。

（5）计划要留有余地。

（6）提高时间的利用率。

（7）可以采用条文和表格相结合的方式。

第三讲　总　　结

总结是单位或个人通过对以往一定时期的工作、学习、思想等的回顾并在此基础上进行客观分析，肯定成绩和经验，发现问题和不足，以更好地指导今后实践的一种事务性文书。它是党政机关、企事业单位、社会团体都广泛使用的常用文体。总结要回答的问题主要是：做了什么，怎么做的，结果怎样。

一、总结的特点

从内容、目的和作用三方面来看，总结具有以下几个特点。

（一）回顾性

总结是针对前一阶段的工作所做的回顾，要受工作进程的制约，具有阶段性和回顾性的特点。

（二）具体性

由于不同部门或单位的具体工作不同，总结的内容就不可避免地涉及各种具体业务，例如，教学部门的总结就不可避免地讲到教学、管理学生等内容。

（三）理论性

总结的目的是找出经验和教训，以指导今后的工作。在撰写总结时，不能单纯地叙事和说明，而要在此基础上对已经做过的工作进行深入的分析，并得出经验与教训，使其上升到理论的高度。

（四）操作性

理论来自实践，同时又反作用于实践。总结是从实践中产生的，是以实践为基础的，是对工作、学习等实践活动的概括，同时也为实践服务。

二、总结的种类

（1）按内容分，总结有工作总结、思想总结、学习总结等。

（2）按范围分，总结有地区总结、部门总结、单位总结、班组总结、个人总结等。

（3）按功能分，总结有汇报性总结、报告性总结、经验性总结等。

（4）按时间分，总结有年终总结、学期总结、半年总结、季度总结、月份总结等。

（5）按内容和性质分，总结可以分成综合性总结和专题性总结两大类。综合性总结是对一个单位、一个部门，在一定时期内整个工作情况的各方面经验教训所做的比较全面系统的总结，又称全面性总结。这类总结比较全面，对前一阶段的各项活动的经验、教训、存在的问题、今后努力的方向等都要一一叙述。专题性总结是对一定时期的某项工作或某一方面的经验进行的专门总结，而对其他方面的情况则不涉及。

三、总结的结构和写作方法

（一）总结的结构

总结常用的结构形式有以下 5 种：

1. 分部式

依次按“情况—成绩—经验—问题—意见”或者“主旨—做法—效果—体会”的顺序写。

2. 阶段式

把要总结的工作按时间顺序划分成几个阶段来写。运用这种结构形式，注意一定不要记流水账，要突出各个阶段的重点和特点，注意各阶段之间的连贯性。

3. 条文并列式

把总结的内容按性质分类，逐条逐项排列。可以把经验体会有序分条，也可以以工作项目为序分条。

4. 总分式

这种结构形式常用于全面总结，先总述工作情况，如形势、背景、成绩，再分述若干项主要工作。

5. 贯通式

围绕中心，按总结内容之间的内在逻辑联系安排层次。这种结构适合内容比较单一的专题总结。

（二）总结各部分的写作方法

总结一般由标题、正文和落款三部分组成。

1. 标题

总结的标题常见的有以下三种形式：

（1）文件式标题，即由单位名称、时间、事由、文种四要素组成，如“××市人事局2019年补充国家机关工作人员考试工作总结”。文件式标题常用于综合性总结，四要素可根据需要省略。

（2）文章式标题，即用简练的语言概括主要内容和基本观点，题目中并不出现“总结”二字，而是以“回顾”“经验介绍”等词来提示总结的文种。如“加强基础管理 促进企业发展工作经验介绍”。文章式标题常用于专题性总结。

（3）正副式标题，即由文件式标题＋文章式标题组成，正标题概括总结的主要内容，副标题说明单位名称、时间、事由和文种。如“抓改革 促发展 增效益——××市交通局2019年工作总结”。

2. 正文

（1）开头。

总结的开头要简明扼要，紧扣中心，具有吸引力。常采用以下几种方式：

1）概述式。概括介绍基本情况，即交代工作的背景、时间、地点、条件等。

2）结论式。先明确提出总结得出的结论，使人们了解经验教训的核心所在，再引出下文。

3）提示式。对工作的主要内容作提示性、概括性的介绍，不概括经验，只提示总结的工作内容和范围。

4）提问式。提出问题，点明总结的重点，引起人们的关注。

5）对比式。开头对有关情况进行比较，以说明成绩、表明优势、引出下文。

开头也可综合运用几种方式，以增强表达效果。

（2）主体。

总结的主体主要包括以下3方面：

1）成绩与经验。

这是总结的主要内容。要写明做了哪些工作，采取了怎样的措施、方法和步骤，有什么效果，取得了哪些成绩，取得成绩的主要原因是什么，哪些做法是成功的、行之有效的，有什么经验和体会。这些内容中，做法、成绩是基础材料，经验、体会是总结的重点，在全文中占有主导地位。这部分内容一般比较丰富，在写作中要处理好主次详略的关系。

2）问题与教训。

要写出工作中存在的问题与不足，以及它们给工作带来的影响、造成的损失；分析出现问题、失误的主客观原因及由此得出的教训。不同的总结对这部分内容的轻重处置不同，比如着重反映问题的总结就要把这部分作为重点。

3）今后的工作设想和努力方向。

这是在总结经验教训的基础上，针对工作的实际问题，提出改进措施；或者说明今后打算、工作发展趋势，展望工作前景，提出新的目标。也有的总结把这一部分列为结尾部分。

3. 落款

落款部分署上单位名称、成文日期。

四、总结的写作要求

（一）实事求是

实事求是，一切从实际出发，这是总结写作的基本原则，但在总结写作实践中，违反这一原则的情况却屡见不鲜。如在总结中夸大成绩，隐瞒缺点，报喜不报忧。这种弄虚作假、浮夸邀功的坏作风，对国家、对单位、对事业、对个人都没有任何益处，必须杜绝。

（二）突出重点

总结不能面面俱到，应突出重点，即总结主要工作、主要成绩、主要问题，有详有略，这样才能真正把握总结的实质。总结的选材不能求全贪多、主次不分，要根据实际情况和总结的目的，选择有一定代表性的材料作为重点，写得详细、具体，而一般性的材料则要略写或舍弃。

（三）语言简明、准确

从表达方式上讲，写总结要用第一人称，即从本部门或本人的角度来撰写。叙述事实，分析原因，归纳经验，阐述体会，可叙议结合，但语言要简明、准确。

例文

2018—2019 第一学期个人学习总结

大一第一学期的生活眨眼间就过去了，回顾这个学期的学习生活，既充实又忙碌。在闲暇时间，我学会了如何与他人交流相处；在忙碌中，我学到了很多专业知识。下面就这个学期的学习表现做如下总结：

一、学习情况：认真学习，力争上游

本学期，我共学习了9门课程，包括：大学生心理健康教育、市场营销、团队建设与管理、大学英语、商务礼仪、思想道德修养与法律基础、体育、形势与政策（一）、军事理论。

本人学习态度端正，能够做到上课认真听讲、自觉遵守课堂纪律。课后，能按时按质按量完成老师布置的作业，有不懂的问题会主动向老师请教。课前预习，课后复习，做好笔记，把重要的知识内容记录在笔记里。大一第一学期各科成绩平均分达到了80分，班级排名第五名，年级专业排名第五名。

二、学习收获：转变观念，完善自我

本人上课不旷课、不迟到、不开小差，在课堂上集中精力听课，课后快速完成作业，养成了良好的学习习惯，提高了自身的学习效率。目前自我感觉学得最好的是“市场营销”“团队建设与管理”“思想道德修养与法律基础”这三门课程。“市场营销”课程让我学会了经营管理知识和销售技巧；“团队建设与管理”课程让我在了解团队文化建设重要性的同时，也学会了如何发挥团队的作用，增强团队的凝聚力、信任度和协作能力；“思想道德修养与法律基础”使我理解了正确的世界观、价值观、人生观，并懂得了依法行使权利与履行义务的重要性。

三、不足之处：自律性差，缺乏勇气

经过一个学期的学习，虽然我收获了很多，但也存在一些不足之处，主要有以下几点：

(1) 开学之初，没有很好地列出学习计划，导致很多事情虎头蛇尾或是没有完成。

(2) 想问题还是太肤浅，不够深入全面，导致错过很多机会。

(3) 课上很少动脑，课后复习的时间太少，导致学习的知识没有巩固，思维没有得到锻炼。

(4) 胆子不够大，课上没有主动回答问题，错失很多沟通交流的机会。

四、改进措施：发现问题，弥补不足

(1) 开学前列出学习计划，期末要对自己的学习进行总结和反思。

(2) 课堂上要多积极主动回答问题，多思考，多与任课老师沟通交流。

(3) 课余时间要多看课外书。

以上是我大一上学期的学习总结，我会继续努力，让自己学到更多的知识，掌握更多的技能，为将来的就业铺好路基。

18级市场营销二班　梁爱烨

2019年1月5日

【例文简析】这篇个人学习总结格式规范，结构完整。前言部分对一学期来个人的情况进行概括叙述；主体部分针对个人的学习从四个方面进行了总结，每个方面都有一个非常贴切的小标题领起，重点突出；结尾部分指出了未来的努力方向和设想。

知识拓展

“五步走”写好年度工作总结

1. 标题要对

标题是文章的眼睛。总结的标题要根据种类进行撰写，必要的要素一定要写全面。

个人总结的标题：年度名称＋事由＋文种，如“2019年度个人工作总结”。

部门总结的标题：部门名称＋年度名称＋事由＋文种，如“营销部2019年度工作总结”。

公司总结的标题：关于+公司名称+年度名称+事由+文种，如“关于××公司2019年度营销工作的总结”。

标题规范，一是便于存档，二是便于查找，一举两得。

2. 引言要精

引言应短而精，官话、套话要少，开门见山地摆出实际取得的最突出的工作成果。

如：“今年，在公司各级领导的亲切关怀和正确领导下，在公司各部门的积极支持下，在营销部全体员工的共同努力下，我们取得了三方面的成绩：一是成功实现了年营销任务5 000万元，达到了历史最好水平；二是成功开发了两个年销售收入在500万元的大客户，为明年销售收入上一个新台阶打下了良好的基础；三是成功地进行了全员营销培训，营销人员的基本素质得到了一定的提高。下面，将从五大方面对全年的工作进行总结。”

这样的引言，能让领导在第一时间内就知道你的主要工作成绩。

3. 总结要全

把各级领导的关心、兄弟部门的支持、员工们的努力和部门的主要工作要写全面。特别是本年度的精彩之处，与往年的不同之处，主要的、重点的成绩，一定要认真写好。

总结一般不超过5点，超过了就缺乏概括性和特殊性，别人也不易记住。而且每一个点最好用一个贴切的小标题领起，能起到提纲挈领的作用。

4. 不足要准

一年工作一定会存在一些问题、不足和遗憾，要找准写好。特别是要把领导认为存在的问题、员工感觉存在的问题和阻碍公司发展的主要问题找准找对，深刻反省，写深写透。不足一般不超过3点。

5. 改进要实

针对成绩、特点和不足、问题，明年应该采取什么措施，这点一定要写好。要有具体的办法和措施、步骤。要事先征求领导和员工的意见，本部门要组织好学习和讨论，制订出的改进计划要得到领导和员工的认可。改进措施务必具有针对性，可执行性强，这样才能更好地指导今后的实践工作。

总之，没有扎实的工作、没有认真的调研、没有准确的分析是写不好年度工作总结的。所以，在年度工作总结的写作过程中，我们要分五步走，每一步都要踏实写好，将全年的工作重点突出、条理清晰、主次有序地阐述出来。

第四讲　述职报告

一、述职报告的概念

述职可以是口头的，也可以是书面的，书面的陈述实际上就是述职报告。述职报告是述职人陈述自己履行岗位职责的书面报告，主要作用是使上级或人事部门和群众细致地了解和评定个人的业绩，预测其发展潜力，促使其忠于职守、更好地完成工作任务。

要注意将工作总结同述职报告区别开来。工作总结，可以是单位的、集体的，也可以是个人的，其写作角度是全方位的，即凡属重大的工作业绩、出现的问题、经验教训、今后的工作设想等都可以写，而述职报告则不同，它要求侧重写个人履行职责方面的有关情况，往往不与本部门、本单位的总体业绩、问题相掺杂。

二、述职报告的特点

（一）作者特定

述职报告是作者对自身工作情况的反思、回顾和总结，所以述职报告涉及的人员范围具有特定性的特征，只能把与之相关的材料整理汇总。

（二）内容特定

述职报告的写作内容是陈述人在某一段时间内的工作开展情况，所以它的内容具有特定性，在时间范围上，局限于任职期间的某个时间段；在工作范围上，局限于与特定职务和工作性质相关的内容。述职报告并非是对陈述人的全部表现和状态的述评，而仅仅是对陈述人在某一段时间内、在某个特定工作岗位上的工作情况做出的综合述评。

三、述职报告的作用

（一）撰写述职报告是完善干部管理制度的一项重要措施

在岗位职责明确的前提下，要求担任一定职务的领导干部定期撰写述职报告，便于干部管理部门对领导干部的理论水平、道德品质、文化修养、业务能力进行全面细致的考查，根据干部自身的发展趋势有计划、有目的地进行选拔、培养、任用，减少或避免干部任用中的主观性和盲目性。

（二）述职报告是广大群众评议干部的依据

领导干部在某个岗位上工作一段时间之后，通过述职报告的形式向广大群众汇报履行岗位职责的情况，让群众进行审查和评议，这是领导干部接受群众监督、倾听群众意见的有效方式，有助于密切干部与群众的关系，克服官僚主义作风。

（三）撰写述职报告有利于干部的自我提高

领导干部在某个岗位上工作一段时间之后，需要通过述职的方式对自己前一段的工作实践进行回顾，总结工作经验，汲取失败的教训，强化职责观念。这对于更好地探索本职工作的规律，促进领导干部自我认识、自我学习、自我提高有着重要的作用。

四、述职报告的结构和写作方法

述职报告的外在结构是格式化的，包括标题、称谓、正文、署名及日期四部分。

（一）标题

根据组成要素的不同，述职报告的标题写法可分为四种：一是公文式写法："年限＋所任职务＋文种"，如"2019 学年任××中学教务处主任期间的工作汇报"；二是会议式写法："作者姓名＋职务＋会议名称＋文种"，如"王××主任在 2019 年税务检查会议上的汇报（或报告）"；三是新闻标题式写法，这种写法比较灵活，但是一般在正标题之下添加一个公文式的副标题，显得比较正规严肃；四是只写"述职报告"四个字。

（二）称谓

称谓是报告者对听众的称呼。称谓要根据会议性质及听众对象而定，一般放在标题之下正文的开头，有时根据需要在正文中间适当穿插使用。称谓一般采用提行的写法。如在教职工代表大会上的述职报告，其称谓为："尊敬的各位领导、来宾，全体教职工代表"。

（三）正文

正文由三部分内容构成，第一部分是任职概况，包括何时任职、背景情况、工作变动、岗位职责和目标，以及对个人任职情况的总体评价。第二部分是述职报告的主体内容，具体陈述履职情况，可分为两个部分来写。首先写工作实绩和经验，体现出个人的工作能力和管理水平，尤其是在处理敏感、棘手问题方面，以及突发事件或重大事件方面表现出的个人素质、才能和领导水平，然后表述一下在具体业务工作中，如何在自己分管的部门或单位贯彻实施党的方针、政策和上级批示、部署的任务等。其次写存在的问题和不足。第三部分是改进措施和今后的打算，要从实际出发，在科学分析的基础上，制定出有针对性的改进措施及实施细则，对今后的工作做出切实可行的规划，表明尽职的态度。

（四）署名及日期

这一要素位置较灵活，可写在标题之下，也可写在正文后。

五、述职报告的写作要求

（一）要充分反映出自己在任期内的工作实绩和问题

述职是民主考评干部的重要一环，也是干部自觉接受组织和群众监督的一种有效形式。干部做述职报告，是为了让组织和群众了解、掌握干部德才状况和履行职责的情况。

因此，述职报告应该充分反映出自己在任期内的工作实绩和问题，写出自身在岗位上办了什么实事，结果怎么样，有哪些贡献，还有哪些不足，包括工作效率、完成任务的指标、取得的效益等。工作实绩如何，是检验干部称职与否的主要标志，述职人要充分认识这一点，实事求是地把自己的工作实绩和问题反映出来。

（二）要实事求是地评价自己

对自己的评价要实事求是，不夸大，不缩小，要准确恰当，有分寸，不说过头话、大话、假话、套话、空话。要做到这样，应注意处理好以下几个关系：

（1）处理好成绩和问题的关系，理直气壮摆成绩，诚恳大胆讲失误。

（2）处理好集体与个人的关系，不能把集体之功归于个人，也不要抹杀了个人的作用，必须分清个人实绩和集体实绩。

（3）在表述上要处理好叙和议的关系，以叙述为主，把自己做过的工作实绩写出来，不要大发议论、旁征博引，议论也只是对照岗位规范，根据叙述的事实引出评价，不能拔高。

（三）要抓住重点，突出个性

如果作口头报告，一般不宜超过 30 分钟；如果做书面报告，一般以 3 000 字以内为宜。因此，表述的内容应抓住重点，把最能显示工作实绩的大事件或关键写入述职报告。凡重点工作、经验、体会或问题等，一定要有理有据、充实具体；而对一般性、事务性工作，宜概括说明，不必面面俱到。抓住重点，还应突出自己的特色，突出自己独有的气质、独有的风格、独有的贡献，让人能分辨出自己在具体工作中所起的作用。

（四）变文字为有声语言

在写述职报告时，一定要随时考虑到讲话时的情况，这就要注意文字变成有声语言的特点。语言一般是生活化、口语化、大众化的，多用短句子，应注意长短句交叉合理；避免同音不同义或易混淆的词语；不随便用简略语；适当增加语气词，如“吧”“吗”等。为了方便聆听，有些标点符号还要用文字代替，如顿号改为“和”，破折号改为“是”，引号表示否定时加“所谓”，括号补充另用文字说明等。

例文

学生会主席述职报告

尊敬的各位领导，各位老师：

大家好！

××××年对我来说是不平凡的一年，在此感谢学院领导对我的信任和支持，感谢领导给我提供了一个展现自我、锻炼自我的平台。自从竞选为学生会主席的那一刻，我就坚定“不忘初心、牢记使命”的信念，立志将学院学生会工作做好，打造一个充满创新意识、充满改革斗志的优秀学生团队，充分发挥学生会在学生与老师之间的桥梁纽带作用。

时至学期结束，一学期的工作锻炼使我感触颇多，鉴于此，特向各位领导、老师对本学期的工作情况进行简要述职。

一、明确工作职责

(1) 全面贯彻执行党的教育方针和学校的办学思想，认真完成学校和学院交给的各项任务，配合校学生会开展一系列学生活动，不断提高学生会的办事效率。

(2) 制订和实施学生会发展规划与学期学年工作计划，并指导、督促、检查规划和计划执行情况，定期总结阶段性工作。

(3) 主持学生干部会议，领导学生会各部门和各年级积极主动地开展工作。重大问题提请学代会或学生委员会讨论，决议形成后，责成有关部门执行。

…………

二、回顾学期工作

(一) 组织制度建设方面

在第四届学生会工作的基础上，有选择地继承，有原则地创新。在自身建设上，严明纪律，拓宽机制，明确职能，细化分工；制定了学生会日常工作指南；创建了信息传递部、创新创业部等拓展工作的新部门，进一步完善了评议部、社会实践部等年轻部门；在选干机制上，深层次明确了各部门的学生干事培养流程及推选竞选流程，为下一届学生会输送优秀人才。此外，在学校领导的倡导和学生干部的工作反馈下，制定出学生会改革建设办法，比如：成立学院学生会常务委员会，促进校院两级学生会组织间的沟通等。

(二) 校园文化活动方面

传统活动和创新活动相结合。在继续承办往届的美食文化节、“校园杯”足球赛、书画艺术创作大赛、“校园杯”辩论赛、学雷锋活动系列等传统活动的基础上，创新性地由各部门策划、协调，共同举办了首届“书院文化与学院人文精神”大学生演讲比赛、首届“四院友谊杯”足球赛和首届“环校园定向越野”长跑赛，进一步丰富了我院学生的课余生活。

校风建设和学生管理相结合。学校校风建设年，我们还联合各二级学院共同举办了“改陋习，树新风，争做文明大学生”巡回图片摄影展和“十无校园”万人签名系列活动，以促进在校学生规范日常行为，培养良好的文明修养，提高综合素质；为促进校园民主化建设和大学生健康成长，学生会首创学生论坛，即“蝶湖论坛”，以协助学校为同学们的成长成才、就业创业搭建平台。

(三) 部门联系交流方面

本学期继续加强与其他学生组织的联系与交流。根据本届学生干部上任之初面临的实际情况，定期召开校院主席联席会，举办第七届委员会第八次主席团会议等。还加强了与社团联合会、校报记者团等学生组织的交流，取长补短，共同进步。此外，与市内各高校学生会骨干探讨、交流心得经验，加强了各兄弟院校之间的了解与协作。

三、存在的问题与不足

(一) 活动组织缺少预见性

各项比赛和活动过程中，人员安排的合理性和组织协调性仍须进一步完善。活动过程中出现的各种突发事件，如电脑故障、话筒故障、天气状况等，应该要有两手准备，以防万一。

（二）内部管理有待制度化

目前学生会管理缺少制度，特别是各部门内部的制度管理仍有待进一步完善。

…………

四、下学期工作计划

(1) 坚决拥护学院的方针政策，认真贯彻落实党委、团委的要求与指导思想。在学习实践过程中，我们将一切从实际出发，实事求是，认真学习，提高全体学生干部学习政治理论的积极性，增强学生干部的政治觉悟和思想道德修养。同时，我们还将继续严格要求每位学生干部努力学习，积极向党组织靠拢，争取早日成为一名光荣的共产党员。

(2) 加大力度提升学生干部的自身素质和文化水平，以满足为广大学生服务的要求。

(3) 加强与外界联系，加大与校学生会、各兄弟学院学生会的交流与合作，吸取宝贵经验。

(4) 积极开展学生会干部内部交流和培训工作。

(5) 健全院系工作例会规章，加强责任落实到人的措施。

…………

金无足赤，人无完人。我们每个人身上或多或少都会有一些缺点，只要我们能够及时发现，并正确对待，那么我们同样是合格、称职的表率。作为学院学生会主席，我会从自身做起，严格要求自己，处处起模范带头作用，敢于坚持原则，积极为同学们谋正当利益，有能力处理和协调好各种利害关系，最终达到互利共赢！

这一学期的工作，给了我太多的感触。作为学生会主席，我见证了学生会发展的每一步。回首这一学期的时光，学生会给我留下了很多难忘的回忆。我坚信，在上级党组织和团组织的正确领导与大力支持下，我院的学生会工作将会在现有的基础上有更大的提高。我们将以崭新的姿态和饱满的热情，扎实地推进学生会的各项工作，不断迈上新台阶！

以上是我的述职报告，敬请各位领导、老师和同学们评议，欢迎对我的工作提出宝贵的意见，并借此机会向一直关心、支持和帮助我的各位领导、老师和同学表示诚挚的感谢。

谢谢大家！

述职人：梁××

××××年××月××日

【例文简析】该述职报告采用分条列项的方式，说明履行了什么职责、怎样履行职责以及称职与否等问题，格式规范，结构完整。

/ 知识拓展 /

述职报告和工作总结的异同

述职报告和工作总结既有联系，又有区别。

述职报告和工作总结的相同之处是：它们都可以谈经验、教训，都要求将事实材料和观点紧密结合。从某种程度上说，述职报告可以借鉴工作总结的某些写作方法。

述职报告和工作总结的不同之处有以下三点：

(1) 回答的问题不同。工作总结要回答的是做了什么工作，取得了哪些成绩，有什么不足，有何经验、教训等。述职报告要回答的是履行了什么职责，履行职责的能力如何，是怎样履行职责的，称职与否，等等。

(2) 写作的重点不同。工作总结的重点在于全面归纳工作情况，体现工作实绩。述职报告则必须以履行职责方面的情况为重点，突出表现德、才、能、绩，表现履行职责的能力。

(3) 表述方式不同。工作总结主要运用叙述的方式和概括的语言，归纳工作结果。述职报告则可以采用夹叙夹议的写法，既表述履行职责的有关情况，又说明履行职责的出发点和思路，还要陈述处理问题的依据和理由。

第五讲　会议记录

一、会议记录的概念

会议记录是将开会时的内容整理而成的书面材料，包含会议的基本情况和会上的报告、讨论的问题、发言、形成的决议等。会议记录是重要的工作记录材料，要指定专人负责，用专门的本子记录、保管。每次会后，会议主持人要在记录的右下方署名。会议记录可以作为传达、执行会议决定和贯彻会议精神的依据，也可以作为以后进一步分析、研究、总结工作的重要参考资料，还可以起到备查的作用。

二、会议记录的特点

（一）综合性

会议记录是在对会议中各种材料、与会人员的发言及会议简报等进行综合分析和概括提炼的基础上形成的，具有整理和提要的基本特点。

（二）指导性

指导性表现在两个方面：一是会议记录本身的权威性；二是会议记录集中反映会议的主要精神和决定事项。因而会议记录一经下发，将对有关单位和人员产生约束力。

（三）备考性

一些会议记录主要不是为了贯彻执行，而是向上汇报或向下通报，必要时可做查阅之用。

三、会议记录的种类

根据会议性质的不同，会议记录可以分为以下几类：

（一）工作会议记录

工作会议记录是召开工作会议、研究一些重大问题时所形成的会议记录。

（二）行政例会记录

行政例会记录是在各级行政机关召开的办公会议和行政例会上所形成的会议记录。

（三）座谈会记录

座谈会记录是为解决某个重要问题，召集有代表性的人员参加，进行座谈讨论而做的会议记录

四、会议记录的结构和写作方法

（一）会议的基本情况

这一部分包括会议的名称及开会的时间、地点、出席人、缺席人、列席人、主持人、记录人等内容，要在主持人宣布开会前写好。

（1）会议的名称通常由单位名称、会议事由（包括第几届、第几次会议）加“记录”二字构成。如“××省教委工会第六次职代会会议记录”。

（2）开会的时间一般要写详细，不仅要写年月日，还应写明几时几分。

（3）出席人。人数不多的会议，要把出席人的名单都列上；参加人数多的会议，可以只写出席人数；重要的会议，为了便于统计人数和日后查考，可以另设签到簿，请出席人签名。

（4）缺席人。在缺席人不多的情况下，要写出缺席人的姓名，并注明原因；当缺席人较多，又一时难以查清时，可以只写人数。

（5）列席人。列席人是不属于本次会议的正式成员，但与会议有关的各方面人员，一般要注明单位名称和职务。

（6）记录人。要写明记录人的姓名，若是多人记录，则应写清各自所记的内容，以示负责。

（二）会议内容

会议内容是记录的主体，要根据会议的性质、目的、要求及讨论的问题确定这一部分，包括主持人的发言、会上的报告或传达的事情、讨论的问题、做出的决议等项目。记录这些内容有两种方法。

1. 摘要记录法

一般性的会议通常采用这种记录法。这种方法只记会议上报告或传达的事情、讨论的问题、通过的决议等，不记录讨论时每个人的发言。

2. 详细记录法

这种记录法要求把会上每个人的发言或报告，以及会议的进程等内容都完整地记录下来。

五、会议记录的写作要求

（一）准确

即要如实地记录发言，不论是详细记录还是概要记录，都必须忠实于原意，不得添加记录者的观点、主张，不得断章取义，尤其是会议决定之类的内容，更不能有丝毫出入。

（二）要点不漏

记录的详细与简略，要根据情况决定。一般来说，决议、建议、问题和发言人的观点、论据材料等要记得具体、详细；一般情况的说明，可抓住要点，略记大概意思。

（三）始终如一

始终如一是记录者应有的态度。这是指记录者从会议开始到会议结束都要认真负责地记到底。

（四）注意格式

会议记录的格式并不复杂，一般有会议名称、会议基本情况、会议内容等。会议基本情况包括：时间、地点、出席人数、主持人、缺席人、记录人等。会议内容是会议记录的主要部分，包括发言、报告、传达人、建议、决议等。

凡是发言，都要把发言人的名字写在前面。先发言者记录在前，后发言者记录在后。记录发言时要把握发言的质量，重点要详细记，重复的可略记，但如果是决议、建议、问题或发言人的新观点则要记得具体详细。

做会议记录，速度要快，要认真听取发言者的发言，同时根据会议的主旨选择内容，记好要点。

例文

爱心纳雍理事会××××年××月会议记录

一、时间

××××年××月××日 20:30—23:30。

二、会议方式

YY 网络语音平台。

三、出席与列席会议人员

凯珑莜瑶、大哥华、老兵、木头、听雨、石匠、知无邪、木乃伊、叶无道、撒旦。

四、会议主持人

木头。

五、记录人

木乃伊。

六、主要议题

1. 爱心午餐停餐的情况沟通和寻找解决方案。

2. 当前爱心纳雍的一些其他事宜。

七、会议要点总结

1. 说明了当前午餐停餐的情况，并提出了一些解决方案。由凯珑莜瑶准备相关的情况资料，向县领导反映实际情况，争取政府领导的重视，尽快解决问题。

2. 爱心纳雍对外的宣传稿子，发出前需要由老兵和木头审核。

3. 凯珑莜瑶负责爱心纳雍财务制度的起草（可借鉴其他公益网站）。

4. 由老兵和凯珑莜瑶尽快安排报销爱心纳雍所欠梦里飞雪和撒旦的费用。

5. 通报近期开展的一些爱心活动，包括××小学爱心图书室和球场建设、××校资助的 2 所图书室、××集团资助的 10 所图书室（除指定之外，其他的从待建图书室清单里选择）、××基金会资助的 2 所图书室等。

6. 商量开展爱心纳雍小学生作文大赛的可行性。

【例文简析】该会议记录采用摘要式记录法如实地记录了会议的情况。

广西×××学院社团联社总会部长工作总结例会会议记录

会议记录

会议名称	广西×××学院社团联社总会部长工作总结例会				
时间	2019 年 12 月 30 日 19:30		地点	综合楼 14010 社团办公室	
主持单位	社团联社总会	主持人	黄××（会长）	记录人	李××（秘书长）
与会人员	社总成员应到 18 人，实到 16 人 会长：××× 副会长：××× 会长助理：××× 各部部长及副部长				
缺席人员及原因	×××、×××病假				

会议过程及内容：

一、主席团成员自我介绍，各成员担任职务及分管部门、社团介绍

二、各部部长及副部长进行自我介绍

三、各部工作汇报

（一）办公室

1. 完成社联、社团招新工作

续表

2. 重新分配社团办公室
3. 完善社团所有在册资料的建档
4. 制作会员证
……
（二）组织部
1. 团建活动
2. 招新工作
……
（三）外联部
1. 安排社总与各社团负责人进行交流
2. 安排外校交流工作
3. 为社总活动拉赞助
……
（四）宣传部
1. 开学期间，为招新进行前期宣传
2. 为社总活动制作宣传海报和宣传视频
……
四、会长、副会长针对部门工作提出意见
1. 各部注意提高工作效率，加强与其他各部的联系
2. 注重团组织生活的形式和质量
3. 及时对团建工作进行总结
4. 工作汇报要量化，注重工作完成质量，工作要做出实效
……
五、各部部长发言
张兰（组织部）：各部门工作积极性高，但配合度不够，经验不足；工作安排缺乏针对性。
李霞（外联部）：要给各社团机会了解社总，多加强沟通和联系。
徐丽丽（宣传部）：要向老部长请教学习，传承工作经验，做好本职工作。
……

主持人：（签名）
记录员：（签名）
年　月　日

【例文简析】这是表格式会议记录，围绕会议的主题呈现了会议的情况，并将各部成员发言讨论的内容进行逐条记录以便日后查考。

知识拓展

会议记录的技巧

一快，即书写运笔要快，记得快。字要写得小一些、轻一点，多写连笔字。要顺着肘、手的自然去势，斜一点写。

二要，即择要而记。就记录一次会议来说，要围绕会议议题、会议主持人和主要领导

同志发言的中心思想、与会者的不同意见或有争议的问题、结论性意见、决定或决议等做好记录；就记录一个人的发言来说，要记其发言要点、主要论据和结论，论证过程可以不记；就记一句话来说，要记这句话的中心词，修饰语一般可以不记。要注意上下句子的连贯性，一篇好的会议记录应当独立成篇。

三省，即在记录中正确使用省略法。如使用简称、简化词语和统称；省略较长的成语、俗语、熟悉的词组；句子的后半部分，画一曲线代替；省略引文，只记下起止句或起止词，会后查补。

四代，即用较为简便的写法代替复杂的写法。一可用姓代替全名；二可用笔画少易写的同音字代替笔画多难写的字；三可用一些数字和国际上通用的符号代替文字；四可用汉语拼音代替生词难字；五可用外语符号代替某些词汇；等等。但在整理和印发会议记录时，均应按规范要求办理。

知识巩固练习

一、选择题

1. 对短期内工作进行具体布置的计划是（　　）。

A. 方案　　B. 设想　　C. 规划　　D. 安排

2. 计划类文书标题中不能省略的项目是（　　）。

A. 单位名称　　B. 适用时间　　C. 内容类别　　D. 文种

3. 对短期工作进行具体布置的计划，称作（　　）。

A. 方案　　B. 规划　　C. 安排　　D. 设想

4. 写总结的主要目的是（　　）。

A. 回顾工作成绩，树立今后工作的信心

B. 找出经验或教训，总结工作规律

C. 找出工作问题，以利于解决存在的问题

D. 详细记载工作历程，存档备查

5. 某领导的述职报告，将其在职几年的本人工作成绩和部门工作成绩全部都写了进去。下列对该做法的评论，最恰当的是（　　）。

A. 合乎情理，因为部门工作成绩与其领导作用分不开

B. 这样做明显突出了个人在工作中的作用

C. 述职报告都是这样写的

D. 可以这样写，但是应当实事求是地说明自己在这些工作中的实际领导作用

6. 事务文书的写作要领包括（　　）。

A. 运用材料要真实　　B. 写作态度要实事求是

C. 写作目的要明确　　D. 表达方式要多样

7. 计划的特点是（　　）。

A. 目标的现实性
B. 内容的预见性
C. 措施的可行性
D. 作用的约束性

8. 总结的写作要领是（　　）。

A. 调查研究，掌握事实
B. 反映特点，找出规律
C. 表达要叙述、议论相结合
D. 实事求是，一分为二

9. 述职报告的写作要求是（　　）。

A. 突出重点
B. 讲经验，不谈矛盾
C. 客观评价
D. 突出工作特点，显示工作个性

10. 会议记录的特点是（　　）。

A. 原始性　　B. 文献性　　C. 创新性　　D. 完整性

二、改错题

指出下面瑕疵例文的错误之处并说说应该如何写一份合格的总结。

期末总结

黄金秋季已过，大学的第一个学期就像今年的冬天一样来得那么突然，期末也一样。不知不觉间大学的一切已经开始，但如今的我还没有适应一切，本学期要学的东西都落下了。

本学期的“应用文写作”课程也在××老师的指导下，完美地落幕了，而我却依旧站在开幕的走廊，等待着表演的开始。也许因为不重视，我的应用文写作水平并没有得到应有的进步，而是在原地转圈。本学期，我浪费了很多时间玩游戏、睡觉。

如果时间可以倒流，我想回到9月6日。

今后如果再开始，我一定会改正错误，尽力而学，问心无愧。

我对×老师的教学表示支持。

三、写作题

1. 写一份自己的年度学习计划。
2. 根据你的学习生活或者所参加的活动写一份总结。
3. 请为班级召开的主题班会写一份会议记录。

项目四　社交礼仪文书

知识导入

进入21世纪，服务经济异军突起，国家之间、单位之间、人与人之间的关系越来越紧密，社交公关在人们的生活中占据着越来越重要的地位。对于现代人而言，礼仪是必修课，而作为一名大学生，理应“学礼、知礼、懂礼、行礼”。大学生在日常生活、学习和未来的工作中离不开社会交往，应该了解和掌握一些常用的社交礼仪文书，以交流思想感情、传递信息，更好地开展社会交际。

知识目标

1. 掌握社交礼仪文书的概念、格式，理解其特点，了解其应用范围。
2. 重点掌握求职信、简历、演讲稿、感谢信、慰问信的写法。
3. 揣摩例文，了解其他几种社交礼仪文书的写法。

第一讲　社交礼仪文书概述

一、社交礼仪文书的概念

社交礼仪文书是指人们在处理公共关系和进行社会交往活动时所使用的用来表达礼节、表情达意的文书。按照性质和作用的不同，社交礼仪文书通常可以分为聘邀类、交往类、庆贺类、哀祭类等。

礼是中国人生活的一种态度，代代相传，进而形成了“礼俗”。社交礼仪文书的源头可以追溯到古代实用文。社交礼仪文书的成功写作和恰当运用，有助于传播信息、增加了解、沟通情感、密切关系、美化组织、塑造形象，最终产生广泛的社会效益和良好的经济效益。因此，学习社交礼仪文书具有积极的意义。本书选择其中重要的几种加以介绍。

二、社交礼仪文书的写作要求

社交礼仪文书写作的基本要求是真诚有礼，以诚为本，以礼为用。在具体的写作实践中，应注意以下四点。

（一）区分对象

社交礼仪文书用于人际交往，因而要有明确的对象意识，要充分考虑交往对象的情况、职位、关系及辈分等因素。对象不同，礼仪就不同，行文也不一样。

（二）切合情境

社交礼仪文书是在特定的情境中使用的，目的是为人际交往营造融洽、和谐的氛围。例如，喜庆仪式中要用语活泼、热烈、亲切；而悼词、唁电的用语则要沉痛、庄重。

（三）格式规范

各类社交礼仪文书，都有其固定格式，如请柬与聘书的功能不同，感谢信与慰问信在语言特点上有区别，求职信与简历在内容上也有区分。只有掌握各类社交礼仪文书的格式，写作时安排结构、遣词造句、驾驭情感才能得心应手。

此外，社交礼仪文书的写作和发送要及时迅速，讲求时效，一旦过时，则起不到应有的作用。

（四）篇幅适中

社交礼仪文书要长短合适，不宜长篇大论，文字要简洁、明了。

第二讲　求职信与简历

一、求职信

（一）求职信的概念

求职信又称求职申请、应聘信、自荐信等，是求职者向用人单位介绍自己的才能、自我推荐、表明求职意图，谋求职位时使用的一种特殊书信。求职信一般附在求职简历的前面，通过求职者的自我推荐使用人单位对其有初步的了解。现代社会人才的流动日益频繁，一个人一生中可能要经历多次职业选择，因此求职信的使用频率比较高。

（二）求职信的特点

1. 自荐性

求职信其实就是自荐信，求职者要毛遂自荐，以期被用人单位看中并聘用。

2. 针对性

求职信要针对用人单位的不同岗位、不同职务的不同要求来写作，还要针对求职者的知识技能、业绩、阅历等情况向用人单位展示自己的能力与优势。

3. 竞争性

求职面临很激烈的竞争，求职者要想在竞争中胜出，就要突出自己的能力与优势。求职信要附上能证明自己能力与优势的各种证明材料。

（三）求职信的结构和写作方法

1. 标题

求职信的标题通常只有文种名称，如求职信、求职书、自荐信、应聘信，首行居中位置。

2. 称谓

称谓是对受信人的称呼。求职信不同于一般私人书信，受信人未曾见过面，所以称谓要恰当，应郑重其事。对于单位负责人不甚明确的，可写成“人事处负责同志”“尊敬的领导同志”“尊敬的××公司领导”等；对于明确了用人单位负责人的，可以写出负责人的职务、职称，如“尊敬的林教授”“尊敬的蒋处长”“尊敬的刘经理”等。称谓写在第一行，顶格书写，之后用冒号，然后另起一行写上问候语“您好”。

3. 正文

正文一般包括求职者的基本情况简介，求职的原因、目标。正文内容较多，要分段写。

求职者的基本情况包括求职者的年龄、性别、专业，获得何种奖励，有哪些论文、著作，或者有几年的工作经验。

求职信一般都要向用人单位说明求职原因，或是毕业后求职，或是为了发挥专长。

求职目标即求职者愿意到该用人单位做什么工作、担任什么职位，这点要明确提出来。

4. 结尾

结尾应强调求职者的愿望及要求，如希望用人单位给一个面试或者面谈的机会，盼望用人单位给一个肯定的答复，或等候用人单位的回音等。例如，“您能在百忙中阅读我的自荐材料，我感到很荣幸，殷切期盼您的答复”。最后，另起一行空两格写“此致”，然后在下一行顶格写“敬礼”，这是一般通用的致敬语的写法。

5. 附件

附件通常是对求职有帮助的材料，如简历、学历证、学位证、职称证、身份证、获奖证书、外语等级证书、计算机等级证书等。在求职信里最好整理一份附件目录，方便用人单位审核的同时也给对方留下“有条不紊、办事周到”的好印象。可在致敬语的下一行空两格写上“附件”或“附”，后加冒号，列出附件目录。

此外，还要注明求职者的通信地址、邮政编码和联系电话等信息，以便于联系（在简历里已注明的，此处可以省略不写）。

6. 落款

在附件下方另起一行居右写上求职人姓名，可以用“敬上”或“谨呈”等词以示礼貌和谦逊。姓名下方写上日期，应年、月、日俱全。如使用打印版本，在求职人姓名处最好使用亲笔签名。

（四）求职信的写作要求

1. 实事求是

写求职信时不能过分夸大自己，尤其不能虚构能力或特长。尽量避免使用“一定”“绝对”“肯定”“保证”等词，不要使用“我能够适应各种工作”“我听说贵公司近期效益不好，我相信我有能力改变这种状况”之类的表述。

2. 内容简洁

要言简意赅，尽量使用短句；在词语运用上，少用形容词、副词等修饰性词语。篇幅短小精悍，不超过一页纸，一般限定在五六百字范围内。

3. 提前准备

一是要考虑用人单位的需要和阅读者的知识背景与身份特征，在动笔之前最好对用人单位有所了解；二是要针对自身专长，突出优势。

4. 讲究礼仪

要使用书面语言表达，做到谦恭有礼但不过分，不可曲意迎合、恭维或表现得过分热情，否则会让用人单位对求职者的能力产生怀疑。可以坦诚表达自己浓厚的兴趣和迫切的心情，但不能言过其实。

例文

求职信

尊敬的公司领导：

您好！

我是××××职业技术学院即将毕业的一名市场营销专业的学生，我叫×××，男，23岁，来自××地区。我从智联招聘网上获悉贵公司要招聘营销人员，十分欣喜。我对贵公司的发展一直非常关注，并对市场营销工作有极大的兴趣，十分乐意为贵公司的发展尽一份微薄之力。我很荣幸向您呈上我的个人资料：

在三年的大学生活中，我很好地掌握了专业知识，学习了市场营销学、工商管理、广告学、经济法、管理心理学、财务管理、商务谈判等专业课程，专业课成绩平均分在80分以上；在校期间，我取得了市场营销经理助理资格证书、助理会计师证、教育部考试中心认证的计算机二级合格证和英语B级合格证。曾担任学院摄影协会副秘书长一职。我性格开朗，工作充满热情，得到师生的一致好评。

我可以熟练使用办公软件，对电脑有一定的操作能力。近两年，我利用课余时间在校外做兼职，生活中的风雨培养了我吃苦耐劳的品格，也让我感受到了责任的重要。

贵公司实力雄厚，富有开拓精神，能加入其中无疑是我的光荣。如果我能喜获您的赏识，一定会尽职尽责地用实际行动向您证明：贵公司的过去我没有参与，但贵公司的未来，我愿意奉献毕生的心血和汗水！祝贵公司事业蒸蒸日上！静候佳音！

此致

敬礼

附件：

1. 在校期间各科成绩单
2. 市场营销经理助理资格证书复印件
3. 助理会计师证复印件
4. 计算机二级合格证复印件
5. 英语B级合格证复印件

联系电话：××××××××　电子邮箱：×××××××××××××

求职人：

××××年×月×日

【例文简析】本求职信的特点之一是语气谦恭、措辞有度、态度诚恳，既表现了求职者对所求职位的渴望，又表现出对胜任这份工作的自信；特点之二是针对性强，求职意向明确，针对营销岗位作自我推荐，而且适当地强调了个人优势；特点之三是语言简洁明了，用高度概括的语言陈述了自己的经历、业绩。

知识拓展

求职面试礼仪

一、第一印象——成功基础

良好的第一印象是求职成功的基石。要想给用人单位留下良好的第一印象，首先要守时。守时不仅是职业礼仪的内容，也是职业道德的基本要求。提前10分钟左右到达面试地点为最佳，可熟悉一下环境，稳定一下心神。提前太多也是不合适的，但如果面试迟到，会被视为缺乏自我管理和约束能力，即缺乏职业能力。其次，进入面试单位，不要四处闲逛，不要东张西望，要注意用语举止文明。进入等候室时要关闭手机，保持安静及正确的坐姿，不要来回走动显得浮躁不安，也不要与其他的面试者聊天。

二、举止得体——成功因素

在面试全过程中举止是否得体，是求职能否成功的重要影响因素。如果没有人通知，即使前面一个人已经面试结束，也应该在门外耐心等待，不要擅自走进面试房间。自己的名字被喊到，就有力地答一声“是”或“到”，然后再按礼仪规范敲门进入。进入房间开关门尽量要轻，动作要规范。回过身后向考官鞠躬行30度礼，面带微笑说一声“您好”。等考官告诉你“请坐”时方可按坐姿礼仪坐下，同时应道声“谢谢”，并与考官保持合乎礼仪的距离。面试交谈结束后，要礼貌起身，做到稳重、安静、自然。

三、语言艺术——成功关键

1. 语言就是力量

语言艺术是一门综合艺术，包含着丰富的内涵。一个语言艺术造诣较深的人需要多方面的素养，如具有较高的理论水平、广博的知识、扎实的语言功底。“言为心声”，语言能客观反映一个人的文化素质和内涵修养。谦虚、诚恳、自然、亲和、自信的谈话态度，会让人们在任何场合都受到欢迎；对答如流的公关语言、妙语连珠的艺术性口才，将帮助应聘者获得成功。

个人自我介绍是面试实战非常关键的一步。因为众所周知的“前因效应”的影响，自我介绍会奠定接下来面试的基调，在很大程度上决定了应聘者在考官心里的形象。个人自我介绍时，第一，要突出个人的优点和特长，并要有相当的可信度，语言要概括、简洁、有力，不要拖泥带水、轻重不分。第二，要展示个性，使个人形象鲜明，可以适当引用别人的言论，如老师、朋友等的评论来支持自己的描述。第三，坚持以事实说话。当不能回答某一问题时，应如实告诉对方，含糊其词和胡吹乱侃会导致失败。第四，要符合常规和语言逻辑，介绍的内容和层次应合理、重点突出，使自己的优势很自然地逐步显露。第五，尽量不要用简称、方言和口头语。

2. 身体语言——无声胜有声

身体语言有手势语、目光语、身势语、面部语、服饰语等，通过仪容、仪态、神情、动作来传递信息，在交往中往往起到无声胜有声的效果。比如适当的微笑，可以显现出一个人的乐观、豁达、自信；大方得体的服饰，能反映出一个人的精神风貌，增强求职竞争力。

面试的后续礼仪

面试结束后三天之内，最好给考官发电子邮件或手机短信表示感谢，同时简要地重申你的优势和对应聘岗位的兴趣，表达自己为公司的发展壮大做贡献的决心，希望早日得到用人单位的回复。哪怕你已经预感到要落选，也要学会出于礼貌感谢考官给你面试的机会。

例如：

尊敬的××经理：

我是×××，感谢您昨天为我面试花费的时间和精力。和您谈话我感到十分愉快，并且了解到很多贵公司的情况，对您管理公司的理念非常认同。正像我已与您谈过的，我的专业知识、能力和兴趣对贵公司十分有用。我对贵公司的前途十分有信心，希望有机会能与您共同工作，为公司的发展贡献力量。再一次感谢您，希望有机会再与您联系。祝公司前程似锦！事业蒸蒸日上！

二、简历

（一）简历的概念

简历就是对个人学历、经历、特长、爱好及其他有关情况所做的简明扼要的书面介绍。

对求职者而言，简历是必不可少的。简历是求职材料的重要组成部分，常以表格形式出现。

（二）简历的特点

1. 精准的信息定位和阅读引导功能

信息定位意味着有组织地选择信息。简历中的资料要能够给用人单位最重要的信息。即要在简历中设计一个醒目的部分，列出关键信息，让这部分信息能抓住用人单位的眼球，并确保用人单位给予求职者面试的机会。

2. 内容突出关键信息点

提供关键信息，意味着给用人单位一些其想要阅读的、感兴趣的信息点。关键信息点表明了一名求职者的能力、态度和职业素质，这些正是用人单位想要寻找的。关键信息点应突出与目标岗位相关的个人优势，包括职业技能与素质及经历，尽量量化工作成果，用数字和案例说话。

3. 语言富于个性特点

用人单位都希望招到个性优良的职员。简历本身代表了每一个求职者的个性特点。因此简历中的语言要尽量富有个性，而不是千篇一律的简单陈述。精心润色简历中的语言，争取在展示个人能力的同时加入个性情感的魅力。

（三）简历的结构和写作方法

个人简历可以是表格的形式，也可以是其他形式。从形式上看，一份完备的简历包括封面和正文两部分。

1. 封面

封面是简历的外在包装，是简历的门面，设计要精致，版式要美观大方，字号字体和颜色的选择都要恰当适宜，图案和文字的搭配应相得益彰。特别是要具有一定的创意，给招聘单位留下美好的第一印象。

2. 正文

一份完备的简历正文，应具备以下几个方面的内容：

（1）个人基本情况。

包括姓名、性别、年龄、民族、婚否、健康状况、政治面貌、主要社会关系、联系地址及邮编、联系电话和 E-mail 等。要根据职位需求提炼有效信息，与求职无关的内容不要出现在这一部分。

（2）教育背景。

包括就读大（中）专学校、所学专业、所获学位、所学的主要课程及学习成绩、外语、计算机水平等以及相关的培训、特殊的训练等。对于刚走出校门初次求职的大学毕业生来说，可以在简历上列出自己曾经学习过、进修过的与求职应聘岗位直接相关的专业课程和达到的水平，来补充证明自己在某专业知识、技能方面具有相应的能力，让用人单位迅速地判断求职者的学历背景与应聘工作岗位的关联性，从而决定取舍。

（3）工作实践经历。

包括在校期间的勤工俭学、兼职打工、实习期间有针对性的工作实践、就业之后的工作实践、参加过的社会活动等。特别要写明在以上实践过程中所取得的成绩、效果等。目前，许多招聘单位优先招聘有实际工作经历和经验的人员。因此，在撰写简历时，要注意阐述自己曾经从事过的各项工作及成果，努力挖掘自己在这些方面具有的实践经验，突出自己的经验和能力，提高被录用的概率。

（4）奖励和荣誉。

如三好学生、优秀团员、优秀学生干部、专项奖学金等。

（5）个人的兴趣、爱好和特长。

包括个人所学专业技术特长和一般特长，如外语、计算机等。尽可能使你的特长、兴趣与你所谋求的职业特点、要求相吻合。

（6）求职意向。

求职意向应简短清晰，有所侧重，可以顺带勾画一下你的个人发展方向。

个人简历应该浓缩精华部分，要写得简洁精练，切忌拖泥带水。大学应届毕业生个人简历后面可以附上个人证明材料，如“三好学生”“优秀学生干部”证书的复印件，英语四、六级证书的复印件及驾驶执照的复印件等。这些复印件能够给用人单位留下深刻的印象。

（四）简历的写作要求

1. 内容要真实

个人简历最重要的就是内容要真实，即如实地表达自我经历，不要遗漏高中阶段及其以后任何一段经历，不能弄虚作假、伪造学历和经历，不要夸大自己的能力和业绩。真实的简历就是自己的诚信记录。

2. 表述要全面

简历虽简，但要使招聘单位在最短的时间内了解自己的基本情况，对自己有个比较清晰的印象，就要在简历的写作过程中注意内容的全面和完整。要把自己求职的具体目标和岗位及自身条件、专业技能优势写清楚，这些内容虽然在求职信中曾经有过表述，但仍有必要在此重新写明。

3. 重点要突出

由于不同的单位、不同的职位有着不同的要求，写作简历时要进行认真分析，有针对性地进行设计和准备。简历要求全面，但绝非面面俱到、主次不分，而是应根据单位和职位的要求，根据自身的强项，巧妙地突出自己具备招聘单位需要的个人优势、实践经历、经验与成果，此乃简历的点睛之笔。

4. 评价要客观

自我评价时，要实事求是、客观公正，既不要虚夸自己的优势、能力、业绩和成果等，也不要过度谦卑、妄自菲薄。有时，适度地坦承自己某些方面的不足，反而更能赢得好感。

5. 篇幅要简短

招聘人员需要面对大量的简历，而大多数简历格式、内容大同小异，所以，他们对每份简历都会进行粗略的一次性阅读并筛选。如果简历写得过长，招聘人员就会缺乏耐心完整细致地阅读，采用“跳读”方式，导致遗漏部分内容。如果出现这种情况，对于求职者是非常不利的。所以，写作简历不宜太长，而应当言简意赅，既要全面，又要突出重点。美国人马库斯·赫特在《简历——跨国公司求职通行证》中说：“有过工作经验的人也许能长篇累牍地描绘他们的经历和经验，但人才招募者愿意看到的则是篇幅在一页左右的简历。”

简历的简明，决定了其语言文字的准确规范、文风的庄重朴实，忌用描绘、抒情、议论等写法。

6. 版面设计要美观大方

一份令人满意的简历，除了内容写得好之外，其版面设计也很重要。简历的版面如同一个人的脸，是给人的“第一印象”。

总之，写作一份令人满意的简历并非易事。求职者一定要下功夫，把自己精心打造的个人简历呈现在招聘者面前。

例文

求职简历

基本信息

相片

姓　　名：张××

民　　族：汉族　　性　　别：女

出生年月：1995 年 11 月　　籍　　贯：广东广州

政治面貌：中共党员　　身　　高：158cm

专　　业：行政管理　　学　　历：本科

移动电话：138××××9793

电子邮件：zhang××××@126.com

地　　址：广东省广州市××小区 A1 栋×××房（邮编：510000）

求职意向：金融行业，银行的大堂、柜台岗位

教育背景

2014.9—2018.7　广东省××学院政治法律系行政管理专业

2011.9—2014.7　深圳××××中学

主要社会实践经历

2017.3—2018.6　中国农业银行××市岗顶支行大堂引导员、柜员实习

2015.9—2017.7　××学院政治法律系行政管理（1）班团支书

2014.9—2015.7　××学院学生团委办公室副主任

知识结构

在校期间系统地学习了行政管理专业知识，包括“管理学原理”“行政管理学”“行政法学”“人事行政学”“人力资源管理”“公共关系学原理”“现代秘书学与秘书实务”“公共组织学”“公共经济学”“公共关系学”“领导学”“公共管理学”等相关课程，有较好的理论基础。

在农业银行实习，先后从事大堂引导和柜台业务工作，积极加强对基金、保险、证券等金融知识的学习，对银行相关业务有一定了解。

所获奖励

××学院2017年“优秀实习生”

××学院2015—2016年度“优秀学生干部”

能力与资格证书

具备良好的组织沟通协调能力、公文写作能力、档案管理能力；

熟悉办公设备、办公软件操作；

英语：具备日常听说读写能力，CET-4

计算机：广东省一级

【例文简析】以上简历采用表格式呈现方式，较全面地展示了个人的基本情况，在内容编排上体现了能力匹配岗位，将需要突出的经历以及能力放在开头书写。

/ 知识拓展 /

简历与求职信的区别

不少大学生在求职时，常常用简历代替求职信，这是一种错误的行为。因为二者其实不是一回事或同一种东西，简历也不是求职信的演变。二者既相互独立，又紧密联系；既不能相互替代，又不能混为一谈。其区别主要表现在以下两个方面。

1. 书写格式不同

（1）标题不同。常用的求职信标题有“自荐信”“求职信”等，也可省略标题，直接用一般书信形式来行文。简历的标题，就叫“简历”或“个人简历”，简历的标题不能省略。

（2）称呼不同。求职信开头要有称呼，给不同的收信人，在称呼上有明确的区分。简历则不必有称呼，在标题下直截了当地填写个人经历即可。

2. 内容侧重点不同

求职信重在阐述求职的愿望、理由和条件，力求说明自己的成绩是能够胜任某类工作的。而简历则重在展示自己的资历，是对求职信中提到的求职条件做更为详尽的描述。

求职信和简历是推荐材料中不可缺少的两个重要组成部分。求职信在前，简历附后，二者相互补充，才能收到立体展示的效果。

第三讲　演讲稿

演讲作为一种社会实践活动，从古至今，久盛不衰，是因为它有着不可估量的社会作用和社会价值。演讲必须具备三个要素：演讲者、信息和听众。演讲的基本形态是“一人讲，众人听”。对于演讲者来说，要靠有声语言和态势语言来传递信息；对于听众来说，不仅要听，而且要看，通过听与看来接受演讲者所传达的信息。由此可知，演讲必然是“讲”“演”同步，以“讲”为主，以“演”为辅。演讲成败与否，首先要看讲的内容如何，即演讲稿的质量如何，这非常关键。演讲一般分为两大类：主题演讲和竞聘演讲。

一、主题演讲稿

（一）主题演讲稿的概念

主题演讲稿是专就某一问题或主题发表见解、体会的演讲稿。演讲的主题最能体现演讲的思想价值和审美品位，使演讲具有深刻感人的艺术魅力。然而，表现演讲主题又不能流于空洞的说教、现象的罗列和人云亦云的老生常谈。正确的做法是在运用典型充分的材料表达演讲主题时，及时对材料的本质内涵加以分析、概括、提炼、延伸，并通过富于理性色彩的语言点拨、渲染，激起听众的心理共鸣，将听众的思维引向一个更深邃、更崇高的境界，使演讲的主题得以升华。

（二）主题演讲稿的特点

1. 针对性

主题演讲是一种社会活动，是用于公众场合的宣传形式。它为了以思想、感情、事例和理论来打动听众，必须要有现实的针对性。所谓针对性，首先是提出的问题是听众所关心的问题，评论和论辩要有雄辩的逻辑力量，要能为听众所接受并心悦诚服，这样才能起到应有的社会效果；其次是要懂得听众有不同的对象和不同的层次，而“公众场合”也有不同的类型，如党团集会、专业性会议、服务性俱乐部、学校、社会团体、各类竞赛场合，要根据不同场合和不同对象，为听众设计不同的演讲内容。

2. 目的性

我们做任何社会实践活动都有明确的目的，演讲作为实用性很强的社会实践活动也不例外。所以，在写作演讲稿时，首先要明确演讲的目的，然后围绕这一目的确立主旨、选择材料、安排结构、组织语言。

3. 可讲性

演讲的本质在于"讲"，而不在于"演"，它以"讲"为主、以"演"为辅。由于演讲要诉诸口头，拟稿时必须以易说能讲为前提。如果说，有些文章和作品主要通过阅读欣赏领略其中的意义和情味，那么，演讲稿的要求则是"上口入耳"。一篇好的演讲稿对演讲者来说要可讲；对听众来说应好听。因此，演讲稿写成之后，最好能通过试讲或默念加以检查，凡是讲不顺口或听不清楚之处（如句子过长），均应修改与调整。

4. 口语性

演讲稿是靠演讲者诉诸听众听觉的演讲来实现价值的，因此，演讲稿的语言既要通俗易懂，又要风趣幽默；要少用书面语言，多用大众语言；少用复杂长句，多精辟短句。

5. 鼓动性

演讲是一门艺术。好的演讲自有一种激发听众情绪、赢得听众好感的鼓动性。要做到这一点，首先要依靠演讲稿思想内容的丰富、深刻，见解精辟，有独到之处，发人深思，语言表达要形象、生动，富有感染力。如果演讲稿写得平淡无味，毫无新意，即使在现场"演"得再卖力，效果也不会好，甚至相反。

6. 临场性

演讲是面对听众的讲话，这就要求演讲者要注意临场性。所谓临场性，就是要注意演讲的社会环境、现场环境、听众心理、文化层次、兴趣爱好、年龄特征等，以此来确立演讲的选题和观点，选择演讲的方式，决定材料的取舍，设计演讲的进程，运用演讲的技巧，使用适当的态势语等，以达到更好的现场效果。否则就会影响与听众的交流与共鸣，更谈不上打动听众、征服听众了。

7. 艺术性

演讲是艺术化的口语表达形式，遵循一定的美学原则，具有较强的艺术色彩。

（三）主题演讲稿的结构和写作方法

主题演讲稿的结构由标题、称呼和正文三部分构成。

1. 标题

常见的演讲稿标题有 5 种，分别是提要式、寓意式、警句式、设问式、抒情式。提要式，即概括演讲的核心内容，如"劳动，是神圣的"；寓意式，即运用修辞手法把抽象的哲理具体化，如"扬起生命的风帆"；警句式，即引用名言警句设置标题，如"忧劳可以兴国，逸豫可以亡身"；设问式，即通过设问来提示演讲涉及的内容，用演讲来回答标题的提问，如"人生的价值何在"；抒情式，即标题具有强烈的感情色彩，达到以情动人的效果，如"真情，让我一生守候"。

2. 称呼

根据听众和演讲内容的需要决定称呼，常用"同志们""朋友们"等，也可加定语渲染气氛，如"年轻的朋友们"等。

3. 正文

正文由开头语、主体和结语三部分构成。

(1) 开头语。

演讲的开头语，也叫开场白。心理学家指出，人的记忆力呈马鞍型，对于演讲来说，听众最关注的是两端，即开头和结尾。演讲稿的开头如戏剧演出的“镇场”，它是演讲者与听众之间架起的第一座情感桥梁。

开场白的写法很多，常见的有以下几种：

1) 直说式——表明观点，直入正题。例如：

你们好！能和大家面对面交流，我感到非常荣幸！今天，希望和各位朋友一同分享我的一段经历，告诉大家一句影响我终生的话——“人的命运是不可能被注定的！”(《人的命运是不可能被注定的》)

2) 设问式——自问自答，激发思考。例如：

亲爱的朋友们，你一定知道诚信是可贵的，但你想过诚信的脆弱吗？是啊，诚信很可贵，也很脆弱！如小树一样经不起风雨，如新生婴儿般一旦失去呵护就岌岌可危，也和爱情一样是一件易碎的瓷器珍品。(《诚信，脆弱的珍贵》)

3) 疑问式——只问不答，引发疑问。例如：

“大学里什么最美？”这是当了一辈子农民的阿爸在写给我的一封信中提到的问题。大概是“不识庐山真面目，只缘身在此山中”吧！我一时竟也说不上来，是校园早晨琅琅的书声吗？还是图书馆深夜不息的灯光呢？好像都是，又好像都不是。大学里究竟什么最美呢？(《含笑的泪水》)

4) 议论式——议论事物，引发观点。例如：

青春是人一生中最灿烂、最绚丽的经历，人们对它有不同的看法。说青春美丽，因为那有美好的梦想；说青春浪漫，因为那有真挚的友谊；说青春苦涩，因为那有不解的困惑；说青春无悔，因为那有年轻的自信。(《青春的价值在于奉献》)

5) 陈述式——陈述事例，导入论题。例如：

大家好！今年9月，我们听到了一个惊人的消息：全国驰名商标，有着几十年辉煌历史，市场占有率高居全国第一的中国名牌——三鹿牌婴幼儿奶粉竟然含毒！9月11日晚，三鹿集团总部发表声明，今年8月6日前该厂生产的700吨三鹿婴幼儿奶粉，曾受到三聚氰胺的污染。(《食品安全大于天》)

6) 描述式——描述现象，导出看法。例如：

来贵阳参加演讲比赛已经好几天了，这几天，选手们说得最多的一句话就是“压力好大”。如果说这个压力来自比赛，那么下面这句话的压力将来自生命——“五分钟后将会有一个中国人死于车祸”，这不是在诅咒，而是事实，一个不争的事实。据统计，2000年以来，我国平均每年有10万多人死于车祸，也就是说，平均五分钟就会有一个中国人因为车祸而失去生命。(《交通安全无小事》)

7）名言式——引用名言，引发感想。例如：

大家好！我记得有一位哲人曾经说过：只有尊重别人，别人才会尊重你。我们每个人都希望得到别人的尊重，但我们不要忘记，尊重是相互的，我们要想得到别人的尊重，首先就要学会尊重别人。今天我为大家演讲的题目就是——“学会尊重”。（《学会尊重》）

8）故事式——叙述故事，引出话题。例如：

晚上好！最后一个上台演讲，大家听得有点不耐烦了吧！昨天想了很久该说些什么，还是想与大家分享一个小故事。

两个不如意的年轻人，一起去拜望老师，问道：“老师，我们在办公室被欺负，太痛苦了，您说，我们是不是该辞掉工作？”老师闭着眼睛，隔半天，吐出五个字：“不过一碗饭。”两个年轻人听了各有所悟，回到公司后，一个人递上了辞呈，回家种田，另一个决定留在公司。

日子过得很快，转眼10年过去了。回家种田的年轻人以现代方法经营，辛勤劳作，居然成了富翁。留在公司的年轻人，不再抱怨，努力学习，渐渐受到器重，也成了经理。（《眺望的日子里，认真选择》）

（2）主体。

这一部分的内容是演讲稿的核心，典型的演讲稿属于议论文的范畴，因此主体部分的结构规律与一般议论文基本相同，可按照“提出问题—分析问题—解决问题”的逻辑思路来进行安排。主体部分常见的结构方式有以下几种：

1）并列式——围绕演讲的中心论点，从不同角度、不同侧面进行论证，各层次之间的关系是平等的、并列的。如演讲稿《青春是什么》的主体结构就分为四个方面：青春是一粒种子；青春是一轮朝阳；青春是一部著作；青春是一首乐章。这种结构安排，脉络清楚，层次井然，听众一下子就能把握住要领。

2）递进式——将演讲主旨进行分析解剖，然后逐层论证，从而形成层层深入的剥笋式论证步骤，它的层次一般是不可调换的。如演讲稿《为了孩子的明天》在开头指出当前学生“高分低能”的现象以后，第一层分析了出现这种现象的外部和内部原因；第二层论述了过分追求分数对孩子们的种种危害；第三层指出了将学生从“苦海”中解救出来的具体措施。全文由现状分析到追根究源，又由根源谈到危害，最后提出解决问题的办法，由表及里，由浅入深，逐步推进，具有很强的逻辑性。

3）对比式——将不同事物或同一事物的不同方面进行对照，通过分析对比其相同或相异处，表明观点、说明道理，事物的前后与正反都可以形成对比。如演讲稿《诚信，做人之本》，从诚信者如何步入成功、失信者如何走向失败这两个正反面进行对比论述，从而给人以启示。

此外，有的演讲稿是以叙事和抒情为主的，在夹叙夹议中引发思考，表达感悟、见解和主张，这种演讲稿的结构方式可以参照记叙文或散文的结构写法。

（3）结语。

好的结语既能升华主题，又能发人深省；既能鼓舞听众，又能感召听众，从而引起听众的共鸣，大大增强演讲的说服力和艺术魅力。

结语常见的方式有以下几种：

1）总结结论式——总结全文，做出结论，突出主题，加深印象。例如：

同学们，我们年轻，我们没有资格轻视自己。我们都是雏鹰，都可以展翅高飞。泰戈尔说过，天空没有留下翅膀的痕迹，而我已飞过。我们可以有不同的成长形式和成长方向，但不可以拒绝飞翔！来世间走一回，如果什么也成就不了，我们将多么不甘心！有人说，大学是一生中唯一一段可以最自由、最尽兴、最本色的生活时光，真的，这是你最好的机会！请辨认出你最鲜亮的部分，抓住这最好的年华，创造你自己的特色。请记住：翅膀属于天空；请记住：年轻只有这一次；请记住：你，与众不同！（《你，与众不同》）

2）首尾呼应式——前后呼应，回答问题，强调主旨，深化主题。例如：

最后，我送给大家一句话，这句话就是我演讲的开头告诉大家的——“人的命运是不可能被注定的！”让我们扼住命运的咽喉，做一名生命的强者！愿各位年轻朋友都挺起胸膛，勇敢去追，去追求幸福的生活，去创造辉煌的人生！（《人的命运是不可能被注定的》）

3）希望号召式——提出希望，发出号召，鼓舞斗志，促人行动。例如：

南宁是我家，人人都爱她。让我们树立起“人人都是南宁形象”的主人翁意识，积极投身到建设“诚信南宁”中去，从我做起，从身边的一点一滴做起，以诚待人，以信做事，高举诚信旗帜，共同建设我们美好的家园。（《高举诚信旗帜，建设美好南宁》）

4）立言立誓式——表达决心，表现信心，坚定信念，使人振奋。例如：

努力学习吧，同学们！为了祖国，为了人民，为了我们的父亲。（《为了我们的父亲》）

5）名言激励式——引用名言，启发思考，激励信心，引发共鸣。例如：

最后，把列夫·托尔斯泰的一句名言送给大家以共勉：“选择你所喜欢的，爱你所选择的。”（《眺望的日子里，认真选择》）

6）引人深思式——深化主旨，引人深思，敲响警钟，令人回味。例如：

总之，善待他人就是善待自己！为了公众和自身利益，明星在代言广告时必须慎之又慎，别让利益蒙蔽了双眼，别让金钱泯灭了良知。要知道，世上没有免费的午餐，获取不义之财者，必被世人所唾弃，甚至身败名裂。（《明星，请慎重代言》）

（四）主题演讲稿的写作要求

1. 了解对象，有的放矢

写演讲稿首先要了解听众对象：了解他们的思想状况、文化程度、职业状况如何，了解他们所关心和迫切需要解决的问题是什么。不看对象，演讲稿即使写得再好，说得天花乱坠，听众也会感到索然无味，无动于衷，也就达不到宣传、鼓动、教育和欣赏的目的。

2. 立意新颖，主题集中

一篇演讲稿的优劣，主要看它是否有新意、有创见，最忌老生常谈。因此，演讲稿的立意要新颖，才能更好地启迪听众、引导听众、感召听众。

同时，演讲稿还要注意主题集中。一般来说，一篇演讲稿只能有一个主题。如果贪多求全，势必使主题分散，造成演讲内容头绪纷繁、结构松散。

3. 选材典型，形象生动

紧扣主题来选择和取舍材料，材料必须能充分地表现主题，是演讲稿选材的基本原则。在此基础上，要尽量选择典型、真实、生动的材料。站在听众的立场选择材料，容易唤起听众的认同感。幽默风趣的材料能够寓教于乐、雅俗共赏，有助于活跃现场气氛。下列选材角度可供参考：

（1）伟人、名人事迹，借助名人效应，说服力强。

（2）新闻热点事件，真实而新鲜，知识性强，时效性强。

（3）亲身经历或亲眼所见之事，富于真情实感，有利于打动听众。

（4）旧事新议，赋予人们所熟悉的事物以新意，增强吸引力。

4. 观点鲜明，感情真挚

演讲稿观点鲜明，显示着演讲者对一种理性认识的肯定和对客观事物见解的透辟程度，能给人以可信性和可靠感。演讲稿观点不鲜明，缺乏说服力，就失去了演讲的作用。

演讲稿要有真挚的感情，才能打动人、感染人，有鼓动性。因此，它要求在表达上注意感情色彩，把说理和抒情结合起来。既有冷静的分析，又有热情的鼓动；既有所怒，又有所喜；既有所憎，又有所爱。当然，这种深厚动人的感情要发自肺腑，要像泉水一样喷涌而出。

5. 行文变化，富有波澜

构成演讲稿波澜的要素很多，有内容，有安排，也有听众的心理特征和认识事物的规律。演讲稿要写得有波澜，主要不是靠声调的高低，而是靠内容的有起有伏，有张有弛，有强调，有反复，有比较，有照应。

例文

在幸福中感恩

亲爱的同学们：

大家好！今天我演讲的题目是“在幸福中感恩”。

树木感恩于大地，用落叶来肥沃土壤；禾苗感恩于农人，将成熟的籽粒呈上；乌鸦感恩于母爱，以反哺来回报亲情；羊儿感恩于母乳，以跪乳来表达敬意……而我们呢？作为人的我们呢？我们应该感恩什么呢？

快乐地长成潇洒少年，我们是否该感恩于父母师长？父母每天工作早出晚归，还要为照料我们上学起早贪黑，吃饭时，好吃的菜总在我们眼前；穿衣方面，一定要把我们打扮得漂漂亮亮。

老师们，课堂上耐心细致、循循善诱，课堂下认真备课、批改作业，假期中自修自学，丝毫不懈怠……无论他们有多累，都听不见一声抱怨；无论我们有多淘气，都看不到他们的爱有一丝褪色。这一切不都是为了培养我们成才吗？

走在车水马龙、宽敞洁净的公路上，我们是否该感恩于那些忠于职守的交警？是他们顶着烈日，冒着霜寒，为我们提供了安全保障；我们是否该感恩于那些一丝不苟的清洁工，是他们叩破黎明，扫净尘土，为我们奉献出一路的清清爽爽。

病后痊愈的你，是否该感恩于那些耐心细致的医生护士？检查、诊断、配药、输液，忙碌的脚步声是天使弹奏的音符，如天籁般驱跑了病魔的侵袭。而那些默默奉献的医药学家们，也应该是你要感恩的啊，如果没有他们的精心研究与配制，哪里会有那些灵丹妙药，使你早日摆脱病魔的纠缠？

使用了现代化的高科技产品，我们是否该感恩于那些聪慧无比的科学家？如果没有他们，我们的世界哪会如此精彩？我们的生活怎能如此方便快捷？你看那影像清晰、节目丰富的彩电背投，那里有好戏连台，那里有精彩无限；你再看那一点便知天下事，再点可览古今中外文章的小小电脑，竟装进了整个世界，甚至是整个宇宙……

生活如此幸福快乐，我们需要感恩的人太多，但稚嫩的双肩现在还不能为社会做太多贡献。让我们将感恩的心化为学习的动力吧，用知识来充实自己，将来用智慧去回报社会！

我的演讲完毕，谢谢大家！

【例文简析】本篇演讲稿以“感恩”为主线，用“树木感恩于大地”“禾苗感恩于农人”等拟人手法渲染“感恩”这一主题，然后用真情和事例表达对父母、老师、交警、医生、护士等的感恩之情，接着讲生活在幸福中，我们要学会感恩，化感恩之心为动力，回报社会。全文逐层深入，思路清晰，洋溢着鼓舞人心的正能量。

二、竞聘演讲稿

（一）竞聘演讲稿的概念

竞聘演讲稿（也称竞职演讲稿）是演讲稿的一种，比较全面地反映出竞聘者的基本情况和素质，向在场的听众“营销”自己，它既是竞聘者能否被聘用的重要文字依据，也是组织人事部门用以考核干部的重要档案资料。

（二）竞聘演讲稿的特点

竞聘演讲稿具有口语性、群众性、时限性、临场性、交流性等演讲稿的一般特点，但由于它是针对某一竞争目标而撰写的，所以除了这些共性外，它还具有以下个性。

1. 目标的明确性

目标的明确性，是竞聘演讲区别于其他演讲的主要特征。这一方面表现在演讲者一上台就要鲜明地亮出自己所要竞聘的目标，如厂长、校长、秘书、经理等；另一方面，其所选用的一切材料和运用的一切手法也都是为了一个目标——使自己竞聘成功（使听众能投自己一票）。而其他类型的演讲则不同，不管是命题演讲还是即兴演讲，虽然都有一定的目的，但其目标却有一定的模糊性、概括性和不具体性。

2. 内容的竞争性

在其他的演讲稿中，可以海阔天空地谈古论今、说长道短，但一般都不是来“显示”自己的长处。即使在事迹演讲中，也忌讳毫不客气地为自己“评功摆好”。但竞聘演讲则不同，它的全过程都是听众在候选人之间进行比较、筛选的过程，竞聘者如果因为谦虚，不好意思说自己的长处，表示自己也是“一般般”，就不能战胜对手。因此演讲者必须“八仙过海，各显其能”，要尽最大可能显出“人无我有，人有我强，人强我新”的优势。

3. 主题的集中性

突出一个重点，围绕一个中心，而不要搞多重点、多中心，不能企图在一篇演讲稿中解决和说明很多问题。

4. 材料的实用性

演讲稿中所选材料既是符合实际的，又是对自己竞争有利的。

5. 思路的程序性

思路就是演讲者的思维脉络，程序是指演讲中先讲什么、后讲什么的顺序。竞聘演讲稿不像一般演讲稿那么“自由”，它除了题目和称呼外，通常分为五步：第一步，开门见山讲自己所竞聘的职务和竞聘的缘由；第二步，简洁地介绍自己的情况：年龄、政治面貌、学历、现任职务等；第三步，摆出自己优于他人的竞聘条件，如政治素质、业务水平、工作能力等，既要有概括的论述，又要有“降人”的论据，比如可用一些成果和业绩来证明自己的业务能力；第四步，提出假设自己任职后的施政措施，这一步是重点，应该讲得具体翔实、切实可行；第五步，用最简洁的话语表明自己的决心和请求。当然，以上几步也只是简单的模式，实践中演讲者还可根据实际需要稍有变化。

6. 措施的条理性

演讲者在讲措施时一定要注意条理清楚、主次分明，不要像漫坡放羊那样，讲到哪儿算哪儿，让人听了如一团乱麻。为了把措施讲得有条理，可用列条的方法，如“第一点”“第二点”或“其一”“其二”等表示。除此之外，在每一步之间要用过渡语来承上启下。如，自我介绍之后，可以用“我之所以敢于来竞聘，是因为我具备以下条件”来引起下文；讲完条件后，可以再搭一个“桥”：“以上我说了应聘的条件，那么，假如我真当了校长（或乡长、厂长），会采取什么措施呢？下面就谈谈我的初步设想。”这样不仅条理清楚，而且使演讲上下贯通、浑然一体。

7. 语言的准确性

准确，一般是指要恰如其分地表情达意。但竞聘演讲稿的准确还有另外两层意思：一是所谈事实和所用材料、数字都要求真求实，准确无误，比如，介绍经历时，是大专毕业，就不能说是大学毕业；在谈业绩时，三次获奖，就不能虚说“曾多次获奖”，最好把在什么时间、什么范围获得什么奖项说得清楚明白；如果涉及数字也要尽量具体。二是要注意分寸，因为竞聘演讲稿的角度基本上是以“我”为核心，如果掌握不好分寸，夸大其词，就会让人反感。

（三）竞聘演讲稿的结构和写作方法

竞聘演讲稿由于要考虑多种临场因素与竞争对象，它的结构必须灵活多样，但就其基本内容而言，仍可分为以下几个部分。

1. 标题

标题常有三种写法：一种是文种标题法，如“我的竞聘演说”；另一种是公文标题法，由竞聘人加文种构成或竞聘职务加文种构成，如“关于竞聘××科科长的演说”；还有一种是文章标题法，可用单行标题拟制，也可采用正副标题形式，如“让洗衣机制造厂腾飞起来——关于竞聘洗衣机制造厂厂长的演说”。

2. 称谓

应根据听众对象的不同而采用不同的称呼，一般用“各位评委”“各位领导”即可。

3. 正文

（1）引语。

竞聘演讲的时间是有限制的，因此，精彩而有力的开头便显得非常重要。有经验的竞聘者常用下面的方法来开头：

1）诚挚表达自己的谢意。这种方法能使竞聘者和听众产生心理相融的效果。

2）简要介绍自己的有关情况，如姓名、学历、职务、经历等。

3）概述竞聘演讲的主要内容。这种方法能使听众一开始就明了演讲者演讲的主旨。

开头应写得自然真切，干净利落。

（2）主体。

这是全文的重点和核心。应围绕以下几个方面展开：

1）介绍自己竞聘的条件。要针对竞聘的岗位来介绍自己的学历、经历、政治素质、业务能力、已有业绩等。这一部分实际上是要说明为什么要竞聘、凭什么竞聘的问题。竞聘者在介绍自己的情况时，一定要有针对性，不需要面面俱到，而应根据竞聘职务的职能情况有所取舍。也可简要介绍自身的不足之处，以退求进。

2）介绍自己竞聘的优势。可以从工作经历方面展示优势，或从自身素质方面展示优势，也可以从工作能力、作风上展示优势，甚至可以从工作实绩方面展示优势，从而表现“人无我有、人有我优”的特点。这部分可以略写，与竞聘条件介绍一并完成；如果打算以优势取胜，也可以作为重点详写。

3）对竞聘职务的认识和完成岗位职责的打算。这是主要部分。评委除了看竞聘者的基本条件之外，一般更关心竞聘者的施政目标和施政措施。竞聘者应鲜明突出地提出自己的施政目标和施政措施，既要适应总体形势，又要体现部门特点。基本目标要具有客观性、明确性和先进性，应围绕人们对竞聘岗位较为关注的热点、难点、重点提出；还必须有切实可行的措施做保证，措施必须明确具体，从工作岗位出发，有可操作性，要定性、定量相结合，以便评委进行比较。

4. 结语

好的结语能加深评委对竞聘者的良好印象，从而有利于竞聘成功。常见的结语写法有以下两种：

（1）表明对竞聘成败的态度。这种方法能使评委感受到竞聘者的坦诚。例如：

作为这次竞聘上岗的积极参与者，我希望在竞争中获得成功。但是，我绝不会回避失败。不管最后结果如何，我都将“堂堂正正做人，兢兢业业做事”。

（2）表达自己对竞聘上岗的信心。

（四）竞聘演讲稿的写作要求

竞聘演讲稿的写作质量不仅取决于竞聘者的文字水平，也是其政治素养、理论水平、业务能力等诸多方面的综合反映。因此，写作竞聘演讲稿时，除了观点鲜明、内容充实、语言通顺外，还要注意以下问题。

1. 实事求是，明确具体

竞聘者应实事求是，言行一致。每介绍一段经历、一项业绩都必须客观实在。给国家做出什么贡献，给单位创造什么效益，给职工提供什么福利等，一定要讲清楚，不能吞吞吐吐、模棱两可。要言而有信，不说过头话。能够办到的就说，办不到的就不要开“空头支票”。

2. 调查研究，有的放矢

竞聘演讲是针对某岗位而展开的，因此，写作前必须了解情况，可以通过调查摸底、群众访谈等方式，问清查透当前存在的焦点、难点问题及其存在的根本原因，力争找到解决问题的最佳途径，以便在演讲时击中要害、战胜对手。

3. 谦虚诚恳，平和礼貌

竞聘者是通过答辩实现被聘用目的的，只有给人以谦虚诚恳、平和礼貌的感觉，才能被认可和接受。评审人员及与会者是不会接受狂妄傲慢、目中无人的竞聘者并委以重任的。所以，竞聘演讲词十分讲究语言的分寸，表述既要生动、有风采、打动人心，又要诚实可信、情感真挚。

例文

“经贸之声”广播站站长竞聘演讲稿

尊敬的各位老师，亲爱的同学们：

大家好！

我叫黄××，来自市场营销专业，在“经贸之声”广播站播音部担任干事。能够站在这里做竞聘演讲，非常感谢各位老师和各位同学，给予我这样一个机会。

今天，我将竞聘“经贸之声”广播站站长一职。我有信心、有能力胜任这个职务，下面我来谈一谈自己的竞聘优势。

第一，拥有丰富的工作经历。

本人性格开朗、积极乐观，能吃苦耐劳，工作业务能力强。通过这一年在广播站的锻炼，我积累了宝贵的工作经验，能在短时间内迅速熟悉稿件。我在广播站主要负责学习强国、民族风情、校园情报站三个栏目，全年全勤，一年的播音时长达4320分钟。此外，我还主持过：校园十佳歌手大赛决赛、第十五届校园科技文化艺术节闭幕颁奖晚会、2020年元旦文艺晚会等各类活动。

第二，在校期间获得多项荣誉。

2019年××省“中华经典诵大赛”大学生二组个人赛一等奖。

2019年××经贸职业技术学院“中华经典诵读”大赛冠军。

2019年××经贸职业技术学院“经贸之声主持人”亚军。

2019年××经贸职业技术学院“最美朗读者”季军。

第三，具备较强的责任心、领导能力。

这些主持、演讲的经历不仅锻炼了我，使我具备了较强的口语能力，并且提升了我的组织策划能力、领导能力和协调能力，这为我在广播站开展各项工作打下了良好的基础。此外，我也具有很强的事业心和进取心。在播音部日常的工作事务中，在各位同学的配合下，我准确无误地完成了广播站各项工作，赢得了老师和同学的一致好评。

广播站是学校的主要宣传平台之一，担负着及时向广大师生宣传党和国家各项方针政策、传达学校重要指示精神的重大责任。广播站除了弘扬中华民族优秀传统文化，介绍当今国内外风云变化，及时报道校园生活中大事小情、先进人物的典型事迹，丰富和繁荣校园文化生活外，也是学校与学生交流的平台。假如有幸当选广播站站长，我将在上一届干部的建设基础上，带领大家全面建设广播站，吸取经验教训，取长补短，进一步完善广播站各个部门。

播音部是广播站最重要的部门，首先，要注重播音质量，加强播音员的培训工作；其次，丰富播音内容，持续丰富学习强国、青年大学习栏目的内涵，让同学们通过日常听广播培养爱国情怀、学习新知识。

秘书部在正常有序开展日常工作的同时，加强网络建设，加大网络宣传，为广大师生提供更丰富的网络资源。

编辑部提高稿件的质量，开通投稿新渠道，使稿件内容多样化，避免空洞无趣的稿子。

此外，要加强广播站和学校各组织的联系，多开展对外交流。

如果有幸当选“经贸之声”广播站站长，我将进一步加强自身修养，做好本职工作，起到一名学生干部的表率作用。

当然，在工作中肯定会碰到许多新问题、新矛盾；面对这些，我会用“与时俱进，开拓创新”的思想来指导自己，用新眼光、新思路来解决这些问题。我相信在广播站全体成员的团结协作、共同进取下，“经贸之声”广播站定会更上一层楼。感谢各位评委给我这个展示才华的机会，为了“经贸之声”，我定会加倍努力，请大家支持我，投给我你神圣的一票吧！

【例文简析】本篇竞聘演讲稿内容完整规范：自我介绍简明扼要；竞聘岗位明确；对

所竞聘岗位认识清楚；突出自身竞聘优势；当选后的施政目标和措施具体可行。整篇演讲稿条理清晰，逻辑性强，重点突出，详略得当。

知识拓展

演讲的技巧和方法

一、演讲的姿势

演讲的姿势是成败的关键，要让身体放松，不能过度紧张。太紧张不但影响发挥，而且对语言的表达也会有影响。

诀窍之一是双脚分开与肩同宽，挺直整个身躯；诀窍之二是想办法缓解紧张情绪，例如将一只手稍微插入口袋中，或者手触桌边，或者手握麦克风等。

二、演讲的视线

来自听众的视线有时会让你觉得紧张。克服这种视线压力的秘诀，就是一面进行演讲，一面从听众当中找寻对你投以善意而温柔目光的人，并且无视那些冷淡的目光。

三、演讲时的面部表情

演讲时的面部表情如何会给听众留下极其深刻的印象。紧张、喜悦、焦虑等情绪会毫无保留地表露在脸上，这是很难由本人的意愿来控制的。演讲的内容即使很精彩，如果表情缺乏自信，演讲就失去了应有的风采。可以采取“缓慢讲话”的方式稳定情绪，放松面部表情。

四、演讲时的服装和发型

服装也会给听众留下深刻的印象。东方男性喜欢穿灰色或蓝色服饰，难免给人过于刻板无趣的印象。在轻松的场合不妨穿着稍微花哨一点的服装。不过如果是正式场合，一般来说仍以深色西服为主。发型也很重要，要整洁清爽。总之，整体形象对演讲会起到推波助澜的功效。

五、演讲的语音和语调

演讲对语音的要求很高，既要能准确地表达出丰富多彩的思想感情，又要悦耳动听。演讲者必须认真对语音进行揣摩，努力使自己的声音达到最佳效果。一般来说，最佳语音有以下四个特点：

(1) 准确清晰，即吐字正确清楚，语气得当，节奏自然；

(2) 清亮圆润，即声音洪亮清晰，铿锵有力，悦耳动听；

(3) 富于变化，即区分轻重缓急，随感情起伏而变化；

(4) 有感染力，即声音有磁性，能吸引听众，引起共鸣。

语调是口语表达的重要手段，它能很好地辅助语言表情达意。同样一句话，由于语调轻重、高低长短、急缓等的不同变化，在不同的语境里可以表达出不同的思想感情。语调的选择和运用，必须切合演讲内容，符合语言环境，考虑现场效果。语调贴切、自然正是演讲者思想感情在语言上的自然流露。所以，演讲者必须事先准确地掌握演讲的内容和感情，以便恰当地运用语调。

第四讲　感谢信与慰问信

一、感谢信

（一）感谢信的概念

感谢信是向帮助、关心和支持过自己的集体（党政机关、企事业单位、社会团体等）或个人表示感谢的专用书信，有感谢和表扬双重意思。

感谢信既要表达出真切的谢意，又要起到表扬先进、弘扬正气的作用。它广泛应用于个人与个人之间、个人与组织之间、组织与组织之间，用于向给予自己帮助、关心和支持的对方表示感谢。

感谢信常以信函的形式，写给被感谢的单位或个人，可以张贴或借助新闻媒介进行传播。

（二）感谢信的特点

1. 对象的确指性

明确表示要感谢的对象是谁。

2. 事件的具体性

感谢信要有明确的感谢事件。

3. 内容的公开性

感谢信一般是寄送对方所在单位有关部门或在其单位公开张贴，有的是寄送给广播电台、电视台、报社、杂志社等媒体公开播发，还有的是写给个人公开传播的信件。感谢信除了具有感谢的意思之外，还有表扬的功能。

4. 情感的真挚性

感谢，顾名思义就是有感而发，对对方的帮助、关心发自内心地感谢，使对方在付出劳动后得到心理的受益。所以感谢信要写得真挚、诚恳，不能矫揉造作。

5. 表达的礼节性

感谢信是一种礼仪文书，一方受惠于另一方应及时地向对方表达谢意，并以此为契机加强与对方的友好合作关系。为了体现真诚，感谢信最好手写，字体要规范、工整，用于张贴的感谢信必须用大红纸抄写。

（三）感谢信的结构和写作方法

感谢信通常由标题、称谓、正文、结束语、落款五部分组成。

1. 标题

常见的有三种类型：一是“文种名称”型，即只写明“感谢信”三字；二是“受文单位＋文种名称”型，如《致广东省科技干部学院的感谢信》；三是“发文单位＋受文单位＋文种名称”型，如《中共中央致各民主党派中央、全国工商联的感谢信》。

2. 称谓

感谢信的开头顶格写上受文者的单位名称或姓名称呼。如果是写给个人的，应当在姓名之后，加上“同志”“先生”等字样，后加冒号，如“严雪萍同志：”等。

3. 正文

正文一般包括以下两个方面。

（1）简述事迹，说明效果。

正文应交代清楚人物、事件、时间、地点、原因和结果，并扼要叙述在对方帮助下所产生的客观影响和社会效果。

（2）颂扬品德，表示决心。

感谢信既表感激之情，也谈今后如何用实际行动向对方学习。正文是全文的主体，首先要善于组织材料，突出重点，写好主要事迹，记叙要翔实，颂扬要适度；其次表示向对方学习的态度和决心。如果感谢信是写给所感谢者的单位或新闻单位的，还可以写上建议对方单位给予表扬的建议。

感谢的事项必须真实。字里行间所流露出的感激之情应是由衷的、真挚的，反对虚伪、应付、客套。

4. 结束语

按信函格式写上“此致”“敬礼”一类敬语，也可再次表示感谢。

5. 落款

感谢信的最后要署上发信单位或发信个人的名称，并在署名下方署上成文日期。

（四）感谢信的写作要求

感谢信以感谢为主，用语应真诚、朴素，要符合实际，同时还要考虑到感谢对象的身份、年龄、性别、学历修养等情况，以便用语得体，恰到好处。

感谢信在语言上的要求是精练、简洁，不可过分雕饰、华丽多彩，否则给人一种不实虚伪之感。在篇幅上切记不可太长，所谓话不在多，点到为止。

感谢信以说明事实为主，切勿不着边际地大发议论。文字要朴实、精练，措施要恰当，篇幅要短小。

例文

感谢信

××编辑部：

我院中文系×××等四名学员，前不久在贵社实习两个多月，得到了贵社领导和工作人员政治上的热情关怀、业务上的耐心指导、生活上的悉心照顾。同学们实习的时间虽然不长，但取得了很好的成绩，达到了预期的实习目的。

贵社领导和工作人员热心支持教育事业的精神使我们深受感动，为此，特向贵社表示衷心的感谢！并决心以你们为学习榜样，忠诚党的教育事业，为党和国家培养更多优秀的人才。

此致

敬礼！

××大学××学院

××××年×月×日

【例文简析】该感谢信写得结构完整，文理清晰，简明扼要，语言通畅。

二、慰问信

（一）慰问信的概念

慰问信是以组织或个人的名义，向在某方面做出特殊贡献、遇到意外损失和遇到巨大灾难的群体或个人表示热情关怀和亲切问候的一种专用书信。慰问信也可以在节假日向对方表示问候关心。

（二）慰问信的特点

1. 发文的公开性

慰问信可以直接寄给本人，但大多是以张贴、登报，或在电台、电视上播放的形式出现的。公开性是慰问信的一个特点。

2. 情感的沟通性

无论是对有突出贡献者的慰问还是对遭遇困难者的慰问，情感的沟通是支撑慰问信的一个深层基础。慰问正是通过赞扬表达崇敬之情，或通过表达关切之意的方式来达成双方的情感交流和相互理解的。节日的慰问，尤其是为某一群体而设的节日的慰问，更是起着相互沟通情感的作用，如妇女节、教师节等的节日慰问。

3. 书信体的格式

慰问信是一种专用书信，写作时采用书信体格式。

（三）慰问信的结构和写作方法

慰问信采用书信体格式，包括标题、称谓、正文、落款四部分。

1. 标题

慰问信的标题通常有三种：一是直接用文种做标题，如《慰问信》；二是由慰问对象和文种组成，如《给抗洪部队的慰问信》；三是由发出者和慰问对象及文种组成的，如

《国务院致云南、贵州省人民的慰问信》。

2. 称谓

标题下另起一行顶格写上受文者的名称或姓名称呼。写给个人，应在姓名之后加上“同志”“先生”“女士”等，后加冒号，如“鲁迅先生：”。

3. 正文

正文要另起一行，空两格写慰问的内容。慰问的正文一般由发文目的、慰问缘由或慰问事项等部分组成。

（1）发文目的。要开宗明义，写清楚发此信的目的是代表何人向何集体或个人表示慰问。

（2）慰问缘由或慰问事项，这是慰问信的主要内容。不同类型的慰问信正文略有一些区别，在具体写作时要根据不同的情境，有针对性地组织内容。

节日慰问：通常是在重要或特殊的节日里，领导或上级单位向人民或职工表示慰问。其他单位、社会团体、群众组织也可利用慰问信对某些特殊群体表达慰问，如“五一节”对劳动者、“三八”节对妇女、“教师节”对教师的慰问。正文开头要概述节日意义及提出问候语；中心段赞扬有关人员取得的成绩或所做的贡献，同时，联系当前的形势阐述责任和今后的任务；最后提出希望。

慰问先进：是对为国家、社会做出贡献的人员进行慰问，如《给抗洪抢险官兵的慰问信》。首先要简述其主要事迹，肯定其意义，或以陈述慰问对象的先进表现作为开头；其次，中心段可写成绩是怎样取得的及有怎样的意义，并表示赞扬；最后要激励慰问对象再接再厉，争取更大的成绩。值得一提的是，由上级单位写给下级单位的慰问信往往还提出相关的希望和工作要求。

针对受害者及其家属的慰问信，主要对受难者表示同情和安慰，鼓励他们克服困难勇往直前，夺取胜利。开头常用“惊悉……深表同情，并致以深切的慰问”等；中心段着重写克服困难、战胜灾难的有利因素，如社会主义制度的优越性、安定团结的大环境、人民的大力支持等，鼓励他们努力奋斗，战胜眼前的困难；最后写自己（发信单位或个人）将为他们做贡献的决心及行动（如捐款捐物等），并向对方表达早日恢复正常的生产和生活的希望。

正文的结尾一般是表示共同的心愿和决心。最后写祝愿的语句，如“祝你们取得更大的成绩”“祝同志们节日快乐，身体健康”等。

4. 落款

落款写明发文单位或发文个人的称呼，并在署名右下方署上成文日期。

（四）慰问信的写作要求

（1）要明确写作的对象和写作目的。如果对方是在承担艰巨任务中做出了巨大贡献，信的内容就应该着重赞扬、歌颂对方的功绩；如果对方是遇到困难或遭受灾害，信的内容应该着重向对方表示关心和支援，使对方得到精神上的安慰，增强战胜困难的勇气和信心。

（2）感情要充沛、真挚，语言要朴实、精练，措辞要恰当，篇幅要短小。

例文

致四川灾区的慰问信

四川省委、省政府及雅安市委、市政府：

惊悉四川雅安芦山县4月20日8时02分发生7.0级地震，造成重大人员伤亡和财产损失。中国国电集团公司全体干部员工向遇难的四川同胞表示深切的哀悼！向受灾的人民群众表示诚挚的慰问！向四川省委、省政府以及各级党委、政府、社会各界为抗震救灾付出的巨大努力表示崇高的敬意！

地震发生后，中国国电高度关注灾情，立即启动应急预案，紧急部署救灾防灾工作。集团公司总经理朱永芃、党组书记乔保平做出紧急批示，要求全力以赴支持四川抗震救灾，要求确保发电机组安全运行和电力稳定供应，要求四川所属企业组织抢险力量迅速投入抗震救灾第一线。国电大渡河公司第一时间集结人员和设备，先后派出三支约150人的救援队伍，是最快到达震中灾区的中央企业救援队伍。在抗震救灾指挥部的统一部署下，承担起芦山、宝兴和汉源三个方向的抢险救援和道路保通工作，确保了交通要道的通畅。截至目前，已投入装载机、反铲车等大型工程设备19台（套），各类应急车辆12辆，以及大量空压机、手工钻、手持机具等设备。为了支持雅安抗震救灾，中国国电已决定从大渡河爱心基金中紧急拨款，向雅安地震灾区捐赠1 000万元，用于抗震救灾工作。

中国国电情系灾区人民，将按照四川省委、省政府的统一部署，全力以赴协助雅安市抗震救灾。我们坚信，在党中央、国务院的坚强领导下，在省委、省政府的直接指挥下，在全国各族人民的关心帮助下，灾区人民团结一心，众志成城，一定能够战胜自然灾害，一定能够渡过难关，一定能够重建美好家园！

国电集团

2013年4月21日

【例文简析】该信语言亲切，感情真挚，无限深情地表达了对遭受巨大创痛的灾区人民的痛惜、关切、同情、安慰、鼓励与祝福之情。

第五讲　请柬与聘书

一、请柬

（一）请柬的概念

请柬又称请帖，是为邀请宾客参加某项活动而使用的一种书面形式的通知。

请柬在社会交际中用途广泛，如会议、典礼、宴饮、晚会等活动，用请柬邀请宾客表示举行活动的隆重以及对宾客的尊重。请柬其实就是简便的邀请书。

（二）请柬的特点

1. 告知性

发请柬的主要目的是要告知被邀请者活动的有关情况，因此请柬中一定要准确写明相关活动的时间、地点、内容和要求等，不能出错或遗漏。

2. 郑重性

请柬具有邀请书的属性，但它比邀请书更为郑重，发请柬能表明对被邀请者的尊敬，也能表明邀请者的郑重态度。凡属比较隆重的喜庆活动，邀请客人均以请柬为准。因此即使被邀请者近在咫尺，也须送请柬。

3. 艺术性

请柬除了具有一般应用文的实用价值之外，也具有特殊的艺术价值。请柬是邀请客人用的，所以在装帧、款式设计上讲究艺术性，通常可以用书法、绘画、剪纸等来装饰请柬，一帧精美的请柬会使人感到亲切和愉快。

4. 及时性

要注意发送请柬的时间，如果过早发送，被邀请者容易遗忘；如果过迟发送，被邀请者没有充足的时间准备。

（三）请柬的结构和写作方法

请柬通常包括标题、称谓、正文、结尾和落款五个部分。

1. 标题

标题就是请柬或请帖，有时由活动内容加请柬二字组成。标题居中排列。

2. 称谓

称谓一般写在正文前一行顶格处，与普通书信的称呼相同。有时也写在正文之后，在恭请与光临之间空白处填上被邀请者称谓。

称谓一般都用全称，姓名后面常以尊辞或职位缀之。若邀请夫妇同时出席，要把两个人的姓名都写上。

3. 正文

正文的内容包括活动内容、时间、地点、方式。正文通常用“兹定于……”“特定于……”等作为开头。如果参加活动需要入场券，要将入场券附上。若有其他要求也需注明，如“请准备发言”等。

4. 结尾

请柬的结尾通常要写上礼节性问候语或恭候语，如“此致，敬礼”“敬请光临”等，以显正式、隆重。

5. 落款

写明邀请者（单位或个人）的名称和发请柬的日期。姓名之后通常写上“谨启”“谨订”字样以示礼貌。

（四）请柬的写作要求

1. 信息准确

务必精练、清晰、准确，避免出现差错和误会，尽量不要涂改。凡涉及时间、地点、人名、职务、头衔等一些关键性词语，一定要事先核准、查实。

2. 措辞得体、表达诚意

使用请柬既表示请柬发出者对此事的重视，也表示出对被邀请者的尊敬。写作中应注意措辞简单明了、典雅得体，除基本礼貌用语外，还要带有盼望、请求的口吻，以表达主人真诚的心意。

3. 设计美观

在纸质、款式和装帧设计的挑选上，要注意艺术性，做到美观、大方。手写的文字要誊写清晰、工整、美观。在生活中，请柬也可以制作成竖版的形式。

例文

请柬

送呈：×××女士/先生　　台启

谨定于××××年（公、农）历×月×日（星期×），×××、×××举行结婚典礼，敬备喜筵。

恭请

光临

×××

×××

敬邀

席设：明园新都酒店二楼多功能厅

时间：下午六时入席

【例文简析】请柬的内容包括活动对象、活动内容、时间、地点、方式。一般来说，请柬不管是横版还是竖版都有固定的排版格式。写请柬时一定不能写错关键信息，措辞必须庄重、简洁、得体。

二、聘书

（一）聘书的概念

聘书是聘请书的简称。它是组织聘请某些有专业特长或名望、权威的人担任某种职务或承担某项工作时使用的社交礼仪文书，发挥聘请和凭证的作用。主客双方凭借聘书进行交往和工作。

我国自改革开放以来，尤其是近些年，人事制度进行了改革，聘任制度得到了很好的推行与实施，聘书有效地确立了用人单位和被聘任人员的关系。一方面，增强了用人单位选人、用人的自主权；另一方面，增强了被聘者的责任心和责任感，有利于调动聘任期内的工作积极性。招聘制作为当今社会用人制度的主要形式为聘书的使用提供了广阔的市场，聘书已在人们的生活中起着重要的作用。

（二）聘书的特点

1. 严肃性和权威性

聘书是聘用单位对被聘者进行选择之后，决定对其正式聘用时所形成的具有法律效力的文书，也是聘用单位给受聘者水平和能力的一种证明，具有一定的权威性。聘书一旦发出，双方都将承担着特定的法律责任，不到期满，任何一双都不得随意中止聘用关系，除非有特殊的原因，才能以除名或辞职的方式中止这种关系。因此，聘书的写作和发送是非常严肃的事情，要合法，要规范，要明确。

2. 凭据性

如前所述，聘书是受聘者上岗工作的凭证，也是受聘期内受聘者职称高低、职务大小、工资待遇等情况的依据。受聘者可以依据聘书保护自己工作的权利。当然，它也是用人单位了解受聘者的业务、思想情况，衡量受聘者是否履行职责、是否完成任务，最终是否任用或升降的一种依据。对于双方而言，聘书都有重要的凭据作用。如果双方发生纠纷，需要劳动仲裁部门或法律部门解决纠纷，聘书也是依法解决的重要证据。

3. 双向选择性

聘书是在双方自愿的基础上形成的，具有双向选择性。招聘单位有权向受聘者发出聘请意愿，受聘者也有权决定自己是否应聘。在双向选择的过程中，双方的利益都能得到保障。

4. 规定的期限性

聘书都要写明聘用的期限，长期工作聘书可以是一年或数年，临时工作的聘书则到临时工作结束时自动终止。兼职工作则可以比较灵活，特别是一些名誉性的兼职，有可能长时间有效，没有明确的时间期限。

（三）聘书的结构和写作方法

聘书一般已按照书信格式印制好，中心内容由发文者填写即可。完整聘书的格式一般由以下几部分构成。

1. 标题

聘书往往在正中写上“聘书”或“聘请书”字样，有的聘书也可以不写标题。已印制好的聘书标题常由烫金或大写的“聘书”或“聘请书”字样组成。

2. 称谓

聘请书上被聘者的姓名称呼可以在开头顶格写，然后再加冒号；也可以写在正文中。常见的印制好的聘书大都在第一行空两格写“兹聘请××……”。

3. 正文

聘书的正文一般包括以下内容：首先，交代聘请的原因和聘请后所做的工作，或所要担任的职务；其次，写明聘任期限，如“聘期3年”“聘期自2016年2月20日至2019年2月20日”；再次，聘任待遇。聘任待遇可直接写在聘书之上，也可另附详尽的聘约或公函写明具体的待遇，这要视情况而定。另外，对被聘者的希望一般写在聘书上，也可以不写，通过其他的途径使受聘人切实明白自己的职责。

4. 结尾

聘书的结尾一般写上表示敬意和祝颂的结束用语。如“此致，敬礼”“此聘”等。

5. 落款

落款要署上发文单位名称或单位领导的姓名、职务，并署上发文日期，同时要加盖公章。

（四）聘书的写作要求

1. 聘请事项要清楚

对为什么聘请、聘请谁、聘去干什么，一定要说清楚。

2. 行文要简洁，语气要诚恳

简洁就是用三言两语说清楚聘请的理由和被聘者所从事的工作。诚恳就是切忌居高临下，发号施令，应以双方平等友好合作的立场，礼貌地措辞行文。

3. 要加盖公章

聘书是以单位的名义发出的，所以一定要加盖公章才能生效。

例文

聘书

为了提高教学质量，本校总部成立了刊授教学研究会。特聘请刘×老师为指导教师，参加教学研究，并关注、指导本校的教学工作。

此致

敬礼！

刊授大学（盖章）

20××年×月×日

【例文简析】这是一份比较简洁明了的聘书，说清楚“为什么”聘请、聘请“谁”、来“做什么”工作即可。

知识巩固练习

一、简答题

1. 什么是礼仪文书？你怎样理解它的特点？

2. 请柬、聘书各有什么特点？

3. 演讲稿有什么特点？

4. 求职面试时要注意哪些礼仪？

二、写作题

1. 为了响应5月12日的护士节，我院定于5月8日在本院的交流中心会议室举行演讲活动，欲邀请我院院长参加并讲话。请你代拟一份邀请函。

2. 请以班级的名义，写一份请柬，邀请×××老师参加×××年×月×日在××饭店举行的毕业宴会。

3. 你的装有钥匙、身份证、银行卡、钱包等重要物品的书包遗忘在了公共教室里，被打扫卫生的阿姨捡到，并归还了你，请你写一封感谢信张贴在学院的公告栏上。

4. 春节来临之际，某校要给本校离退休的老教师写一封慰问信表示问候、祝福。请你代该校写这封慰问信。

5. 以下面这则招聘广告为参考材料，请你以求职者的身份写一份求职信。

××市××电器有限责任公司高薪诚聘

英语翻译：大专以上学历，英语四级，25岁以下，男女均可，参加笔试、口译测试。

会计：财会专业大专以上学历，具有会计师资格，具有注册会计师资格者优先录用。

销售人员：大专以上学历，男性，30岁以下，肯吃苦，具有一定的沟通能力。

联系电话：5844691

联系人：张小姐　王先生

公司地址：××市××开发区××路××号

6. 依据本人实际情况，拟制一份个人简历，作为在人才市场、招聘会呈递给用人单位的求职文书。

项目五　党政文书

知识导入

如果高职的同学在企业行政岗位或是国家行政机关单位工作的话，会大量接触到各种各样的行政文件。接收、撰写各种各样的上行文、下行文、平行文会成为秘书岗位人员的工作常态。会写公文、写好公文也是秘书岗位人员的基本技能之一。

知识目标

1. 掌握党政公文的基础知识及特点。
2. 了解党政公文 15 种文种的基础知识。
3. 了解通知、请示、函等常用文种的写法。

第一讲　党政文书概述

一、公文的概念

《党政机关公文处理工作条例》（中办发〔2012〕14 号）规定：党政机关公文是党政机关实施领导、履行职能、处理公务的具有特定效力和规范体式的文书，是传达贯彻党和国家的方针政策，公布法规和规章，指导、布置和商洽工作，请示和答复问题，报告、通报和交流情况等的重要工具。

二、公文的种类

《党政机关公文处理工作条例》中规定，公文分为如下种类：

（1）决议。适用于会议讨论通过的重大决策事项。

（2）决定。适用于对重要事项做出决策和部署、奖惩有关单位和人员、变更或者撤销下级机关不适当的决定事项。

（3）命令（令）。适用于公布行政法规和规章、宣布施行重大强制性措施、批准授予和晋升衔级、嘉奖有关单位和人员。

（4）公报。适用于公布重要决定或者重大事项。

（5）公告。适用于向国内外宣布重要事项或者法定事项。

（6）通告。适用于在一定范围内公布应当遵守或者周知的事项。

（7）意见。适用于对重要问题提出见解和处理办法。

（8）通知。适用于发布、传达要求下级机关执行和有关单位周知或者执行的事项，批转、转发公文。

（9）通报。适用于表彰先进、批评错误、传达重要精神和告知重要情况。

（10）报告。适用于向上级机关汇报工作、反映情况，回复上级机关的询问。

（11）请示。适用于向上级机关请求指示、批准事项。

（12）批复。适用于答复下级机关请示事项。

（13）议案。适用于各级人民政府按照法律程序向同级人民代表大会或者人民代表大会常务委员会提请审议事项。

（14）函。适用于不相隶属机关之间商洽工作、询问和答复问题、请求批准和答复审批事项。

（15）纪要。适用于记载会议主要情况和议定事项。

三、公文行文规则

（一）公文行文

行文应当确有必要，讲求实效，注重针对性和可操作性。

行文关系根据隶属关系和职权范围确定。一般不得越级行文，特殊情况需要越级行文的，应当同时抄送被越过的机关。

（二）向上级机关行文

向上级机关行文，应当遵循以下规则：

（1）原则上主送一个上级机关，根据需要同时抄送其他相关上级机关和同级机关，不抄送下级机关。

（2）党委、政府的部门向上级主管部门请示、报告重大事项，应当经本级党委、政府同意或者授权，属于部门职权范围内的事项应直接报送上级主管部门。

（3）下级机关的请示事项，如需以本机关名义向上级机关请示，应当提出倾向性意见后上报。不得原文转报上级机关。

（4）请示应当一文一事，不得在报告等非请示性公文中夹带请示事项。

（5）除上级机关负责人直接交办事项外，不得以本机关名义向上级机关负责人报送公文，也不得以本机关负责人名义向上级机关报送公文。

（6）受双重领导的机关向一个上级机关行文，必要时应当抄送另一个上级机关。

（7）不符合行文规则的上报公文，上级机关的文秘部门可退回下级呈报机关。

（三）向下级机关行文

向下级机关行文，应当遵循以下规则：

（1）主送受理机关，根据需要抄送相关机关。重要行文应当同时抄送发文机关的直接上级机关。

（2）党委、政府的办公厅（室）根据本级党委、政府授权，可以向下级党委、政府行文，其他部门和单位不得向下级党委、政府发布指令性公文或者在公文中向下级党委、政府提出指令性要求。需经政府审批的具体事项，经政府同意可由政府职能部门行文，文中需注明已经政府同意。

（3）党委、政府的部门在各自职权范围内可以向下级党委、政府的相关部门行文。

（4）涉及多个部门职权范围内的事务，部门之间未协商一致的，不得向下行文；擅自行文的，上级机关应当责令其纠正或者撤销。

（5）上级机关向受双重领导的下级机关行文，必要时抄送该下级机关的另一个上级机关。

（四）同级机关联合行文

同级党政机关、党政机关与其他同级机关必要时可以联合行文。属于党委、政府各自职权范围内的工作，不得联合行文。党委、政府的部门依据职权可以相互行文。部门内设机构除办公厅（室）外不得对外正式行文。

四、党政机关公文的特点

党政机关公文是各级党政机关在处理公务和行使职权中形成的文书，既不同于办理私人事务的文字材料，也与其他常规公文有所不同，其制发主体必须是各级党政机关，体现的是组织意志和利益，其主要特点有：

（一）权威性和政策性

公文的权威性主要体现在制定者和内容上，党政机关公文是各级党政机关根据法律赋予的权限和职责制作和发布的，表达的内容是党政机关对特定问题的权威意见、看法和要求。党政机关通过制发公文来发挥领导和指导作用，把各级党政机关紧密联结在一起，统一思想，统一认识，使政令畅通、运转灵活、上下合拍，工作步伐整齐一致，体现出党和国家政权组织的权威。我们平时见到的党中央、国务院或地方党委、政府的公文，仅从那个庄重的版头和那枚鲜红的印章，就能感受到该公文的权威性。同时，党政机关通过制发公文来传达政策，解决问题，推动工作，在各项事业中发挥着阐明事理、启发觉悟和提高认识的作用，是治国理政的重要工具，代表着党和政府的执政理念、执政思想，丝毫不能偏离党和国家的政治目标和政策轨道，不能有悖于党和国家的路线方针政策以及法律法规等，具有很强的政策性要求。

（二）针对性和指导性

党政机关公文总是根据现实需要，为解决某个特定问题和指导某项工作而制发的，不仅要体现上级机关的精神，而且要结合本地本部门实际，对布置的任务、安排的工作、规定的事项、提出的要求作比较具体、明确的交代，要有鲜明的、现实的针对性和指导性。只有有的放矢，受文者才能知道劲往哪里使，在实际工作中才能行得通、有效果。

（三）规范性和约束性

从内容看，党政机关制发公文，语言运用极其规范，其传达的意志不以受文者是否同意为前提，公文一旦发布实施，其法定效力将对受文者及其他有关方面的行为产生不同程度的强制性影响和约束，必须被严格遵守或执行，具有极强的约束力。从生成过程看，公文同文学作品、新闻报道、学术论文等实用文体的性质不同，公文必须严肃庄重，制发单位要严格遵循共同的规范格式，种类名称、体式结构、用纸幅面等都必须执行具体规定，不得随意更改；行文规则、办理程序、整理归档、清退销毁等，也有统一、明确的要求，不得擅自行事。

（四）程序性和严密性

公文制发和处理必须履行规定的程序，从起草、审核、签发、校印、发出，到拟办、批办、承办、归档、清退、销毁，环环相套、扣扣相接，程序性和严密性极强。公文处理工作必须严格按照相关程序进行；否则，无论在哪个环节上违背了程序，都将影响公文的效果。

（五）对应性和定向性

党政机关行文必须根据隶属关系和职权范围确定，也就是说，什么样的公文由什么单位制发、哪一级单位制发，有具体、明确的对应关系。比如，党委、政府的办公厅（室）根据本级党委、政府授权，可以向下级党委、政府行文，其他部门和单位不得向下级党委、政府发布指令性公文或者在公文中向下级党委、政府提出指令性要求。同时，大部分党政机关公文都是写给特定对象阅读的，也就是说，公文发送到什么单位，必须明确指定。比如，不同的公文都会根据内容对“读者”进行专门规定，即通过“主送机关”“抄送机关”“传达（阅读）范围”等指定“读者”对象。而且，党政机关制发的部分公文，一段时期内，因其内容涉及党和国家的核心机密和暂时不得公开的重要事项，有保密的要求，其“传达范围”更加严格。对此类公文，必须严格保密管理，一旦疏忽大意，出现失密、泄密情况，会给党和国家的工作带来不良后果甚至严重损失。

五、党政公文的拟制和办理

公文拟制包括公文的起草、审核、签发等程序；公文办理包括收文办理、发文办理和整理归档。

六、党政公文格式

（一）一般公文版式

公文的版式按照《党政机关公文格式》国家标准执行。

公文使用的汉字、数字、外文字符、计量单位和标点符号，按照有关国家标准和规定执行。民族自治地方的公文，可以并用汉字和当地通用的少数民族文字。

公文用纸幅面采用国际标准 A4 型。特殊形式的公文用纸幅面，根据实际需要确定。

组成公文的各要素分为眉首、主体、版记三部分。

1. 眉首

（1）份号。即公文印制份数的顺序号。涉密公文应当标注份号。

（2）密级和保密期限。公文的秘密等级和保密的期限。涉密公文应当根据涉密程度分别标注“绝密”“机密”“秘密”和保密期限。

（3）紧急程度。公文送达和办理的时限要求。根据紧急程度，紧急公文应当分别标注“特急”“加急”，电报应当分别标注“特提”“特急”“加急”“平急”。

（4）发文机关标志。由发文机关全称或者规范化简称加“文件”二字组成，也可以使用发文机关全称或者规范化简称。联合行文时，发文机关标志可以并用联合发文机关名称，也可以单独用主办机关名称。

（5）发文字号。由发文机关代字、年份、发文顺序号组成。如国办发〔2019〕45 号，即国务院办公厅 2019 年发布的第 45 号文件。发文字号中发文机关代字一般不超过四个字，年份要写全，加六角括号，如〔2019〕，不能省略，不能用别的括号。序号不加“第”字，不加虚位，如“09 号”。联合行文时，使用主办机关的发文字号。

（6）签发人。上行文应当标注签发人姓名。

2. 主体

（1）标题。

1）完整式。

标题由发文机关名称、事由和文种组成。

2）非完整式。

由事由、文种构成，如《关于……的请示》。

由发文机关、文种构成，如《中国银行通告》。

只有文种，如《公告》。

（2）主送机关。公文的主要受理机关，应当使用机关全称、规范化简称或者同类型机关统称。主送机关又称受文单位，也称文件的“抬头”“上款”。上行文和非普发性的下行文一般只写一个主送机关。而普发性的下行文，主送机关较多，一般使用泛称，如“校直属单位”。主送机关的名称通常置于标题之下正文上，左顶格写。命令及一些公布性的公文，如公告、通告等，一般不注明主送机关。

（3）正文。公文的正文一般由三部分组成：一是发文缘由，即因何而发，或者是强调目的，或者是引用依据，或者是说明原委，或者是概述情况等。二是发文的事项，即这份公文主要解决什么问题，或是提出请求，或是提出建议，或是交代布置任务，或是直陈意见、要求，或是商洽有关事情等。三是结尾部分。不同的文种有不同的结束用语，如请示常用“当否，请批示”“妥否，请批准”等；通知常用“特此通知”“请遵照执行”等；函则常用“特此函达”“专此函复”等。也有的公文直接在正文最后一段收结，不另写结束用语。

（4）附件。附件是随主文一起附送的文件材料。附件有两种：一种是用于补充说明或证实正文的文件材料，包括一些图表、凭据及有关资料；另一种是随命令、通知等发布、批转或转发、印发的文件材料。

公文如有附件，应当在正文之下（间隔一行，空两格）、成文日期之上标明附件的顺序和名称，或在正文相关处用括号注明“见附件”等字样。如正文标题中已标明所批转、转发、印发、发布的文件的，则在正文之下不加附件说明，文中也不用标注“见附件”等字样。

（5）发文机关署名。署发文机关全称或者规范化简称。

（6）成文日期。成文日期是文件的生效日期。成文日期以领导人签发日期为准；会议通过的决定、决议等以会议通过日期为准；法规性文件则以文件批准日期为准；联合行文的，以最后签发机关领导人的签发日期为准。成文日期位于发文机关名称之下，并应用阿拉伯数字写。

（7）印章。公文中有发文机关署名的，应当加盖发文机关印章，并与署名机关相符。有特定发文机关标志的普发性公文和电报可以不加盖印章。

（8）附注。公文印发传达范围等需要说明的事项。

3. 版记

（1）抄送机关。除主送机关外需要执行或者知晓公文内容的其他机关，应当使用机关全称、规范化简称或者同类型机关统称。

（2）印发机关和印发日期。即公文的送印机关和送印日期。

（3）页码。即公文页数顺序号。排版中奇数页在右，偶数页在左。

（二）特定公文版式

1. 信函格式

发文机关标志使用发文机关全称或者规范化简称，居中排布，上边缘至上页边为30mm，推荐使用红色小标宋体字。联合行文时，使用主办机关标志。

发文机关标志下 4mm 处印一条红色双线（上粗下细），距下页边 20mm 处印一条红色双线（上细下粗），线长均为 170mm，居中排布。

如需标注份号、密级和保密期限、紧急程度，应当顶格居版心左边缘编排在第一条红色双线下，按照份号、密级和保密期限、紧急程度的顺序自上而下分行排列，第一个要素与该线的距离为 3 号汉字高度的 7/8。

发文字号顶格居版心右边缘编排在第一条红色双线下，与该线的距离为 3 号汉字高度的 7/8。

标题居中编排，与其上最后一个要素相距二行。

第二条红色双线上一行如有文字，与该线的距离为 3 号汉字高度的 7/8。

首页不显示页码。

版记不加印发机关和印发日期、分隔线，位于公文最后一面版心内最下方。

2. 命令（令）格式

发文机关标志由发文机关全称加“命令”或“令”字组成，居中排布，上边缘至版心上边缘为 20mm，推荐使用红色小标宋体字。

发文机关标志下空二行居中编排令号，令号下空二行编排正文。

最后是签发人职务、签名章和成文日期的编排。

3. 纪要格式

纪要标题由“×××××纪要”组成，居中排布，上边缘至版心上边缘为 35mm，推荐使用红色小标宋体字。

标注出席人员名单，一般用 3 号黑体字，在正文或附件说明下空一行左空二字编排“出席”二字，后标全角冒号，冒号后用 3 号仿宋体字标注出席人单位、姓名，回行时与冒号后的首字对齐。

标注请假和列席人员名单，除依次另起一行并将“出席”二字改为“请假”或“列席”外，编排方法同出席人员名单。

纪要格式可以根据实际情况制定。

（三）公文版式样图

公文的页面设置如图 5－1 所示。

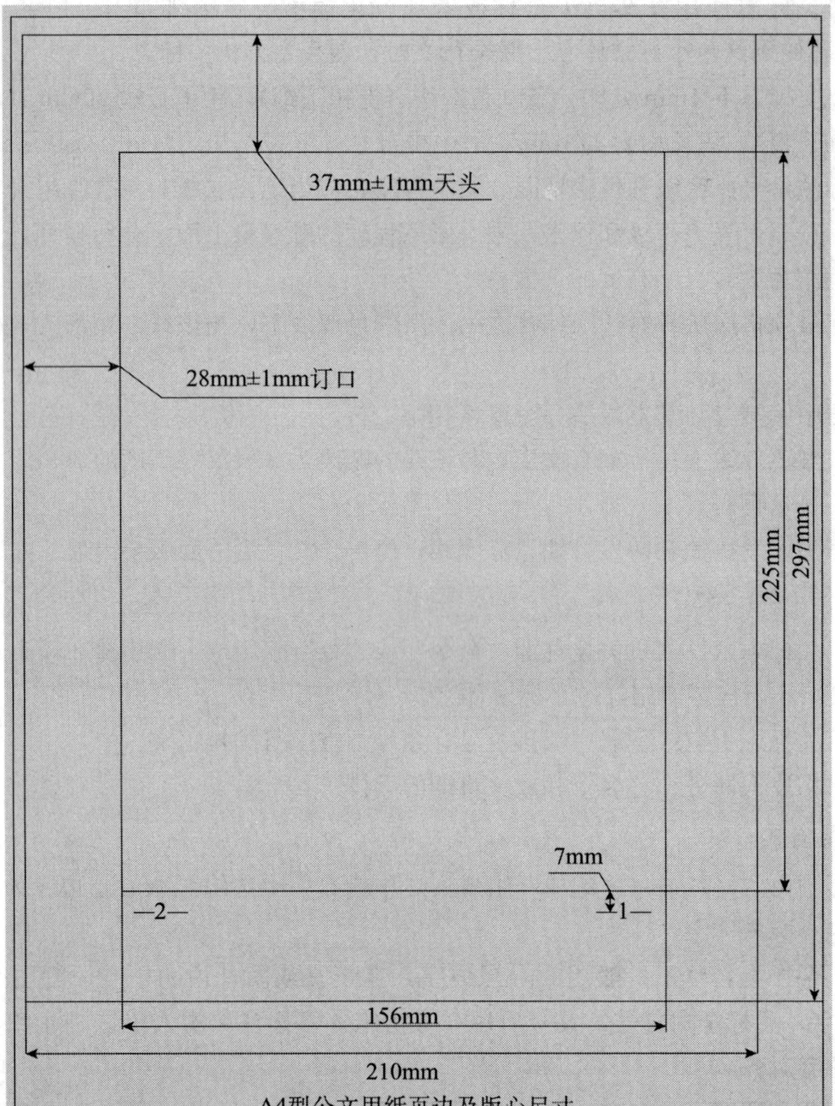

A4型公文用纸页边及版心尺寸

图 5－1　公文的页面设置

公文首页版式如图 5－2 所示。

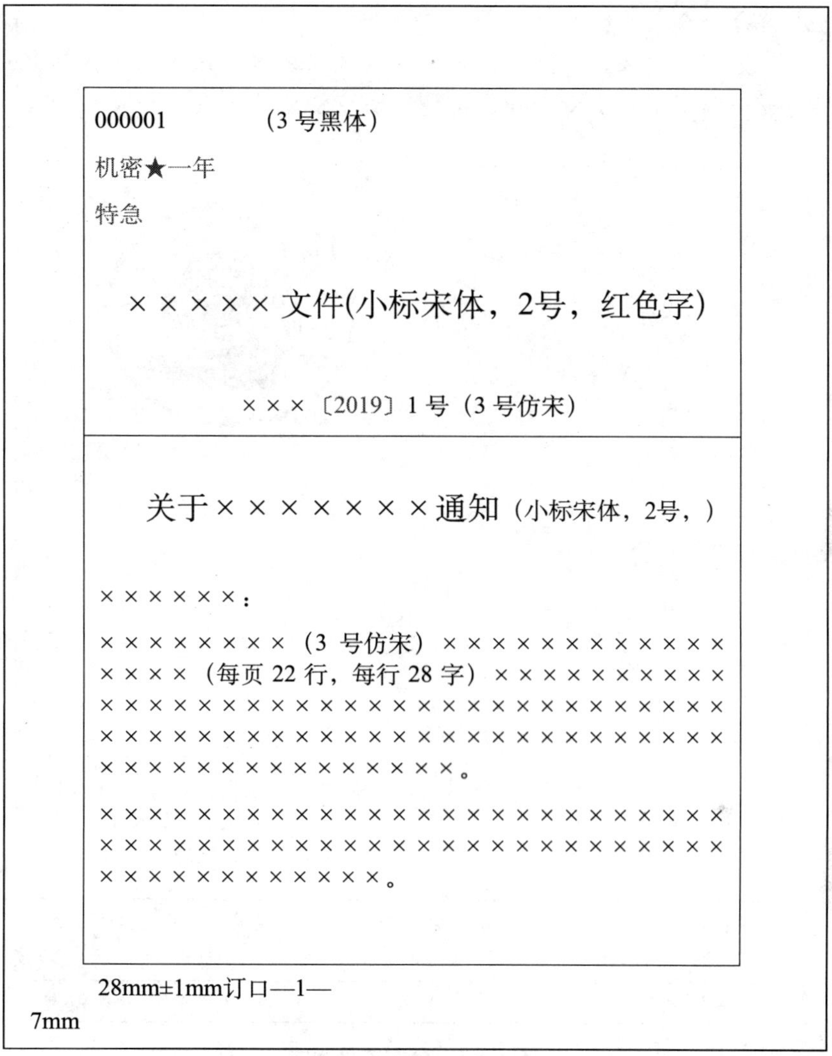

图 5－2　公文首页版式

注意：A4 型公文用纸页边、版心尺寸及版心实线框仅为示意图，在印制公文时并不印出。

公文末页版式如图 5－3 所示。

×××××××××××××××。

　　××。

中华人民共和国××××部

2019 年 7 月 1 日

（×××××）

抄送：××××××××，××××××，×××××，×××××，×××××。

×××××××××　　2019 年 7 月 1 日印发

图 5－3　公文末页版式

注意：A4 型公文用纸页边、版心尺寸及版心实线框仅为示意图，在印制公文时并不印出。

第二讲　通　　知

一、通知的概念

通知是用于发布、传达要求下级机关执行和有关单位周知或者执行的事项，批转、转发公文的一种文种。

二、通知的特点

（一）使用的广泛性

通知不受发文单位级别、性质的限制。无论国家大事还是单位内部的具体事务，都可以通知的形式发布；大到国家级的党政机关，小到基层的企事业单位，都可以发布通知。

（二）多样的方向性

通知一般作下行文，对下级机关提出需要知晓、执行或办理的事项，具有指挥、指导作用，但也作平行文，用在平级单位之间或不相隶属单位之间，通知内容不带指挥、指导性，主要起知照作用。

（三）明显的时效性

通知是一种制发比较快捷、运用比较灵便的公文文种，它所办理的事项都有比较明确的时间限制，受文机关要在规定的时间内办理完成，执行或知晓，不得拖延。

三、通知的种类

通知根据用途、功能的不同，可以分为 6 类。

（一）转发（批转）性通知

主要用于转发上级机关的公文，批转下级机关的公文。“转发”与“批转”就其性质、结构与发文方式而言，有相似之处：所发出去的公文，都另有其作者。转发（批转）的目的在于让所属单位及人员周知或执行，如《××省人民政府转发国务院关于实行财政分税制有关问题的通知》《国务院批转证监会关于提高上市公司质量意见的通知》。

（二）指示性通知

主要用于上级机关对下级机关的工作进行部署、指示与指导的公文，如《国务院关于禁止传销经营活动的通知》。

（三）发布性通知

常用于发布有关规定、规则、制度、条例、办法等规章制度，如《××公司关于印发国内公务接待管理办法（试行）的通知》。

（四）事项性通知

主要用于上级机关对下属就工作中的某些具体事项作布置、安排等而制发的通知，如

《教育厅关于要求报送 2019 年人才培养工作质量报告的通知》。

（五）知照性通知

主要用于通知所属机关或其他有关机关，需要他们知道和了解的事项，如成立、调整或撤销某些机构组织；调整某些机构组织的领导成员；任免和聘用干部；印章的更改、办公地址的迁移；等等。如《××大学关于成立继续教育学院的通知》《关于王××等任免职的通知》。

（六）会议通知

当召开比较重大的会议而不宜用电话或其他形式通知时，可用“通知”行文发至有关单位，如《关于召开信息工作会议的通知》。

四、通知的结构和写作方法

通知的结构由标题、主送机关、正文和落款 4 部分组成。

（一）标题

1. 完全式标题

发文机关＋事由＋文种，如《国务院关于禁止传销经营活动的通知》。

2. 省略式标题

事由＋文种，如《关于召开信息工作会议的通知》。

（二）主送机关

主送机关即必须承办、执行和应当知晓该通知的受文对象。根据实际情况，可以是一个或多个的有关单位。普发性通知可省去主送单位。

（三）正文

通知的正文包括三部分：通知的缘由、通知的事项、通知的要求。

1. 通知的缘由

主要写明发该通知的原因、依据或目的。这部分结束，常用“现将有关事项通知如下”“特此通知如下”等语言过渡下文。

2. 通知的事项

这是通知的主体部分，要求写明通知的具体内容，如需要周知些什么事、遵守些什么事、执行贯彻些什么事等。这部分内容如果单一或很简短，可不分段，如果通知的事项较多，则宜分条列项逐一写明。

3. 通知的要求

这是对贯彻执行该通知所提出的希望和要求。如“以上通知，请认真贯彻执行”“请各有关地区和部门按上述通知贯彻执行”“请认真按照执行”等，也有的通知不另写通知要求，直接用“特此通知”作结。

由于通知的种类不同，其正文的写法也不尽相同。

（1）转发（批转）性通知，需写清两个内容：一是来文已经上级或本单位同意；二是说明转发此文。转发通知在制作时需注意：转发机关可在转发通知时提出本单位的态度意见和执行要求。

（2）指示性通知，一般由缘由、事项和执行要求三部分组成，有的只有前两部分，略去执行要求。缘由部分说明发文原因、目的、依据、意义，然后用承启语“特作如下通知”等转入通知事项部分，主要是部署工作，阐述工作意见、措施、办法以及需要注意的问题等内容。通知事项多用分段列项法，用序号标出，此部分应写得具体明确、条理清楚，便于下级机关领会和贯彻执行。一般用“以上通知，望认真执行”“特此通知，请认真执行”等惯用语作结。

（3）发布性通知，一般需写明发布的意义和目的，表明态度，提出执行的要求。

（4）事项性通知，写作时一般先说明为什么要发此通知、目的是什么，接着使受文单位明了通知的内容（即事项），做什么、怎样做、有何要求等，将通知的具体内容分项列出，阐述清楚其要求、措施、办法等。

（5）知照性通知，由于其内容单一，所以通知事项要写得具体明白，不能含混不清。任免、聘用通知，一般在通知中要写明任免、聘用的根据、最终决定和名单。任免或聘用人员的机关（会议）名称、日期，任免、聘用人员的姓名和职务。聘用人员，要写明聘用期限及相关待遇等。任免、聘用名单中如有多人，则分段或分条列出。

（6）会议通知，首先通常写明开会的缘由、目的或依据，其次写清楚会议事项。会议事项主要包括议题，与会人员，起止时间与开会地点（报到时间与地点），应备的资料文件，接待的方式，有关食宿的安排，缴纳的费用，联系人的姓名、地址、电话等，尽可能地交代清楚，这样才能保证会议如期正常召开。

（四）落款

写出发文机关名称和发文日期，然后加盖公章。

五、通知的写作要求

（一）通知的标题要明晰恰当

通知的性质及功用决定了在写作时必须十分关注其标题的拟制，要使读者一看标题便知通知什么或要求做什么事情。在撰写转发性通知的标题时，经常会遇到几个“通知”重复出现的问题，如《××市司法局转发司法厅转发司法部关于××（事由）的通知的通知的通知》。对于这种情况，为了避免重叠烦琐，按照惯例，可以省略中间层次（即省司法厅）和自己所使用的两个"通知"，只保留文件发源处的一个文种"通知"。这样，即可将标题简化为《××市司法局转发司法部关于××（事由）的通知》。

（二）通知内容该详则详，该简则简

指示性的通知、会议通知，内容应尽量详尽、周到；而发布性通知，转发性、批转性通知内容则相对简要。

（三）通知事项必须切实可行、清楚明确

不论是哪种类型的通知，其事项部分都要写得符合实际，切实可行；应知应办的事项要交代清楚，切忌泛泛而言，含混不清，令人不得要领。

例文

关于2019年清明节和"壮族三月三"放假的通知

学院各部门：

根据国务院办公厅《关于2019年部分节假日安排的通知》（国办发明电〔2018〕15号）和《广西壮族自治区人民政府办公厅关于2019年"壮族三月三"放假的通知》精神，结合学院实际，现将我院2019年清明节和"壮族三月三"放假有关事项通知如下：

（1）4月5日至4月7日放假，共3天。4月5日（清明节）是周五，与周末连休。

（2）农历三月初三为4月7日（周日），4月4日、8日放假调休，与清明节放假时间重叠，放假时间为4月4日至4月8日。

（3）放假期间，各部门要妥善安排好值班和安全保卫等工作，确保广大师生员工度过祥和平安的节日假期。

××学院（印章）

2019年3月25日

【例文简析】此通知属于节假日放假安排的事项性通知。其标题采用"事由+文种"式；开头阐明通知的依据，使用了通知开头的常用语"根据"，并以"现将……有关事项通知如下"过渡；主体部分对放假的时间及注意事项均已说明清楚。

/ 知识拓展 /

"通知"的由来与演变

"通知"用作公文名称较晚。自秦汉到明清乃至北洋军阀政府统治时期，官府之间有事相告，或者上级机关告知下级机关，所使用的公文均无"通知"这一名称。1942年，国民党政府为了消除公文体制上的混乱，在此前经过5次公文调整的基础上，作了新的变动，公布了新的《公文体式条例》。在这次变革中，取消了原来的"咨"和"任命状"，增

加了“通知”和“报告”，从此“通知”才被用作公文的文种。

1949 年，华北人民政府发布的《公文处理暂行办法（草案）》，把“通知”正式列为行政公文名称。1951 年 9 月 29 日，政务院颁布《公文处理暂行办法》，未将“通知”列为独立的文种，把它附在“通报”之后，但在实际工作中，“通知”却被广泛运用。1957 年开始，“通知”被确定为正式公文文种。现在，它已成为党和国家的各级机关、各个组织团体、企事业单位使用频率最高的文种。

第三讲 请　　示

一、请示的概念

请示是适用于向上级机关请求指示、批准的公文。

二、请示的特点

（一）呈请性

请示的内容具有请求性，凡在工作中遇到无权、无力、无财或无法处理的情况都须向上级请示，以获得批准和帮助。

（二）事前性

请示必须在事前行文，得到上级答复后才能采取行动，不能“先斩后奏”或“边斩边奏”。

（三）单一性

请示的主送机关只能是一个主管上级机关，不越级请示，不送领导者个人，不允许“多头请示”。请示的事项必须“一文一事”，即一份请示只能请求指示、批准一件事或解决一个问题。不允许“一文多事”。

（四）必复性

请示行文的目的非常明确，即要求上级机关对请示的事项做出明确的批复。

三、请示的种类

（一）请求批准的请示

下级机关对于一些具体事项，如干部任免、机构设置，开发新项目，缺少资金、设备、技术等问题，无权自己办理或无力解决，请求上级机关批准与支持所写的请示。

（二）请求指示的请示

下级机关对某些政策、规定等不甚明确，或对新问题、新情况不知如何处理，请求上级给予解释、做出指示、提出意见，为此而写的请示。

（三）请求批转的请示

当下级机关就职能范围内的工作提出建议或意见，而需其他不相隶属单位执行办理的，当请示上级，经批准同意后由上级转发给有关单位贯彻执行，为此而写的请示。

四、请示的结构和写作方法

请示的结构由标题、主送机关、正文和落款 4 部分组成。

（一）标题

1. 完全式标题

发文机关＋事由＋文种，如《××学院关于增设动漫实训室的请示》。

2. 省略式标题

事由＋文种，如《关于解决公寓维修经费的请示》。

由于“请示”本身就含有请求、申请的意思，所以标题中应尽量不再出现“申请”“请求”一类词语。

（二）主送机关

受理、答复请示的是有隶属关系的直接上级机关。只能主送上级机关，不能送领导者个人（上级领导者个人交代的事项除外）。一般不能越级请示。

（三）正文

请示的正文通常由请示的缘由、请示的事项和结束语组成。

1. 请示的缘由

陈述情况，阐述理由，讲清必要性和可能性，这部分要写得简洁充实，有理有据。

2. 请示的事项

请求上级机关答复或批准的具体事项。这部分一定要十分明确、清楚、具体，便于上级做出答复。在有的请示中，还需要提出自己的处理意见或解决问题的办法、建议，以供领导决策参考，而不是简单地将矛盾上交。

3. 结束语

常以“以上请示妥否（或当否），请批示（或请批准、请批复）”“以上请示如无不当

（或如无不妥），请批转有关部门执行”等规范事务用语作结。

（四）落款

写出申请机关名称和发文日期，并加盖公章。

五、请示的写作要求

（一）不能多头请示

一份请示只能送一个主管的上级机关，不能同时主送两个及以上上级机关。如需要同时送其他机关的，应当用抄送的形式，但不得同时抄送下级机关。受双重领导的机关向上级请示，应当写明主送机关和抄送机关，由主送机关负责答复。

（二）不能越级请示

如因情况特殊必须越级请示时，应当抄送被越过的上级。

（三）请示应当一文一事

一份请示中不能同时请示两个或两个以上互不相关的问题，否则不利于文件的办理。

（四）不要事事请示

凡在自己职权范围内经过努力能够处理和解决的问题和困难，都应尽力自行解决，不能动辄请示，矛盾上交。

例文

关于我校部分城市户口贫困学生申领国家助学金问题的请示

××市人力资源和社会保障局：

根据上级有关中等职业技术学校在校学生享受两年共 1 500 元国家助学金的指示精神，我们给符合条件的在校的农村户口学生和城镇非农业户口的学生办理了国家助学金的申报手续。

在帮助在校中职学生申领国家助学金这个问题上，我们还有一个问题需要请示市人力资源和社会保障局解答，以便我们更好地答复我校部分学生及学生家长的询问。

这个问题是有不少学生虽然属于地级市的非农业户口，即城市户口，但他们的家庭确实有困难，有的是父母双下岗，有的是特困户，有的是孤儿。这些贫困家庭的城市户口学生想和农村户口、城镇非农业户口的学生一样申请国家助学金。

为了帮助这些家庭贫困的城市户口在校中职学生能和其他学生一样能够坚持在校学习文化知识和技术技能，我们打算帮助这些提出申请国家助学金且家庭确实贫困的城市户口职业技术学校在校学生申请国家助学金。

以上请示当否，请批示。

××市职业技术学校

××××年×月×日

【例文简析】这是一篇请求批示的请示，其标题是“事由十文种”式；请示的开头引用国家相关政策作为请示的根据和理由，用“不少学生虽然属于地级市的非农业户口，即城市户口，但他们的家庭确实有困难，有的是父母双下岗，有的是特困户，有的是孤儿”这个客观事实作根据和理由，提出具体的请示事项即帮助这些提出申请国家助学金且家庭确实贫困的城市户口职业技术学校在校学生申请国家助学金；结尾用“以上请示当否，请批示”程式语作结。

知识拓展

请示和报告的联系与区别

联系：都是上行文。

区别：

(1) 行文目的不同。报告的行文目的是让上级机关了解情况，为决策和指导工作提供依据；而请示的目的是请求得到上级机关指示与批准，解决自己工作中的困难。

(2) 行文时间不同。报告在事前、事中、事后均可行文；而请示必须在事前行文。

(3) 行文内容不同。报告的内容容量大，尤其是工作报告，它可以对工作的各个主要方面的情况同时汇报，可以“一文数事”；而请示的内容单一，必须“一文一事”。

(4) 收文机关处理方式不同。报告多数是阅件，除需批转建议报告外，上级机关对其余各类报告不必行文答复；请示属于办件，上级机关无论同意与否必须及时批复。

第四讲　函

一、函的概念

函适用于不相隶属机关之间商洽工作、询问和答复问题、请求批准和答复审批事项。

二、函的特点

(一) 平等性和沟通性

函主要用于不相隶属机关之间互相商洽工作、询问和答复问题，体现着双方平等沟通的关系，这是其他上行文和下行文所不具备的特点。即使是向有关主管部门请求批准，在双方不是隶属关系的时候，也不能使用请示和批复，只能用函，并且措辞、口气也跟请示和批复大不相同，要体现平等性和沟通性的特点。

（二）灵活性和广泛性

函对发文机关的资格要求很宽松，高层机关、基层单位，党政机关、社会团体、企事业单位，均可发函。函的内容和格式也比较灵活，而且不限于平行行文，所以运用得十分广泛。

（三）单一性和实用性

函的内容必须单一，一份函只能写一件事项。函不需要在原则、意义上进行过多的阐述，重务实。

三、函的种类

（一）商洽函

商洽函即不相隶属机关之间商洽工作、联系有关事宜的函。

（二）询问函

询问函即向不相隶属的机关询问有关政策、工作情况或某一问题的函。

（三）请批函

请批函即向无隶属关系的有关业务主管部门请求审批事项的函。

（四）答复函

答复函即答复有关机关询问的事项或答复同级机关的请批事项的函。

四、函的结构和写作方法

函的结构由标题、主送机关、正文和落款 4 部分组成。

（一）标题

1. 完全式标题

发文机关＋事由＋文种，如《劳动部办公厅关于工伤确认等问题的复函》。

2. 省略式标题

事由＋文种，如《关于军校毕业生接收问题的函》。

(二) 主送机关

文首顶格写明受文机关的全称或规范化简称，其后用冒号。

(三) 正文

函的正文通常由发函的缘由、发函的事项和结束语三部分构成。

1. 发函的缘由

写清行文的缘由、背景和依据，即商洽、询问、请求批准的理由、依据等。答复函的开头引用对方来文的标题及发文字号，继而，以“现将有关问题复函如下”等承启语引出主体事项，即答复意见。

2. 发函的事项

这是函的核心部分，即商洽、询问、请求批准的主要事项。这部分要求具体明确，干脆利索，切忌长篇大论。复函的主体写明答复事项，即针对来函商洽、询问或要求批准的事项一一作答，要求态度明确。

3. 结束语

不同类型的函，结束语不同。如果行文只是告知对方事项而不必对方回复，则发函的结语常用“特此函告”“特此函达”。若是要求对方复函的，则用“盼复”“望函复”“请即复函”等语。请批函多以“请批准”“请大力协助为盼”“望能同意”“望准予××是荷”等习惯用语收束。复函的结语常用“特此复函”“特此回复”“此复”等惯用语。也有的函不写结语。

(四) 落款

写出发函机关名称和发函日期，并加盖公章。

五、函的写作要求

(1) 文种正确。所强调的是应用于“不相隶属机关”，要与请示、通知、报告等常应用于隶属机关的文种相区别。

(2) 一函一事。函的行文要求类似请示，也应一文一事，便于对方单位及时处理，不宜一函数事。

(3) 行文简洁，措辞得体，语气谦和。

例文

关于招聘超市收银员的商洽函

××市第一职业技术学校：

我超市因扩大经营规模，急需招聘收银员。欣悉贵校开办有电子商务和会计专业，毕业生技术娴熟，广布本市各大超市。故请贵校推荐电子商务或会计专业的毕业生30名。要求综合素质好，技能过硬，有较好的沟通能力。待遇：基本工资3 000元并加购三险，另外还有加班补贴。

请研究复函。

北京华联超市××店

××××年×月×日

【例文简析】这是一篇商洽函，其标题是“事由+文种”式，××市第一职业技术学校是主送机关，超市扩大经营规模急招收银员是发函的原因，商洽的事项很明确，语气委婉而客气，用“请研究复函”程式语结尾。

/ 知识拓展 /

函，从广义上讲，就是信件。它是人们传递和交流信息的一种常用的书面形式。但是，作为公文法定文种的函，已经远远超出了一般书信的范畴，不仅用途更为广泛，而且被赋予了法定效力。国务院发布的《国家行政机关公文处理办法》规定，“函，适用于不相隶属机关之间商洽工作，询问和答复问题，请求批准和答复审批事项”。这说明，除有直属上下级之间隶属关系外的一切不相隶属机关之间商洽工作，询问和答复问题，甚至请求批准和答复审批事项，一律用“函”。国务院办公厅《关于实施〈国家行政机关公文处理办法〉涉及的几个具体问题的处理意见》在阐述“函的效力”时强调指出：“函作为主要文种之一，与其他主要文种同样具有由制发机关权限决定的法定效力。”

知识巩固练习

一、选择题

1.《关于印发〈××市国家税务局局长办公会议纪要〉的通知》，其作者是（　　）。

A. ××市国家税务局　　B. 局长

C. 局长秘书　　D. 会议记录者

2. 批转下级机关的公文或转发上级机关和不相隶属机关公文时用（　　）。

A. 批复　　B. 函　　C. 通知　　D. 决定

3. 市财政局发出关于坚决制止用公款旅游、请吃的公文应该是（　　）。

A. 通知　　B. 通报　　C. 指令　　D. 通告

4. 交通部直属院校发文要求交通部加拨基建费，所用公文应该是（　　）。

A. 函　　B. 请示　　C. 报告　　D. 通知

5.“请示”应当（　　）。

A. 一文一事　　B. 抄送下级机关

C. 一般写多个主送机关　　D. 不考虑上级机关的审批权限和承受能力

6. 行文关系属于上行文的一组是（　　）。

A. 报告、请示　　B. 意见、通知

C. 议案、函　　　　D. 通报、批复

二、判断题

1. 批转与转发公文皆可用通知行文。（　　）

2. 通知不能用于任免人员。（　　）

3. 为了提高办事效率，可以把需要请示的几件事情一并写在一份请示中。（　　）

4. 为使请示的事情尽快得到解决，应该把请示分别送给几个有关部门，以便各部门齐抓共管。（　　）

5. 在工作中遇到困难，如果本单位解决不了，可以请求上级帮助解决。若担心上级主管部门解决问题的力度不够，可以越级请示。（　　）

6. 批复针对请示而写的，所以可以一文多事。（　　）

7. 函多数用于平行文。（　　）

8. 函追求短小精悍，因而复函不必引用对方来函的标题及发文字号。（　　）

三、写作题

1. 某大学团委决定于2019年12月26日在大学生活动中心举办一场元旦晚会，要求每个系部出1～2个节目，同时招聘晚会主持人，希望各系部积极做好准备参加，请代学院团委拟写一份通知。

2. 根据下列材料，写一份格式规范、内容简明得体的请示。

××市土特产公司2019年7月20日向××市供销社行文，主要内容：进入新世纪，对外贸易进一步发展，现在各类手工艺品资源越来越多，国内外市场销路越来越畅，该公司的业务量不断扩大增加。为了适应形势，抓住时机，该公司经理办公会议研究决定，设立手工艺品部专门经营这项业务，所需人员除在本公司现有人员中解决外，对外招聘两名熟悉外贸业务的外销员。

3. 根据下面的材料写公文。

××市统计局原有132平方米砖瓦结构车库（平房）一处，因年久失修于2019年雨季突然倒塌，急需修复。经测算，共需资金30万元。因统计局除财政拨款外无另外资金来源，故请求××市财政局拨款，以解决车辆越冬之急需。

项目六　经济文书

知识导入

在经济全球化的今天，经济文书发挥着日益重要的作用。相关主体或通过合同，招、投标书等与外界取得业务联系；或通过市场调查报告、市场预测报告、可行性研究报告、审计报告、财务分析报告等经济活动分析类的书面报告，为本组织的发展和领导决策提供第一手材料；等等。经济文书的写作已经成为经济领域从业人员的基本技能之一，因此也是财经类专业学生需要熟练掌握的一项重要技能。

常用经济事务文书文种较多，由于篇幅所限，在此，我们只重点指导市场调查报告和市场预测报告的撰写。

知识目标

1. 了解经济文书的基本概念，理解经济类文书的基本特点。
2. 熟悉市场调查报告及市场预测报告的知识，掌握它们的写法。
3. 仿照例文，结合自身的学业和工作需要进行相关经济类文书的撰写。

第一讲　经济文书概述

一、经济文书的概念

经济文书泛指社会经济活动领域所使用的专业文书，它以书面语言（包括图表、公式、数字、符号等）为表达手段，反映经济情况、处理经济事务、研究经济问题，具有实用价值和一定的惯用文章体式，是应用文书的重要分支。

二、经济文书的种类

（一）报告类

报告类经济文书用于分析和总结经济工作的现状和发展趋势，包括市场调查报告、市场分析报告、经济项目可行性研究报告。

（二）契约类

契约类经济文书用于确定经济活动当事人双方的关系、彼此的权利与义务，包括经济合同、意向书、协议书等。

（三）商务活动类

商务活动类经济文书是指在经济活动中，为了在激烈的竞争中赢得商业机会而制作的招标、投标文案。

三、经济文书的特点

（一）政策性

经济文书是在经济活动的实践中产生，它直接受经济活动的制约，而经济活动必须在党和国家的方针、政策下实施。必然，经济文书的写作必须符合党和国家在一定时期内的经济决策。

（二）客观性

经济文书要遵循经济规律，经济规律具有不以人的主观意志为转移的客观性，所以，这也决定了经济文书具有从事实出发，反过来为事实服务的特点。

（三）针对性

经济文书都是针对某一项经济活动而制作，相应地，每种经济文书往往会有比较固定的版式。

第二讲　市场调查报告

一、市场调查报告的概念

市场调查报告，是指调查者对调查得到的资料进行系统、客观、持续的整理、分析和加工的基础上，做出结论和建议，供经营者决策参考的一种反映市场现状、揭示市场发展规律的报告性文书。

二、市场调查报告的特点

（一）针对性

针对性主要包括两个方面：一是要明确调查目标；二是要明确阅读对象。明确市场调查活动的各个环节，有利于保证调查报告的指导性意义和作用。

（二）科学性

通过翔实的调查充分掌握信息材料，运用科学的方法得出真实反映市场的结论和建议，为决策者提供真实可靠的参考依据，是市场调查报告的主要特点。

（三）时效性

只有迅速把握市场变化并及时在市场调查报告中反映出来，才能真正实现市场调查报告的作用。

（四）真实性

市场调查报告必须真实地反应市场的真实情况，报告的内容要采用真实、可靠的材料，确保市场调查报告的真实性。

三、市场调查报告的种类

市场调查报告按不同分类标准可作如下划分：

（1）根据调查资料取得方式的不同，市场调查报告分为文案调查报告和实地调查报告。

（2）根据调查对象的范围大小，市场调查报告又分为综合市场调查报告、专题市场调查报告和典型市场调查报告三种形式。

（3）根据市场调查表述方法的不同，市场调查报告分为定性调查报告和定量调查报告。

四、市场调查的方法

市场调查报告写作的前提是切实实行市场调查活动。只有掌握正确的市场调查方法，收集与获取丰富的市场信息资料，才有可能写好调查报告，为领导的决策起到参考作用。市场调查的常用方法如下：

（一）实验调查法

常见的试销会、订货会、展销会、博览会、顾客意见征询会都属于实验调查法。为了预测产品的销售量，掌握用户对产品的反映，常常进行小规模的实验，以调查用户对产品的设计、包装、品质、价格等方面的意见和建议。

（二）问卷调查法

根据调查内容编制调查问卷发放给调查对象，收集了解调查对象的反映和看法，通过对收集到的信息进行统计处理和定量分析，对市场的总体情况做出评估和预测。

（三）访问调查法

调查者事先确定调查内容，通过直接与被调查者的接触、交谈，取得调查资料，包括当面询问、开座谈会、电话询问、邮件调查、互联网调查等。

（四）统计调查法

对所调查的对象有目的地收集各种资料，如销售情况、会计报表等，并进行统计、分析、归类的方法是统计调查法，也称资料研究法。

五、市场调查报告的结构和写作方法

市场调查报告一般包括标题、正文和结尾三部分。

（一）标题

常见的标题形式有：

（1）公文式标题，关于＋调查内容＋文种，如《关于大学生使用移动支付情况的调查报告》。

（2）单行标题，调查单位＋调查时间＋调查内容＋文种，如《奇瑞公司 2019 年汽车市场调查报告》。

（3）观点式标题，如《皮革服装在济南市场畅销》。

（4）提问式标题，如《电动玩具为何如此热销?》。

（5）双行标题，由主题式标题＋说明性标题组成，如《手机品牌谁主沉浮——2019 年广西手机市场调查报告》。

（二）正文

市场调查报告的正文一般包括开头和主体两部分。

1. 开头

开头（或前言）一般是交代调查活动的基本情况，如说明调查目的、时间、地点、对象、范围、方式、结果和介绍调查对象的基本情况。

2. 主体

主体部分是调查报告的核心部分，一般包括基本情况、分析与结论、措施与建议三个方面的内容：

（1）基本情况。即对调查结果的描述与解释说明，可以用文字、图表、数字加以说明。对情况的介绍要详尽而准确，为下一步分析、下结论提供依据。

（2）分析与结论。这是市场调查报告的主要组成部分，对调查所收集的材料进行科学的分析，通过分析找出事物发展的内在联系，得出调查的结论或结果。

（3）措施与建议。根据调查结论，提出相应的对策、措施或建议。

主体部分的逻辑结构形式通常有以下三种方式：

（1）纵式，按照事物发生、发展、结局的过程，或按照摆现象、析原因、提对策的思路行文。

纵式结构或体现事物发展过程，或体现人们认识问题的由浅到深、由现象到本质的层进关系，或体现事物产生、问题出现的因果关系。

（2）横式，将调查得来的材料梳理为几个方面或几个部分，每个方面或部分可用小标题统领，各部分之间是平行并列关系。

（3）总分式，先总提后分叙。

主体从内容逻辑看，主要有上述3种形式，从语言表达形式看，一般采用以自然段贯通、每个层次标序号、每个层次标小标题或序号加小标题等表现方式。

（三）结尾

市场调查报告的结尾方式多样，有的概括全篇主要观点，以深化主旨；有的对未来做出展望，指出方向；有的是主体结束也就是全文的结束。

六、市场调查报告的写作要求

（一）材料要充分，分析要透彻

要写好市场调查报告必须深入市场，认真调查研究，全面占有材料，尤其尽量掌握第一手材料，这是调查研究最主要、最基本的要求。对材料要进行认真的分析研究，从中找出规律性的东西，准确而慎重地做出结论，这样写出的报告，才有可能具有指导意义。

（二）反应要迅速，重点要突出

市场调查人员应尽可能采用调查时间短、费用省、效果好又简单易行的方法进行调查。由于市场调查的目的、要求不同，其内容重点也各不相同，写作时必须根据写作意图，明确中心，突出重点。

（三）以叙述为主，议论要适当

市场调查报告中介绍情况、说明事实部分一般采用叙述方式，并以概括、直白为主，而写看法、下结论这些方面一般采用议论方式。总之，市场调查报告的写作，是有叙有议，叙议结合，以叙为主。

例文

大学生课外阅读情况的调查

阳光下、草坪上、教室里、图书馆……到处可以看见书不离手的大学生，他们脸上洋溢着满足、自信的笑容。

“你课外阅读的主要目的是什么?”“你最喜欢阅读哪种类型的书籍?”“你平时看一本书用多长时间?”……前不久我们对大学生的阅读取向进行一次访问式调查，目的是了解当代大学生读什么书、读多少书和怎样的问题。

通过调查发现，有部分学生的课外阅读主要是为了休闲。他们认为“平时专业课程的阅读量已经很大了，课外阅读当然选择内容较轻松的课外书籍，以缓解读书的压力”。这样的学生大约占44.9%。还有部分同学的课外阅读是为了拓展知识面。这样的学生所占比例较少，只有8%。

大学生不青睐专业书籍是否合理呢？不少招聘企业都感慨现在的大学生专业能力很薄弱，学以致用的能力较差。在学校期间不注重专业知识的积累和自身专业技能的训练，不阅读、不关注相关专业课外书籍，是造成这种现象的原因之一。

在回答“你最喜欢阅读哪种类型的书籍?”时，大多数学生选择报刊。报刊始终占据大学生阅读排行榜的首位。多数学生选择此类书籍的原因大多是因为“阅读起来方便”和“信息量大，来源广泛，易获得”。在调查中发现，学校为学生免费提供的《文汇报》成为阅读人次最多的报刊，《中国青年报》《环球时报》《参考消息》《电脑报》《读者》有一定的市场。在阅读内容上，阅读新闻占61%，领先其他三项，阅读“生活信息及收集资料”占24%，阅读“文学作品”占16%，阅读“评论文章”占18%。

目前大学生的阅读结构对大学生形成正确的世界观、人生观非常不利，急需加以正确引导。

资料来源：黄绮冰，生素巧．应用文写作教程．北京：电子工业出版社，2008.

【例文简析】这篇大学生阅读情况调查报告，在结构内容和语言方面都不符合文种的写作要求。具体说来，主要毛病如下：

（1）缺少交代调查基本情况的导言。调查报告的开头一般应要交代调查的目的、时间、地点、对象、范围以及采用的调查方法等。

（2）主体部分，有对调查情况的叙述和涉及的问题，但提供的调查信息过于简单，材料不充分。文中虽然提到“大学生的阅读取向进行了一次访问式调查”，但对调查对象、调查方式、数据整理等都未做介绍，而这些都是必要的内容。

（3）分析不够深入。原因和结果之间缺乏必然的联系，得出的结论缺乏充分的依据。如文中写“企业都感慨现在的大学生专业能力很薄弱，学以致用的能力较差”，却得出学生“不阅读、不关注相关专业课外书籍，是造成这种现象的原因之一”的看法。又如文章的结论是“目前大学生的阅读结构对大学生形成正确的世界观、人生观非常不利”。综观全文，这些结论难以令人信服。

(4) 文章末段提到“大学生的阅读结构”“急需加以正确引导”，却没有按文种的要求写出相应的建议，而建议是必不可少的内容。

(5) 文章的语言不够得体。如开头采用的是散文语言，不符合所写文章的写作规范。

知识拓展

怎样才能写好市场调查报告

怎样才能写好市场调查报告呢？一般能满足以下几点特性，就会是一份好的市场调查报告。

(1) 写实性，重视信息材料的收集。调查的目的在于掌握大量、翔实的客观事实和具体数据，对研究对象有一个系统的呈现，这就要求写作前应该尽量收集、占有更多信息资料：一是收集查阅已有的文献资料、政策规定、最新成果；二是深入市场了解事情发展现状，直接掌握第一手材料。没有丰富、翔实的信息资料，写作方法再多、写作技巧再高明，也无法写出高质量的调查报告。

(2) 归纳性，认真地整理、分析调查所得材料。调查阶段取得的材料，有真、伪，有主、次，要求写作前对材料进行整理、归类，去粗取精、去伪存真，下功夫进行一番由表及里的分析、归纳，推导出合乎实际的正确结论。那种不分主次、不管真伪、脱离观点的材料罗列和脱离材料的空洞议论，都是不妥当的。

(3) 逻辑性，做到材料和观点的统一。一篇好的调查报告，需要有丰富的材料和明确的观点，用观点统率材料，用材料说明观点。调查报告离不开确凿的事实，但又不是材料的机械堆砌，而是对核实无误的数据和事实进行严密的逻辑论证，探明事物发展变化的原因，预测事物发展变化的趋势，揭示本质性和规律性的东西，得出科学的结论。同时，恰当地运用不同时期、不同类型、不同情况下的统计数字，往往可以增强调查报告的概括力和表现力，从而达到直接说明主题的效果。

(4) 深入性，调查报告内容要新、分析要深。选题要新，反映新情况、新问题，抓住新苗头。摸准决策部门欲知而未知之事，报告要提供在决策之前，才能起到指导和监督的效果；反映情况和问题须有深度，对问题剖析透彻。抓住问题的关键，善于提出观点见解，分析有根有据，所提措施令人信服。唯有深，才能创新。

第三讲　市场预测报告

一、市场预测报告的概念

市场预测报告是以经济理论为指导，以市场调查为基础，通过大量翔实的调查材料和统计数据，对市场的历史和现状作系统周密的考察、分析和研究，运用科学的预测方法和手段，对市场前景进行分析、评估、判断，从而预见其发展趋势的书面报告。大而言之，可为经济管理部门的经济决策提供依据；小而言之，能帮助企业了解国内外市场相关信息，明确市场定位，把握生产任务和节奏，调整生产经营模式，提高市场竞争力，避免生产经营的盲目性。

二、市场预测报告的特点

（一）预见性

市场预测报告是根据市场的历史和现状，推断市场未来走向和发展趋势，预测市场经济活动的发展前景，从而为企业未来的经营决策和组织生产提供科学依据。因此，预见性是它最显著的特点。

（二）科学性

市场预测报告在内容上必须依据调查的大量真实材料，运用科学的预测理论和预测方法，以周密的研究为基础，找出预测对象客观运行的规律，得出符合实际的结论，从而有效地指导人们的实践，发挥市场预测报告的重要作用，因而须具有科学性。

（三）时效性

市场是不断变化的，企业要想赢得竞争优势，就必须以最快的速度迅速、全面地掌握市场信息情报。市场预测报告应将信息及时提供给企业的决策者，否则，就会错失商机。因此，时效是市场预测报告的生命力之所在。

（四）针对性

市场预测的内容十分广泛，每一次市场调查和预测只能针对某一具体的经济活动或某一产品的发展前景，因此，市场预测报告的针对性很强。选定的预测对象愈明确，市场预测报告的现实指导意义就愈大。

三、市场预测报告的种类

市场预测报告按不同的标准划分，其类别不同。

（1）按预测范围分，可分为宏观市场预测报告和微观市场预测报告。

（2）按预测时间分，可分为短期市场预测报告、中期市场预测报告和长期市场预测报告。

（3）按预测方法分，可分为定性预测报告和定量预测报告。

（4）按预测内容分，可分为材料供应预测报告、产品（商品）销售情况预测报告。

四、市场预测报告的结构和写作方法

市场预测报告的结构一般由标题、正文和落款三部分构成。

(一) 标题

市场预测报告常见的标题形式有公文式(完整式和省略式)标题、文章式标题、双标题几种。

(1) 完整式:预测时限+预测区域+预测对象+文种,如:《2021年华南地区啤酒需求趋势预测报告》。

(2) 省略式:由完整式标题的4个组成部分中的1个或2个部分组成,如:《2021年化妆品市场预测》。

(3) 文章式:有预测之意,但不用出现预测二字,如《国产手机市场占有率将持续上升》。

(4) 双标题:由概括预测报告的主题+表明时限、地区范围、预测对象的副题+文种组成,如《平稳增长 繁荣跨越——2021年中国消费品市场预测报告》。

(二) 正文

正文一般由前言、主体和结尾3部分组成。

1. 前言

前言的内容或说明预测的主旨,或概括介绍全文的主要内容(预测的原因、时间、范围、经过及方法等),也可以先将预测的结果提到这个部分来写,以引起读者的注意及阅读兴趣。前言也可以省略不写。

2. 主体

主体包括历史与现状、预测分析和对策建议三部分。

(1) 历史与现状。利用具体资料和数据,对经济活动的历史和现状作简要的回顾和说明。要求写作主体对预测对象的现状进行深入细致的调查,占有大量的资料和数据,并在此基础上进行科学的分析、判断,才能科学地预测未来。

(2) 预测分析。通过分析资料数据,预测经济活动的趋势与规律,这是市场预测报告的核心部分。如果预测内容较多,可分几部分或条款或分列小标题、分章节写。

(3) 对策建议。根据预测分析,在对资料作了细致的分析研究的基础上对市场未来的发展趋势做出预测,再依此提出切实可行的建议,这是预测的目的。所提的建议应该具体可行,操作性强,有指导性。

3. 结尾

为使文章结构完整,一般在最后照应前言或重申观点形成结尾,也可以概括全文,归纳预测结论。

总之，写作市场预测报告，要求能运用数据资料，准确说明现状；通过分析数据资料，科学推断未来；依据分析预测，提供可行建议。

（三）落款

一般在标题下面或正文右下方写上预测单位名称或作者姓名，日期写在署名下面。也可视实际情况省略。

五、市场预测报告的写作要求

（一）广泛收集和占有资料

市场调查报告必须在进行市场调查的基础上广泛地收集和占有资料，以全面、完整的资料数据作为市场预测的依据。

（二）选用科学的预测方法

市场预测报告只有采用科学的方法进行分析才能得出科学的结论，常用的预测方法有定性预测法、定量预测法和将定性、定量两种方法综合运用的综合预测法。

（三）准确运用语言

市场预测报告必须注意数据的精确性和真实性，用词精当，判断准确，这样才能使预测报告具有说服力。

例文

2020年中国家电行业市场规模预测及发展前景分析

家电行业的发展与国民经济、居民收支水平等因素的变化息息相关。2019年以来，受国内经济下行影响，中国家电行业企业业绩集体承压。据国家统计局数据显示，2019年全年，家电全行业累计主营业务收入达到1.53万亿元，同比增长4.31%；累计利润总额达1 338.6亿元，同比增长11.89%。据中商产业研究院预测，受新冠肺炎疫情影响，家电企业延迟复工复产、行业消费信心不足等多种因素影响，2020年全年家电行业营业收入将低于2019年，营业收入约为1.45万亿元。

一、2019年家电行业市场状况

从家电细分行业看，在2019年，各品类业绩增速有不同程度放缓，部分细分行业利润仍维持高速增长。其中，家用空气调节器营业收入和利润总额均居各品类第一位，分别增长了1.77%和10.84%；家用制冷电器具表现良好，营业收入增长6.80%，利润总额增长13.5%；家用厨房电器具营业收入增长7.71%，利润总额增长20.04%；家用清洁卫生电器具累计营业收入增长6.32%，但利润总额下降0.78%；美健个护类产品的累计营业收入增长 8.30%，利润增长 20.88%。

从零售情况来看，据中怡康数据显示，2019 全年中国家电市场整体零售额为 8 920 亿元（不含 3C），同比下降 3.88%。据中商产业研究院预测，2020 年家电行业整体零售规模将达 9 901 亿元。2020 年受疫情的影响，线上为主要销售渠道，因此，线上零售规模增速或比往年迅速，规模将突破 4 000 亿元。

从分品类零售情况看，2019 年冰箱累计销售 3 377 万台，同比增长 6.65%，销售额为 947 亿元，同比增长 0.95%；空调累计销售 6 180 万台，同比增长 4.32%，销售额为 2 009 亿元，同比下滑 3.63%；冷柜累计销售 767 万台，同比增长 6.38%，销售额为 106 亿元，同比增长 2.91%；洗衣机累计销售 3 844 万台，同比增长 4.21%，销售额为 711 亿元，同比下滑 0.59%；吸油烟机累计销售 1 709 万台，同比下降 0.81%，销售额为 383 亿元，同比下降 3.94%。

二、2020 年家电行业发展前景展望

2020 年，一场突如其来的新冠肺炎疫情使得各行各业都受到了不同程度的影响，不少家电企业的复工时间较往年都有 2 周左右的推迟。陆续复工的企业短期内受到交通管制、人员流动困难、供应链无法迅速恢复的影响，复工率也不能在短期内恢复到春节前水平。可以预见的是，很多家电企业在 2020 年第一季度生产、销售等经营活动都会受到不小的影响。疫情期间，线下实体店消费几乎为零，对企业而言，上半年是非常严峻的考验。

据业内人士分析，从国内市场来看疫情对家电行业的影响是短期的，主要原因在于：(1) 随着电商渗透率的提高以及对行业促销节点的改变，近几年来春节过后两个月已经成为家电销售的淡季，此时即使叠加上疫情，也不会对家电全年的销售造成太大影响；(2) 从目前的形势看，除湖北外国内其余各地的疫情在 3 月底结束，企业的生产、销售都有望在后续逐步恢复。

从 2003 年 SARS 期间的经验来看，疫情的影响更多是中短期，而国家为了提振经济发展和消费需求，往往会出台力度更大、范围更广的刺激措施。这些刺激性措施将会在下半年激发出此前被压抑的消费需求，无论是普及性的消费还是升级性的消费，都有望进入一个恢复性增长期。

而从长期来看，2020 年是中国经济转向注重发展质量和“供给侧结构改革”持续推进的重要时间节点，中国家电业的传统增长动能在逐步减弱。受到房地产投资增速和商品房销售增速放缓的影响，消费者对传统大家电的新增需求增速有逐步放缓的趋势，2019 年的内销市场表现也比较平淡。2020 年疫情将影响居民收入，进而影响市场表现。随着传统家电产品保有量的逐步提升，更新需求在总需求中的占比大幅提高，是现阶段市场增长的主要动力。同时，差异化、触及消费者痛点的产品以及能够进一步改善居民生活体验的新兴家电产品将成为市场增长的另一个动力。

另外，在疫情来袭的大背景下，基于消费端需求的变化，健康、智能将成为市场最主要的消费痛点之一。目前来看，很多家电品类在这两方面都有很大的提升空间，健康、智能模块和功能的标配化，可能在未来成为产业进化和消费升级的趋势。

资料来源：中商产业研究院．2020 年中国家电行业市场规模预测及发展前景分析．中商情报网，2020－07－03.

【例文简析】 第一部分：概述 2019 年的家电行业市场状况。

第 1 自然段，结论先行，开篇即表明全文观点“预计 2020 年全年家电行业营业收入将低于 2019 年”。

第 2～4 自然段，以翔实准确的数据、科学的统计分析和简洁通俗的语言，对 2019 年的市场状况进行了概述。

第二部分：对 2020 年家电行业发展前景的展望。

第 1 自然段，先谈行业发展的背景——上半年的疫情影响。

第 2 自然段，基于两点原因说明上半年的疫情影响是短暂的这一观点。

第 3～4 自然段，分别从过去经验和长期视角两个方面，进一步论证“影响短暂”这一观点。

第 5 自然段，提出健康、智能和功能的标配化可能在未来成为产业进化和消费升级的趋势。

这是一篇比较适合学习和模仿的预测报告，观点明、说理清，言简意赅。

知识拓展

市场调查报告和市场预测报告的联系和区别

它们都是市场经济的产物，都以市场为特定对象而撰写。市场调查报告是运用科学的方法，有目的、有计划、系统地收集、整理、研究市场营销情况、供求规律及影响其发展变化等因素，从而得出结论而形成的书面报告；市场预测报告是在市场调查的基础上，运用预测理论和方法，对市场发展前景进行科学的分析、推测、判断，并将其过程和结果撰写成书面材料而形成的报告。

1. 联系

市场调查是市场预测的手段，是市场预测的基础；市场调查报告和市场预测报告在调查部分是重合的。

2. 区别

（1）对象不同。市场调查的对象是过去和现在已经存在的经济现象；市场预测的对象是尚未形成的经济现象。

（2）目的不同：市场调查在帮助企业进行市场预测时，偏重了解市场的过去和现状，总结经验，发现问题，掌握市场营销的状况及发展变化规律；市场预测则偏重于了解市场的将来走向，预测商品供求的变化趋势。

（3）方法不同：市场调查报告一般通过现场调查或抽样调查获取资料，通过分析整理，得出结论；市场预测报告主要根据统计资料，通过数学分析，预测市场的走向。

知识巩固练习

一、填空题

1. 经济文书泛指社会________所使用的专业文书，它以书面语言（包括________、公式、________、符号等）为表达手段，反映经济情况、处理经济事务、研究经济问题，具有实用价值和一定的惯用文章体式，是应用文书的________。

2. 市场调查报告是指调查者在对产品的市场营销等情况进行________的基础上，对收集到的全部商业活动信息进行系统、客观、科学的________，做出________，以供________参考的一种反映市场现状、揭示市场发展规律的报告性文书。

3. 市场调查报告的主体部分一般包括基本情况、分析与结论和________三个部分；市场预测报告的主体部分一般包括历史与现状、________和对策建议三个部分。

4.《关于2018年南宁市家用电动自行车使用情况的调查报告》这一报告，采用了________式标题。

二、简答题

1. 市场调查报告的特点是什么？常见的市场调查方法有哪几种？

2. 市场调查报告和市场预测报告的异同有哪些？

三、能力训练

1. 学校开展了“珍惜青春，拒绝网毒”的活动，针对同学上网情况，请全班同学分成调查小组完成调查，并以小组为单位撰写一份调查报告。

2. 为了解学生利用图书馆的情况，请设计一份调查问卷。

3. 开放式写作题，具体调查内容可结合自身有利条件自主确定，完成后，各小组统一在课堂上展示成稿。

要求：利用“三月三”假期，对广西（某地区、某民族）“三月三”的（风俗习俗、民情、物产、服饰）展开调查。

调查目的：

（1）挖掘具有本民族、本地区特色的代表性产品，试图开发生产，以达到宣传和弘扬民族、地区文化的目的。

（2）结合该产品生产及销售的原有情况、现状和未来开发，撰写一份市场预测报告。

项目七　传播文书

知识导入

传播指社会信息的传递或社会信息系统的运行。信息（Information）是传播的内容。信息是一种财富、一种资源，现代社会的竞争最终集中在信息资源的占有上。作为储存、交流信息基本手段的传播文书，无疑是最重要的载体。

校园，作为学生学习知识、掌握信息的重要场所，每天有大量的信息需要传播。丰富多彩的校园文化生活、社团工作、对外交流等，需要同学们为各种活动传播信息、发布新闻，为自己所在的社团以及开展的活动进行宣传。这时，我们就要使用各种各样的传播文书，以扩大所做事情的影响力。

知识目标

1. 掌握传播文书的概念，理解传播文书的特点。
2. 掌握消息、通讯、广播稿的写法和要求。
3. 仿照例文，并能根据自身活动、工作需要进行各种传播文书的撰写。

第一讲　传播文书概述

一、传播文书的概念

传播文书是指为配合一定时期、一定主题的中心工作和任务，借助于一定的媒体向社会公众介绍某些人物、事件或相关知识以实现让人知晓的目的的一类文书。它包括消息、通讯、新闻评论等。

传播文书是应用文体系中的一个分支，它对社会公众的思维方式、行为习惯及生产生活等各方面都能产生重要的影响。

二、传播文书的种类

传播文书的种类很多，按照内容可以划分为如下几类：事项类传播文书、商品类传播文书、新闻类传播文书。本项目主要介绍新闻类传播文书中的消息、通讯、广播稿。

三、传播文书的特点

（一）时效性

传播文书所承载的是各类信息，从信息传递的角度看，要保证其价值的有效性就必须讲究时效，否则，信息的价值会随着时间的推移而递减。

“快”是传播文书时效性的一个重要标志。所谓的“快”就是要对有关信息及时、即时地做出反应。这是对传播文书在时间上的要求。

“新”是传播文书时效性的另一个特征。所谓的“新”就是要“保鲜”，一方面，要保证反映的事实和情况是鲜活的，另一方面要及时地更新信息。

时效性要求传播文书的作者有敏锐的洞察力和快速的反应能力，对政治、经济及社会生活各个方面有相当强的敏感性和嗅觉，并能及时地捕捉。

（二）共享性

传播文书依附于一定的媒体，面向公众实现其传播任务，因此，对于受众而言，传播文书具有共享性的特征。

（三）真实性

传播文书以信息传播为己任，真实是其价值的体现，因此只有以客观真实的面貌面对社会公众，才能保证其在社会公众面前的权威性。因此，传播文书的写作者应该对自己选取的材料去粗取精、去伪存真，科学有效地筛选、鉴别，才能保证其真实性。

（四）可读性

传播文书的对象是社会公众，它所传播的信息必须能为社会公众所接受。可读性就是要求传播文书以其特有的灵活手段亲近公众，以其独特的眼光和角度吸引公众，以其独特的魅力引导公众，进而达到预期的目的和社会效果。

第二讲　消　　息

一、消息的概念

消息，亦称新闻，是以简明的文字迅速报道新近（或即将）发生具有新闻价值事实的新闻体裁。这里所说的消息是指与通讯、特写、新闻评论等相并称的文体，是狭义的“新闻”。

二、消息的特点

消息主要有以下特点：

（一）真实性

真实是新闻的生命。要做到真实性，就必须用事实说话。离开了事实，新闻也就失去了根本。消息强调用事实说话，在抓住事件本身全过程的同时，还必须抓住群众普遍关心的热点、难点和焦点问题，抓住有思想意义、有社会意义的新闻事实予以报道。这种报道必须客观地、公正地、忠实地描述所见所闻，容不得一丝一毫的杜撰和虚构。失实，是对新闻真实性的最大的背叛，是对广大受众的最无礼的亵渎。

（二）时效性

人们常说，“新闻是易碎品，只有二十四小时的生命”。在所有的新闻文体中，消息的时效性最强。而在所有的消息文体中，动态消息的时效性最强。消息的采写应充分抓住第一时间，而把握住发布、报道的时机同样至关重要。迅速及时采写完的消息什么时候发布，应把握好报道的时机。通常以受众的关注程度、事件的重要程度、重大时间点为报道时机，以此为基点报道的消息才更具有时效性。

（三）可读性

消息写出来是给人看的，人们不愿看的消息，登在报纸上其实是一种新闻资源的浪费。这种消息不仅不能起到教化作用，而且连信息传播的功能都没有发挥出来。呆板枯燥、千篇一律、缺乏新意、令人生厌等，都是消息写作的大忌。任何一篇消息，如果没有可读性，不管其主题有多深刻、新闻价值有多高，也不能算作成功。

（四）简明性

消息就是对新闻事实做简明扼要的报道。它往往抓住何时、何地、何人、何事、何果等新闻要素，将新闻事实简明扼要地报道出来。即使有描写，也只是抓住一两个核心细节，突出重点即可。消息的写作，除了一些重大的新闻事件需作必要的描述外，一般不必浓墨重彩、工笔勾勒。

三、消息的种类

消息的类型比较多。按新闻事实发生的地域和范围，消息可分为国际消息、国内消息和地方消息；按报道的题材和内容来分，消息可分为政治消息、经济消息、科技消息、文教消息、社会消息、军事消息和体育消息等；按传播媒体划分，消息可分为报纸消息、广播消息、电视消息和网络消息等。我国新闻界一般是按消息的写作特点和表达形式来划分的，通常将消息分为动态消息、综合消息、经验消息和述评消息四种。

（一）动态消息

动态消息也称动态新闻，是迅速、及时地报道国内国际的重大事件，报道社会主义建设中的新人新事、新气象、新成就、新经验的一种新闻。动态消息中有不少是简讯（短讯、简明新闻），内容更加单一，文字更加精简，常常一事一讯。用尽可能短的篇幅把事实交代清楚是动态消息写作的基本要求。

（二）综合消息

顾名思义，综合消息不是一事一地的报道，它是一种报道面广、材料丰富、时效性较差的非事件性新闻。它反映的是全局性的情况、成就、趋势、动向和问题，“点”“面”结合、高度概括、善于分析、把握全局是这一消息形式的特点。具体地说，综合消息是把发生在同一时间点或时间段，却是在不同地区或部门的具有同类性质的事件综合为一体的报道。

综合消息的写作有两种基本的综合方法：一个是横断面的综合，将发生在同一时期的各种事件加以横向的综合，概览全局；另一个是纵深度的综合，从大处着眼、小处着手，对事物的不同侧面进行有深度的分析综合，产生深入持久的影响力。在写作过程中，无论采用哪种综合方法都必须以大量的具体材料为基础，通过对材料的分析综合反映出具有共同性的主题思想。

（三）经验消息

经验消息是对具有普遍意义的典型经验或新闻人物的报道，也称为“典型消息”或“典型报道”。经验消息主要反映具体单位、部门、行业在工作、学习和生产中的经验，以及某人在某项活动中取得新成果的典型做法，用以提供样板，带动全局。强调指导性，重视典型的作用，把“拨亮盏灯，照亮一大片”作为指导工作的方法之一，这是经验消息最突出的特质。写作经验消息时要选择既有推广价值又能引起普遍兴趣的经验，要尽量写得具体生动、言之有物，注意交代必要的背景材料，尤其要注意寻找新闻的由头，体现新闻的特点。

（四）述评消息

述评消息也叫“记者述评”“新闻述评”“新闻分析”，是一种报道事实和评论事实兼而有之的消息种类。它夹叙夹议、边述边评、述评合一，受众既能从中得到新知，又有新悟，这是述评消息的突出特点。因此，写述评消息要抓住群众关注的焦点、热点，即那些政治上需要的、生活中普遍存在的和迫切需要解决的问题，用事实做出回答，并用精辟的议论去争取受众的认同。在写作过程中，要采用夹叙夹议的方法，分析事物发展变化的原因、结果，帮助受众理解事态的本质和真相。它要求做到就事论事，就实论虚，一针见血。

四、消息的结构和写作方法

消息有六要素，即何时（When)、何地（Where)、何人（Who)、何事（What)、何因（Why）及如何发生（How)，简称 5W1H。在报道消息的过程中，并不是每一则的消息必须都要包括这 6 要素，根据情况可省略一二，也可以根据视角的不同以及所要报道事实的重点不同，对 5W1H 进行详略的叙述安排（不能什么都详写)。在 5 个 W 和 1 个 H 中，最主要的是何人（Who）做了何事（What)。

只要我们用心分析一下报刊发表的消息，就会发现：消息的结构比较固定、简单，大多数消息的结构都是“倒金字塔式”式的，即最重要的材料放在开头，次要材料放在后面。消息的结构具体表现为：标题、消息头、导语、主体、结尾，并在文中穿插背景材料。

（一）标题

消息的标题在新闻宣传中的作用有时不小于消息的正文，它是消息的重要组成部分。因此消息的标题要写得既能够吸引读者，又能够概括内容，具有精警、启发的作用。

（1）消息的标题从内容构成上，可分为引题、正题和副题。

1）引题。

引题又叫眉题和肩题，根据需要在有些消息的标题中出现，它在正题前面强调意义、渲染气氛、交代背景、说明来源，是起铺垫和引导作用的标题。引题的字数不宜多，一般不过一行。多数是一句话，也可以是大致对偶的两个分句。其内容一般没有正题那么重要、实在，否则会喧宾夺主，损害正题。

2）正题。

正题也叫主题或母题，它表达消息的主题思想和核心内容，在消息标题中的地位最重要。正题在制作时，要完整清楚地表达新闻事件，可以虚实结合但以实为本。

3）副题。

副题又叫辅题或子题，是位于正题后面、对正题内容进行补充说明的标题，其作用主要是对新闻事件的性质和意义做出评价，对正题中不能涉及的详细情况进行交代，强调新闻事件的特点和特殊意义等。副题的形式比较灵活，可以是一句完整的话，也可以是用逗号隔开的几个分句；可以在正题下面居中排印，也可以在正题下面像正文一样排印，一行排不完可以折到下一行，不用居中对齐。

（2）消息的标题从形式构成上，主要有单行式、双行式和多行式三种。

1）单行式。

单行式即只有一个正题，它是消息内容的高度概括。如《公安部：严打食品犯罪切实保卫餐桌安全》(《人民日报》2019 年 12 月 31 日 2 版)，这个消息标题非常鲜明地揭示了新闻事件中的人物及其具体事件，简洁明了、点明主旨。

2）双行式。

这种标题常见的有两种形式，即由引题、正题构成的“引主式”标题和由正题、副题构成的“主副式”标题。如：

数字经济为发展注入活力（引题）

广州加快提升经济新功能（正题）

（《人民日报》2020年5月27日）

民航市场逐渐复苏（正题）

“五一”期间将运输旅客约290万人次（副题）

（《人民日报》2020年5月1日）

以上两例，第一个是“引主式”的双行标题，引题指出具体的背景，正题表达事件本身所要揭示的核心观点。第二个是“主副式”的双行标题，主题表达事件与核心内容，副题补充交代了正题中未涉及的新闻要素。

3）多行式。

这类标题就是将引题、正题、副题全部体现在一则消息的题目中，构成一个各司其职的标题整体。如：

加强机关党建 走好第一方阵（引题）

建设让党放心、让人民群众满意的模范机关（正题）

中央和国家机关学习贯彻习近平总书记在中央和国家机关党的建设工作会议上的重要讲话精神综述（副题）

这是刊登在2020年7月9日《人民日报》第1版上的一则消息的标题，引题、正题、副题一应俱全。该标题中的引题交代新闻事件的背景；正题高度概括了新闻事实的主旨与核心；副题补充说明新闻事件的来源，以引起受众对该新闻事件的必要关注。

撰写消息标题，应当力求做到：内容要新颖，形式要醒目。具体采用哪一种标题形式，需要作者根据消息内容和报道的需要来设计。

（二）消息头

报纸上刊登的消息，其开头部分往往冠以“本报讯”或“××社××地×月×日电”的字样，这就是“消息头”。消息头是消息的标志，是新闻发出媒体、地点和时间的交代与说明，正规的新闻报道应该用上消息头。

消息头的形式主要有“讯”和“电”两大类。消息头空两格书写，用黑体字标明。

“讯”主要指通过邮寄、书面递交或网络等形式向报社传递的新闻报道。若稿件是报社通过自身的新闻渠道获得的本埠消息，一般都标“本报讯”；若稿件是从外埠获得的，应该标明发布新闻的时间和地点，例如：“本报成都×月×日讯”。

“电”主要指通过电报、电传、电话、网络等形式向报社传递的新闻报道。一般由“传递者＋地点＋时间＋电”构成。例如：“新华社北京×月×日电”。

（三）导语

导语是紧接电头（消息头）之后的首句或首段。如果概述最重要、最新鲜、最精彩的内容，就形成“倒金字塔”经典结构。“倒金字塔”结构是消息写作常用的结构方式——按内容由重到轻的顺序安排层次，最重要的写在前面，形成“头重脚轻”式经典结构。

导语的写作要求是：一是要抓住事情的核心，二是要能吸引读者看下去。要做到第一条，必须具备训练有素的分析能力；要做到第二条，则要有写作技巧。

导语写作中的思维过程，通常是以作者的自问自答形式开始的：

（1）什么事件是已经发生的事件中最重要的？

（2）什么人参加进去了？——谁干的或谁讲的？

（3）是用直接性导语，还是延缓性导语？

（4）有没有什么吸引人的词语或生动形象的短语要写进导语中？

（5）主题是什么？什么样的动词能最有效地吸引读者？

以上5个问题中，第三个问题涉及导语的类型。导语的类型主要有：1）直接性导语：直接写出事实的核心的导语。多是陈述性的，像速记一样地反映事实。2）延缓性导语：多用于“软”消息，即所报道的不是正在发展中的、变化中的或突发性的事件。它通常用来设置一种现场或创造某种气氛，多是解释性、说明性的内容。

导语的形式主要有：

（1）叙述式导语，即开门见山，直接叙述出最重要、最新鲜的事实。

（2）提问式导语，即把消息中最重要、最新鲜事实，用提问的方式提出来，以引起读者的兴趣及思考。

（3）描写式导语，即用生动形象的语言对消息发生的场景进行描写，使读者有身临其境的感觉。

（4）结论式导语，即对所报道的事实的性质下结论，然后再从头报道事实。

无论采用哪种方式，导语的关键是提示消息的核心内容，引起读者阅读的兴趣。

（四）主体

主体是消息的中心部分，是导语的具体化。它紧接导语之后，对导语做具体全面的阐述，具体展开事实或进一步突出中心，通过充分、典型的材料交代事实的全过程，写出导语所概括的内容，对消息的事实进行详细报道，深化消息的主题思想。

材料的展开主要有两种方式：一是按逻辑顺序展开，就是按照事物的内在联系或人们认识问题的逻辑顺序，有的由主到次，有的由因到果，有的由此及彼。二是按时间顺序展开，按事实发生、发展、结束的先后顺序来组织材料。这样可以使报道层次清晰、脉络清楚，让读者完整了解事实的始末。但要注意详略得当，突出重点，不要写成流水账。

（五）背景

1. 背景的概念

新闻背景，指事件的历史背景、周围环境及与其他方面的联系等。写新闻有时要交代背景，目的在于帮助读者深刻理解新闻的内容和价值，起到衬托、深化主题的作用，也就是回答五个“W”中的Why（为什么）。

2. 背景的作用

第一个作用，说明新闻事件的起因。

第二个作用，显示或帮助读者理解新闻事件的重要性。

第三个作用，突出新闻稿件的新闻价值。

第四个作用，表明记者的观点。记者是不准在新闻中发表议论的，但是，谁也无法禁止记者通过自己来写的新闻表达自己的立场和看法。纯客观的报道是不存在的。

3. 背景的类型

常见的有三种：对比性的、说明性的、注释性的。有的新闻学则将背景分为四种：人物背景、地理背景、历史背景和事物背景。

（六）结尾

结尾是消息的结束部分。一则好的消息结尾，可以起到画龙点睛、深化主题的作用，能发人深思，加深读者对消息的印象。结尾的写法多种多样：有的对报道的事实进行小结，明确报道的重点；有的写启发激励的话，发出号召；有的预测事件的发展趋势，引起读者进一步的关注。根据内容，有些消息没有必要刻意安插结尾，顺其自然即可。

五、消息的写作要求

消息的写作要求，就是由其主要结构要素构成的写作要件及写作要领。

（1）内容要新鲜，写作要快，讲究时效性。

（2）事实要准确，不能闭门造车，夸大虚空。

（3）要写得通俗、生动、形象，具有可读性。

（4）要对语言进行反复锤炼，讲究逻辑性。消息在语言上，强调文字简洁、准确，表达明白无误，应力避芜杂或含糊其词的语言，努力达到文字的简约化和语言的规范、程式化。

例文

人民网记者探访华灯班　“体验”长安街华灯清洗工作

人民网北京6月20日电（王政淇 王欲然 陈博文）6月19日的天安门广场，鲜艳的国旗迎风飘扬。国网北京电力城市照明管理中心华灯班全体成员着新版工作服亮相天安门广场。随着华灯车平台缓缓升起，2019年“守共产党员初心，担首都掌灯人使命”华灯清洗检修工作正式启动。

本网记者受邀参与华灯清洗体验工作，并在随后的时间里与华灯班工人们一同对长安街253基华灯、6 000多盏光源进行全方位的清洗检修。

据了解，为迎接新中国成立70周年，今年华灯清洗检修工作还增加了华灯灯杆和上装部分粉饰更新、电缆绝缘遥测、灯杆接地保护电阻检测、灯台清洗并喷保护剂、工井清淤、灯台内部接线清洁除尘等项目，做到系统、全面、无死角。

此外，为做好城市照明保障工作，今年年初，华灯班就提前谋划、筹备华灯运行提升工作，积极有序推进包括华灯内部三路电缆应急负荷切换装置设计、研发、制作、试装、试验；端午门小华灯改造、东西筒子河步道灯改造等项目的实施，大大提升天安门地区整体照明的可靠性和处突应急能力，为新中国成立70周年系列活动提供更加优质、可靠的城市照明，营造更加喜庆祥和的氛围。

1959年国庆10周年时，华灯与人民大会堂等“首都十大建筑”同步建成，如今已在天安门广场矗立了整整60载。华灯作为天安门广场上的标志性景观和照明设施，更是国家的名片、盛世的象征。据悉，华灯清洗检修工作会在8月底提前结束。届时，一排排干净整洁璀璨的华灯将喜迎新中国成立70周年。

【例文简析】 这是一则时政新闻，标题采用了单标题；正文导语概述采访内容（何时、何地、何人、何事）；第二、第三、第四自然段叙述了华灯班长安街华灯清洗工作的具体内容；第五自然段对华灯清洗工作的重要性和历史背景进行了交代，并在最后一句点明了新闻采访的主题：华灯喜迎新中国成立70周年。

知识拓展

消息的写作误区

1. 拟好标题

标题是新闻的“眼睛”。如果“眼睛”不明亮，那新闻是很难吸引人的。我们阅读消息时，最先看到的常是新闻的标题，一个好的标题会抓住读者的眼球让他不由自主地被吸引着看下去；而一个索然无味的标题只能让读者一扫而过不想再探究下面的新闻。因此，我们要多在标题拟定上下功夫，按照创新、贴切、准确、精练等原则拟好每一个标题。

在阅读过程中我们还会发现一些标题与新闻事实不符，甚至有误导作用，这是因为一些记者断章取义，希望通过哗众取宠的标题来吸引读者的阅读，这样夸张的标题往往会歪曲事实。因此，我们拟写一个好标题的同时又不能夸大标题的作用。

2. 选好报道角度

一篇好的消息不仅要有可读性，还要有新闻价值，而消息的价值取决于报道采写的角度。

消息应该精益求精，努力增强报道的新闻性、亲民性、创新性，尤其在调整报道方向，拓展大众视角上下功夫，要善于从小的新闻素材中提取最有价值的新闻点。

比如，基层会议和基层领导的活动不是新闻，而会议里出台的重要举措和领导强调的工作导向才是重点，我们在写作时只有避开会议角度将这些新闻要点“拎”出来，稿件才能出彩；又比如出现重大灾难、经济损失、捣毁房屋数量等灾难数量只是事件报道中的一个侧面，而在重大灾难面前，政府的反应、受灾群众的情况、社会各界的行动才是重点，我们在写作中重视这些视角才能体现出重建希望这一正面力量。如果说真实是新闻的生命，那角度就是新闻的灵魂，找准了新闻的角度，也就找到了消息的成功之源。

3. 新闻采写不能以第一人称进行

消息要客观、真实，尽量将新闻六要素叙述全面、准确。写作过程容易犯的一个错误就是在内容中出现“我”来复述新闻事件，如“我看到……”“我觉得……”，新闻内容的叙述不能用第一人称来写。

4. 切忌贪大求全

我们在写作时，总想把单位的各项工作全面地反映出来，写消息时就不得要领地“一，二，三，四”方方面面都想带上一笔，殊不知，那是陷入了另一个消息写作的误区：贪大求全。

第三讲 通 讯

一、通讯的概念

通讯是一种比消息更详细和生动地报道客观事物和典型人物的新闻体裁。它可以用描写、议论、抒情、叙述等多种手法来写人记事。它的作用是评介人物、事件，推广工作经验，介绍地方风貌等。

二、通讯的特点

（一）时代性

通讯要求报道新近发生的有重大意义的新闻事实，如新时代涌现出来的先进人物、典型事件、可贵经验等，紧密配合当前形势和中心工作，充分发挥其为时代“保驾护航”的作用。从这个意义上说，通讯通常是以弘扬主旋律的正面报道为主，进而发挥其为时代发展、社会进步的服务功能。

（二）容量大

较之消息，通讯可以反映更多、更具体的情况，把事件的来龙去脉交代得更详尽。对与新闻事实相关的背景材料、社会场景、人物形象、影响意义等新闻要素在必要的时候也要给予交代。在同题材的新闻事实面前，通讯能够给受众最大容量的信息，这是消息所无法比拟的，这也是通讯的显著特征。

（三）能塑造形象

通讯可以充分调动各种表达方式和文学手法，可以尽情驾驭清新华美、富有文采的语言。在表达方式上，通讯通常采用叙述、描写、抒情、议论相结合的手法，对人、对事进行较为具体形象的描述，以此来感染读者。文学创作中的修辞手段、联想与象征等表现手法都可在不损害新闻事实的前提下恰到好处地运用。

（四）可融入评论

通讯一般采取夹叙夹议的手法，直接揭示事件的思想意义，并评说是非，议论色彩较浓，常常表现出强烈的政治倾向和流露出作者的爱憎感情。为此，在通讯写作时，必须“用事实说话”，在尊重事实的前提下方可亮出创作者的思想倾向和态度观点。事实要清楚，观点要鲜明；叙述要精彩感人，评论要以理服人。

三、通讯的种类

通讯主要有两种分类，一种是按照报道的内容，分为人物通讯、事件通讯、工作通讯、风貌通讯；另一种是按照报道的形式，分为访问记、专访、特写、大特写、新闻小故事、集纳、巡礼、侧记、记者来信等。下面就第一种分类作详细介绍。

（一）人物通讯

人物通讯是以人物为报道的中心，通过对个体或群体人物的行为、经历、事迹的描述性报道，具体形象地反映人物的精神面貌、展示其特定形象的通讯形式。人物通讯是以报道各领域的先进人物为主的通讯，以表现人物为中心，从不同角度反映人物的事迹和思想。有写个人一生的，为人物全面立传；有写一个人的一个或几个侧面的，集中反映人物的某一方面的思想品质。

（二）事件通讯

事件通讯是以现实生活中具有典型意义的新闻事件为主要报道对象，详尽、具体而形象地描述新闻事件的发生、发展和结果，并揭示其影响和意义的通讯形式。事件通讯以记写事件为中心，重点描绘社会生活中带倾向性和典型性的生动事件及具有普遍教育作用的新闻事件。它的特点是以记事为主，交代清楚事件的原委，从而表达某种思想。一般有一个中心事件，其他人物或事件都围绕这一中心事件展开。

（三）工作通讯

工作通讯又称经验通讯，是以某一地区或某一单位的实际工作为主要报道对象，报道先进的、具有推广价值的工作经验、工作成就，或报道实际工作中存在的问题和新出现的课题的通讯形式。它具有较强的针对性、政策性和指导性。工作通讯要以新闻事实为依据，依托事实来叙述，在事实叙述的基础上适当做出评议，进而揭示新闻事实与报道主题的现实意义。

（四）风貌通讯

风貌通讯也叫概貌通讯，它是以介绍某一地域、某一行业、某一单位的基本面貌、风土人情、自然风光、现实生活为主要内容的通讯形式。这类通讯通过点面结合、纵横对比的手法，报道某个地区、某条战线、某个单位、某个方面的风貌变化，来展示时代变化的社会风貌和人们思想境界的精神风貌，点面结合，给人以鸟瞰式的整体印象。按报道形式分，风貌通讯常见的主要有侧记、特写、访问记、巡礼等。

四、通讯的结构和写作方法

通讯要求写作者自始至终把握好通讯的文体结构，主要包括以下几个方面：

（一）标题

通讯的标题从形式上看与消息的标题有所区别，消息的标题有单行式和多行式，而通讯的标题一般跟记叙文的标题比较接近，多数为单行式。有的有副标题，也只是交代报道的对象和新闻的来源。消息的标题要直接揭示新闻事实，而通讯的标题既可以直接揭示新闻事实，也可以曲笔达意。在写法上，通讯的标题可实可虚，可直可曲，可长可短，可庄可谐，作者有更大的创作空间。

（二）开头

通讯的开头多姿多彩，不拘一格，常见的开头形式有以下几种。

1. 直入式

直入式是指开门见山地直接叙述人物、事件，尽快切入，吸引受众。例如《中纪委文件刚下发　景德镇市邮政局仍顶风违纪》的开头：

7 月 8 日，对景德镇市邮政局部分副科级以上干部来说，无异于一个节日，有些人甚至显得迫不及待。据了解，继 6 月 14 日该局组织副科级以上干部赴日本公费旅游之后，上次没有去的副科级以上干部 8 日又将出发。

短短的一句话，交代了新闻事件发生的时间、地点、人物、事件，直接、概括地切入新闻报道的正题中。

2. 描写式

描写式是指从新闻现场的环境氛围或人物形象入手，在交代相关环境或人物事件中展开对主体内容的详尽描述，以给受众一个深刻的印象。

3. 介绍式

介绍式是指在通讯的开头可以介绍新闻事件的缘起、结局或人物的生平、事迹等，使受众从总体上把握事件的思想内容或人物的身份品质，为主体的展开起总领和铺垫的作用。

4. 评议式

评议式是指媒体针对新闻事件或人物本身的价值、意义、影响等做出客观公正的评价，给受众以情绪上的感染和思想上的启迪，并为下文主体新闻事实的叙写定下基调。

5. 引用式

引用式是指通讯的开头可以直接引用诗词典故、名人名言，这样不仅可以装点通讯的艺术形式，而且为主体的叙写营造有力的文化氛围。同时，通讯的开头也可直接引用新闻事件中的人物的语言，包括其口头语言和书面语言，这种语言要经典、简明，富有个性、饱含深意。

（三）主体

主体是通讯的主干部分，是继开头之后，对事件或事实进行报道的核心。从通讯的内容来看，叙述单一事实的，多采用纵式结构；而叙述较为复杂内容的通讯多采用横式结构或纵横结合式结构。

1. 纵式结构

纵式结构即按单纯的时间发展顺序、事物发展的顺序、作者对所报道事物认识发展的顺序、采访过程的先后顺序等来安排层次。在这种结构里，时间发展的顺序、情节展开的顺序、作者认识事物的顺序成为行文的线索。在采用这种结构时，要详略得当，布局巧妙，富有变化，避免平铺直叙。

2. 横式结构

横式结构是指用空间变换或按照事物性质来安排材料。这种结构概括面广，要注意不同空间的变换，恰当地安排通讯所涉及的各方面的问题。采用空间变换的方法组织结构时，要用地点的变化组织段落。按事物性质安排结构时，要围绕主题，并列地写出不同的几个侧面。

3. 纵横结合式

纵横结合式结构是以时间顺序为经，以空间变化为纬，把两者结合起来安排材料。此结构多用于事件复杂面时间跨度大、空间跨度广的通讯，如第 21 届中国新闻奖通讯一等奖作品《坚定沉着战狂澜——以胡锦涛同志为总书记的党中央团结带领全党全国各族人民应对国际金融危机冲击纪实》（新华社 2010 年 1 月 10 日），其主体既有从 2008 年到 2010 年的纵向时间跨度，也有党中央为沉着应对国际融危机而从北京到祖国各地调研、勤政的空间变化，使主体部分能够全景再现以胡锦涛同志为书记的党中央带领全党全国各族人民力挽狂澜、应对危机的不平凡历程，其主体安排方式就是典型的纵横结合式。

主体的结构安排要特别注意材料、情节和细节的问题。

材料是提炼主题、表现主题的基础，要确保有一个正确、深刻、鲜明、新颖的主题，就要求写作者能够从纷繁复杂的新闻事实中抓住最为典型、最为感人的材料。典型，就是要选择那些最能代表现实普遍性、最能体现新闻人物或新闻事件本质特征的材料。感人，就是要选择那些最具人性化、最能感动受众的情感性材料。

情节是新闻通讯中新闻事实的动态的过程，具体包括人物与人物、人物与事件、事件与环境之间的联系、矛盾或冲突等。通讯写作的过程就是用情节展示人物或事件，反映现实生活中的矛盾冲突和斗争，进而揭示出通讯主题思想的过程。所以，情节本身就应该是连贯的叙事整体，它包括开端、发展、高潮、结局。只有这样，才能使新闻事实的表述富有波澜、曲折生动，才能使通讯中的人物或事件在波澜起伏的矛盾冲突中得以再现和强化。

细节是指细腻地描绘人物个性、事件发展、社会环境或自然景物的最小组成单位。它分散在新闻事件的某一现场、新闻人物的某一片段、某一瞬间，在细微之处点化人物、事件、环境的特征，它以小见大，耐人寻味，并给受众留下鲜明的印象。在人物通讯中，必要的细节有助于丰富人物的行为事迹，突出人物在现实生活中的思想品质。事件通讯通过对细节的穿插，不仅有助于把事件写活，而且也有助于通过细节突出事件的意义。

（四）结尾

通讯的结尾通常根据新闻事件本身的需要和报道者写作的风格，灵活采用、别具一格。但总体要求上，通讯的结尾应该是言简意赅的收束之笔、耐人寻味的点睛之笔。

五、通讯的写作要求

（一）选好典型，确立主题

典型是通讯的筋骨，主题是通讯的灵魂。选好典型，确立主题，对通讯来说十分重要。选择什么样的典型呢？要选择那些具有代表性、普遍意义、宣传价值和教育意义的人和事，选择那些在一定时期内人们所关注的问题。确立什么样的主题呢？要确立体现时代精神、表现时代风尚的主题，确立反映人物和事物的本质和规律的主题。

（二）写好人物

写好人物是通讯写作的重要任务。不论是人物通讯还是事件通讯，都要把人物写好。写人离不开写事，因此，写人必写事，写人物自己所做的真实的事，写能揭示人物内心世界的事。写人物还要用人物自己的语言、行为、活动来表现人物，把人物写得有血有肉，有音容笑貌，有内心活动；写事要具体形象，有原委，有情节。

（三）安排好结构

纵式结构，是按时间顺序、事物发展的顺序或作者对报道事物认识发展的顺序来安排结构。在这种结构里，时间发展的顺序、情节展开的顺序、作者认识事物的顺序成为行文的线索。在采用这种结构时，要详略得当，布局巧妙，富有变化，避免平铺直叙。横式结构，是指用空间变换或按照事物性质来安排材料。这种结构概括面广，要注意不同空间的变换，恰当地安排通讯所涉及的各方面的问题。采用空间变换的方法组织结构时，要以地点的变化来组织段落；按事物性质安排结构时，要围绕主题并列地写出不同的几个侧面。纵横结合式结构，是以时间顺序为经、空间变化为纬，把两者结合起来运用的，采用这种形式，要以时空的变化来安排结构。

例文

让濠江莲花绽放更绚丽色彩

——写在澳门回归祖国20周年之际

（一）“小小一朵莲花，背靠着伟大的胸膛，浮沉顺逆分享分担；住在同一个家，牵着彼此并肩开创，互相守望朝着同一方向……”回归祖国20周年之际，澳门500名各界代表参与制作的主题曲《莲成一家》，唱出对这座城市的珍惜与热爱，唱出对伟大祖国的骄傲与自豪。

歌声穿越时光。20年前，一句“请叫儿的乳名，叫我一声‘澳门’”，曾让多少人潸然泪下。1999年12月20日零时，在雄壮的《义勇军进行曲》中，五星红旗和澳门特区区旗冉冉升起，阔别已久的澳门回到祖国的怀抱，这是继香港回归后，祖国统一大业进程中又一个历史丰碑。伴随着新千年的曙光，澳门迎来了一个崭新的纪元。

从空中俯望，澳门半岛宛如一朵莲花，伸展在万顷碧波之上。20年来，濠江流彩，莲花盛开，澳门在传承中成长，在创造中发展。1999年到2019年，澳门经济快速增长、民生持续改善、社会稳定和谐，“一国两制”在这里成功实践，“盛世莲花”向着世界绽放。

“回归祖国20年来，澳门发展日新月异，澳门同胞工作生活越来越好。”习近平主席高度评价澳门“向世界展示了具有澳门特色的‘一国两制’成功实践”。数百年沧桑，二十载巨变。澳门的实践雄辩地证明——“‘一国两制’是完全行得通、办得到、得人心的”！

（二）曾经，澳门是一个等待回家的游子。数百年来，激荡的历史、变幻的命运，在这里留下深深的烙印。有澳门诗人在一首名为《流动岛》的诗中，充满感伤地写道：“流动的水和岛上，无数慌张的眼神，描绘着海浪的泪痕”，写尽了游子命运悬浮不定时的不安。

今天，站在澳门西望洋山上远眺，只见高楼林立、长虹卧波，入夜则流光溢彩、灯火通明。时间是一支如椽巨笔，记录着“像一只棋子跌出棋盘的边缘”的昨天，也刻画下“物换星移幸福从此登岸”的今天。

20年意气风发，日新月异的濠江故事精彩纷呈。难忘回归前夕的愁云密布，澳门连续4年经济负增长，1999年入境游客不足800万人次，失业率达6.4%。20年来，回到祖国怀抱的澳门一改颓势，2018年，澳门本地生产总值已从1999年的519亿澳门元增加至4 447亿澳门元，人均GDP在世界名列前茅，入境总旅客超过3 580万人次。2019年发布的《全球经济自由度指数》报告显示，澳门在全球180个经济体中排名第34位，在亚太地区43个经济体中排名第9位，成为世界上最活跃的微型经济体之一。经济适度多元发展初见成效，博彩、旅游、会展、餐饮、酒店及零售业欣欣向荣，一个生机勃勃的澳门以崭新的姿态屹立在南海之滨。

20 年洗尽铅华，良政善治的澳门实践逐渐成型。澳门的历史，一度刻写在光怪陆离的地名上：苏亚利斯博士大马路、罅些喇提督大马路、嘉乐庇总督大桥……历史上，葡萄牙先后委任了 127 任澳门总督，直到 1997 年，才有一位华人在澳葡政府中担任司级职务。回归以来，澳门依法顺利进行五任行政长官选举和六届立法会选举，至 2018 年底已完成 800 多部法律和行政法规的制定修订。行政机关和立法机关既相互配合又相互制约且重在配合，司法机关独立行使职权。今天的澳门行政主导体制运行顺畅，依法治理能力和水平显著提升，开辟了良好的政治局面。

20 年和谐稳定，安定祥和的民生画卷不断铺展。今天的澳门，洋溢“小城故事多、充满喜和乐”的氛围，但谁能想到在回归之前，这里曾是截然不同的景象？回归之后，特区政府在中央政府支持下打击犯罪，一年时间就让凶杀案件减少了 72%，纵火案件减少了 40%。获得感、幸福感、安全感不仅来自治安改善。一份《澳门这十年》的民生工作总结中，介绍了一个普通澳门人家的“民生礼包”：从幼儿园至高中的 15 年免费教育，看得到“真金白银”的现金分享计划，长者、婴幼儿、中小学生、孕妇纳入免费医疗，青年创业获得免息贷款……居者有其屋、病者有其医、老者有其养、少者有其学，特区政府施政所向让澳门居民所需所盼成为现实。

“澳门是‘一国两制’制度卓有成效的榜样”“世界看到的是基本法保障下澳门居民享有的繁荣和稳定”……这些来自外国观察家的判断，印证着“一国两制”在澳门的巨大成功。回归 20 年，是澳门历史上发展最快最好的时期。也曾经历挑战，也曾面对风雨，但以祖国为坚强后盾，澳门在向阳而生中穿越风雨，在艰辛成长中加冠而立，30 多平方千米土地上发生着数百年来最辉煌的巨变，波光潋滟的“濠镜”焕发出前所未有的光彩。

（三）2012 年，澳门推广 19 条“漫步澳门街”路线，其中一条是“情系澳门基本法”，将金莲花广场、澳门基本法纪念馆、澳门回归纪念亭、澳门特区政府总部、市政署大楼等连在一起。漫步于此，人们真切地感受到，在“一国两制”铺设的轨道上，澳门保持了长期的繁荣稳定。

伟大祖国始终是澳门的坚强后盾，祖国日益昌盛为澳门繁荣发展不断注入新的活力。从 1962 年起，除了大年初一之外，内地每天向港澳开出三趟供应鲜活冷冻商品的特快列车，被港澳同胞称为“生命线”。回归后，澳门和内地之间的“生命线”更加紧密。从 2003 年的《内地与澳门关于建立更紧密经贸关系的安排》，推动内地和澳门货物贸易、服务贸易、贸易投资便利化，到 2008 年的《珠江三角洲地区改革发展规划纲要（2008—2020 年）》，把澳门写进国家级规划纲要；从 2015 年签署《〈内地与澳门关于建立更紧密经贸关系的安排〉服务贸易协议》，到 2019 年 2 月中共中央、国务院印发《粤港澳大湾区发展规划纲要》……自近至远、自浅至深、自点至面、自临时性协议至制度性安排，在中央政府和祖国内地的有力托举下，澳门步履坚实、前景广阔。“国家好，澳门就好”，这句话已成为澳门社会的流行语。

20 年来，中央政府坚定不移贯彻“一国两制”、“澳人治澳”、高度自治的方针，始终把保持澳门长期繁荣稳定作为处理涉澳事务的出发点和落脚点，全力支持特别行政区行政长官和特区政府依法施政，全力支持特别行政区发展经济、改善民生、推进民主。从居民在各项选举中充分行使政治权利，到以行政主导为特征的政治制度顺利运作，从保持财政和税收独立、实行单独的货币金融制度，到充分行使立法权及独立的司法权、终审权，67.6万多澳门市民积极参与各项事务，澳门逐渐形成了各阶层均衡参与的政治格局，开辟了广阔的发展空间。事实充分证明：掌握了自己命运的澳门同胞完全能够在“一国两制”、“澳人治澳”、高度自治方针指引下，团结一心，自强不息，建设好自己的家园。

在总结“一国两制”的经验时，有一个生动的说法，叫作“守本用利”：坚守“一国”之本、善用“两制”之利。可以说，没有“一国两制”，就没有澳门的巨变。习近平主席指出，只要路子对、政策好、身段灵、人心齐，桌子上也可以唱大戏。“一国两制”，是澳门繁荣稳定的根本，是澳门发展的最大优势，也是澳门走向未来的关键。

（四）1949年10月1日，新中国成立的消息传到澳门，濠江中学校长杜岚女士顶着重重压力，在校舍二楼阳台上竖起了一根六米多高的旗杆，升起一面自制的五星红旗。今天，在澳门大中小学的校园里，都能看到飘扬的五星红旗，诉说着不变的家国之情、爱国之心。

“‘一国’是根，根深才能叶茂；‘一国’是本，本固才能枝荣。”“一国”与“两制”的关系、中央与澳门特别行政区的关系，是澳门基本法的核心内容和贯穿全篇的主线。回归20年来，澳门特别行政区全面准确理解和贯彻“一国两制”方针，正确认识并妥善处理“一国”与“两制”的关系，使中央的权力与特别行政区的高度自治权在“一国两制”架构内有机结合、有效运行。能够做到这一点，其中一个特别重要的原因，就是澳门同胞始终坚持爱国爱澳的核心价值观，有很强的国家观念、宪法观念，国家认同在澳门社会拥有广泛、深厚的社会基础。犹记20年前回归祖国那一天，3万多澳门同胞自发到关口夹道欢迎，多少人眼眶浸润、心潮澎湃；犹记2008年四川汶川发生特大地震，澳门同胞共捐助善款达60亿澳门元，人均达1万澳门元；犹记2017年台风“天鸽”正面来袭，人民子弟兵手抬肩扛、协助抢险救灾，澳门市民自发送水送饭，一位小学生因此感悟“真正懂得了祖国母亲的含义”……与祖国内地同呼吸、共命运、携手发展，这正是“一国两制”和基本法在澳门实践取得极大成功的底气与支撑。实践充分证明，只有在全社会形成广泛的国家认同，才能全面准确地实施基本法。

“澳门好，祖国好；祖国好，澳门会更好。”维护国家主权、安全、发展利益，保持澳门长期繁荣稳定，是“一国两制”和澳门基本法的根本宗旨。这两者辩证统一，既能够同时兼顾、并行不悖，又能够相互促进、相得益彰，在任何时候都不应偏废。早在2009年，澳门特别行政区就制定《维护国家安全法》，率先履行基本法第二十三条规定的宪制责任；2016年11月全国人大常委会对香港基本法第一百零四条做出解释后，澳门特别行政区未雨绸缪，主动修订立法会选举制度，增加“防独”条款；2018年颁布《澳门特别行政区维护国家安全委员会》行政法规，设立由行政长官任主席的特别行政区维护国家安全委员会；2019年1月顺利完成对本地立法《国旗、国徽及国歌的使用及保护》的修改，切实维护国家象征和标志的尊严……正如习近平主席指出的，澳门“在贯彻落实‘一国两制’方针和基本法、维护国家安全和统一方面树立了榜样”。20 年来，澳门特别行政区凭借营商环境好、市场发育程度高等方面的优势，成为国家双向开放、国际人文交流的重要桥头堡，为国家改革开放和现代化建设事业做出了重要贡献，真正实现了与祖国内地相互促进、共同发展。实践充分证明，只有切实维护国家主权、安全、发展利益，才能保持澳门的长期繁荣稳定。

“大桥上飞驰着的，是希望”。去年 10 月 24 日，跨越伶仃洋的港珠澳大桥正式通车运营，许多澳门市民怀着激动和自豪的心情，驾车参观这座世界上最长的跨海大桥。这是一座圆梦桥、同心桥、自信桥、复兴桥。香港、澳门回归祖国后，香港特别行政区、澳门特别行政区被纳入国家统一的治理体系，成为整个国家治理体系的重要组成部分。为此，国家在“十二五”“十三五”规划中专章阐释支持香港、澳门发展的重大举措，党的十九大报告又提出支持香港、澳门融入国家发展大局，以粤港澳大湾区建设、粤港澳合作、泛珠三角区域合作为重点，同内地优势互补、协同发展，全面推进内地同香港、澳门的互利合作，制定完善便利香港、澳门居民在内地发展的政策措施。澳门特别行政区充分认识到融入国家发展大局的现实需要和战略意义，高度重视和全面谋划澳门在国家发展整体布局中的地位和作用，充分发挥“一国之利、两制之便”的制度优越性，将“一国两制”的制度优势转化为实际的治理效能。实践充分证明，只有将澳门特别行政区纳入国家治理体系、融入国家发展大局，才能使澳门走向新的美好未来。

（五）从澳门半岛经西湾大桥往氹仔行驶，道路两侧呈现不同景象：东边，豪华酒店鳞次栉比；西边，建筑工地热火朝天。澳门同胞会指着西边自豪地说：“那是澳门未来的希望所在。”

这片被寄托厚望的土地，就是与澳门一河之隔的珠海横琴新区，面积是澳门的三倍。从澳门大学落户到 2 000 多家澳资企业注册，从两地轨道交通在口岸无缝对接到彻底打通横琴与澳门合作的通道，这里已经成为澳门产业多元化发展的近水楼台，担当起“一国两制”创新实践的活跃平台，让“发展天花板”的担忧无影无踪，让“摆布不开”的疑虑烟消云散。经过 20 年快速发展，澳门站在了新的历史起点上。

伶仃洋畔，更广阔的空间在这里打开。今天，在世界夜景的卫星图上，从广州到深圳再到香港、澳门，是灯光最璀璨的区域之一。粤港澳大湾区的画卷正在展开，成为国家区域发展战略中的重要一极，澳门在其中的位置举足轻重。凭海临风，交通万国，作为历史上海上丝绸之路的重要节点，澳门也必将在 21 世纪海上丝绸之路建设中大有可为，通过文化、贸易、投资、金融等领域的全面发展，奏响一首新时代的濠江之歌。

南海之滨，更难得的机遇在这里出现。在澳门，哪吒庙与大三巴比邻、妈祖庙与娱乐场共存，传统与现代、热闹与宁静，交织出澳门的五光十色，也塑造了澳门的独特风情。回归以来，“澳门历史城区”被列入世界文化遗产名录，澳门获评“创意城市美食之都”。2016 年，澳门回归之后首次编制中长期发展规划，与国家“十三五”规划实现“无缝对接”。世界旅游休闲中心、中国与葡语国家商贸合作服务平台、以中华文化为主流多元文化共存的交流合作基地建设……面向未来，新时代新澳门新发展的集结号已经吹响。

回归 20 年来，澳门向世界展示了具有澳门特色的“一国两制”成功实践。有海外媒体如此评价，“中国政府实行的‘一国两制’政策已成为一种稳定的象征”。澳门融入国家发展大局，是“一国两制”的应有之义，也是澳门在新时代探索发展新路向、开拓发展新空间、增添发展新动力的客观要求。习近平主席强调，在新时代国家改革开放进程中，香港、澳门仍然具有特殊地位和独特优势，仍然可以发挥不可替代的作用。

“有信，有心，有信心”。在讲述回归20年来澳门普通民众生活变迁的电视剧《澳门人家》中，百年招牌梁记饼店的这一店训令人深思。历经台风灾害、家庭变故、“非典”疫情，最后在祖国支持下再次迎来春天的澳门老店故事，是澳门同胞“有信心”的真实写照。对澳门来说，“一国两制”是最大的优势，国家改革开放是最大的舞台，共建“一带一路”、粤港澳大湾区建设等是新的重大机遇。坚持“一国两制”不会变、不动摇，确保“一国两制”实践不走样、不变形，始终沿着正确方向前进，进一步实施好澳门基本法，治理好、发展好澳门特别行政区，推动“一国两制”在澳门取得更大的成功，澳门同胞必将在融入国家发展大局中实现自身更好发展，共同谱写中华民族伟大复兴的时代篇章。

（六）“实现国家统一是民族的愿望，一百年不统一，一千年也要统一的。怎么解决这个问题，我看只有实行‘一个国家，两种制度’。”当此澳门回归20周年之际，重温邓小平同志的这番话，更感中国共产党人的历史担当、战略胸怀和制度自信。

古往今来，领土回归、国家统一，通常都伴随兵戎相见。但是，在“一国两制”的制度框架内，中英、中葡历经多轮谈判，分别签署中英联合声明、中葡联合声明，香港、澳门顺利回归祖国，不仅洗刷了中华民族的百年屈辱，也开启了港澳繁荣发展的崭新纪元。作为中国共产党领导中国人民实现祖国和平统一的一项重要制度，“一国两制”凝结了海纳百川、有容乃大的中国智慧，是中国特色社会主义的一个伟大创举，是中国为国际社会解决类似问题提供的一个新思路新方案，是中华民族为世界和平与发展做出的新贡献。

“恩德相结者，谓之知己；腹心相照者，谓之知心。”香港、澳门回归祖国以来，“一国两制”实践取得举世公认的成功，不仅让西方一些人的悲观预测纷纷落空，也充分显示出“一国两制”的强大生命力，充分证明了“一国两制”是符合国家和民族根本利益，符合香港、澳门整体和长远利益的最佳制度安排。正因如此，党的十九大将“坚持‘一国两制’和推进祖国统一”确定为新时代坚持和发展中国特色社会主义的基本方略之一；党的十九届四中全会将“坚持‘一国两制’，保持香港、澳门长期繁荣稳定，促进祖国和平统一”总结概括为我国国家制度和国家治理体系的显著优势之一。

作为一项前无古人的开创性事业，作为现代国家治理史上的伟大创新，“一国两制”在实践中难免会遇到风险挑战。在统一的国家之内，国家主体实行社会主义制度，个别地区依法实行资本主义制度，这在过往的人类政治实践中还从未有过。全面准确贯彻“一国两制”方针，在实践中不断完善“一国两制”制度体系，不仅符合政治制度发展的一般规律，而且也必将不断丰富“一国两制”的时代内涵。无论遇到什么样的困难、风险和挑战，都不会动摇我们坚定不移走“一国两制”成功道路的信心和决心，都不会阻止我们迎难而上、继续前进的坚定步伐。

前人用超凡的勇气探索和突破，后人要以坚定的信念实践和发展。回归20年来，具有澳门特色的“一国两制”成功实践深刻启示：要牢牢把握“一国两制”的核心要义，旗帜鲜明捍卫国家主权、安全和发展利益，在处理“一国”与“两制”的关系时，必须坚持“一国”是实行“两制”的前提和基础，“两制”从属和派生于“一国”并统一于“一国”；维护国家主权、安全、发展利益是保持香港、澳门长期繁荣稳定的前提和基础，保持香港、澳门长期繁荣稳定就能够更好地服务国家发展大局，更好地维护国家的主权、安全、发展利益；贯彻落实“一国两制”方针，通过宪法和基本法确立特别行政区制度，其目的一方面是为了实现香港、澳门顺利回归祖国，另一方面是为了在回归之后长期治理好香港、澳门这两个特别行政区，服务于国家发展大局。当前，中国特色社会主义已经进入新时代，“一国两制”实践也已经积累足够多的经验、拥有足够强的信心、凝聚足够大的力量、具备足够多的手段，能够确保“一国两制”事业行稳致远。

近代以来，中国经历了长达百余年的国破山河碎、同胞遭蹂躏的悲惨历史，所有中华儿女对此刻骨铭心。完成祖国统一，维护国家主权和领土完整，进而实现中华民族伟大复兴，已经深深熔铸进了中华民族的历史意识，成为全体中国人民坚如磐石的共同追求。从这个角度来看，不断丰富和发展“一国两制”实践，是新时代坚持和发展中国特色社会主义的重要内容，是推进国家治理体系和治理能力现代化的必然要求，也是实现中华民族伟大复兴中国梦的重要组成部分。

历史和现实已经证明，中国人完全有能力、有智慧解决好自己的问题，并共同为世界与地区和平稳定、发展繁荣做出更大贡献。我们对中华民族的伟大复兴充满自信，我们对“一国两制”事业同样充满自信。

（七）1999—2019年，弹指一挥间，20年倏然而过。

西山望洋、双湖塔影、福隆新貌、桥牵三地……今年3月，由澳门中华文化交流协会主办的“澳门新八景”评选出炉，取代了上世纪90年代选出的“旧八景”。11月底，澳门邮电局发行了8枚《澳门新八景》通用邮票，方寸之间，尽展澳门全新气象。

小小濠镜澳，长成大都市。对于澳门，20年不仅意味着时间重启、由小向强，书写下沧海桑田的变迁，更映照着与祖国母亲的联结日趋紧密，成就了“一国两制”成功实践的范本。

“记取归来时候，海棠风里相迎”。澳门回归时，中央人民政府赠送给澳门一座“盛世莲花”。自此，这座大型铸铜贴金雕塑静立在金莲花广场，见证澳门向前奔跑的每一个身姿。楼宇林立，大桥飞架，轻轨开通……20年濠江奔流，20载岁月为证，五星红旗与澳门特区区旗始终在金莲花广场高高飘扬。

今天的澳门，已抖落历史的尘埃；古老的民族，也已踏上复兴的新征程。历史不能选择，现在可以把握，未来可以开创。前进道路不可能一帆风顺，但有“一国两制”坚强保障，有中华儿女共同奋斗，这块“莲花宝地”必将迎来更加美好的明天，澳门同胞必将与伟大祖国一道，共享中华民族伟大复兴的荣光。

【例文简析】这是发表在《人民日报》上的一则事件通讯，采用纵横结合的写作方式，以澳门回归20年为主线，阐述了澳门的沧桑历史和澳门回归后的巨大变化，反映了澳门回归后的繁荣昌盛。

/ 知识拓展 /

通讯与消息的区别

通讯与消息都是新闻的主要文体，它们的共同点是都要求具有严格的真实性和及时性。不同之处在于：

(1) 消息比通讯的时效性更强；而通讯的内容是在深入采访加工而成的，比消息更具体、更生动。

(2) 消息侧重写事，叙述简明扼要；通讯是消息的延伸，其材料比消息丰富、全面，其容量比消息厚实、充足。

(3) 消息有固定的结构形式；通讯一般没有引题，通讯的结构与一般记叙文章相同，基本上按时间、逻辑安排结构。

第四讲　广播稿

一、广播稿的概念

广播稿就是为了广播需要而准备的文稿。

二、广播稿的特点

(1) 传播速度快。广播利用电波传递声音，迅速无比。

(2) 传播范围广。广播不受地域限制。

(3) 听觉优先。广播关键的能量通道是作用于人类的听觉。

(4) 简短性。很多新闻报道在广播中仅占30～45秒，3分钟的单条新闻广播已经是长报道了。

三、广播稿的种类

广播和报纸有很多相同的地方，报刊上经常采用的新闻体裁也大量地运用于广播。一般来说，广播稿的种类有：录音讲话（包括录音座谈会）、录音报道（包括文字解说、音响和配乐、人物谈话）、录音新闻、口头报道、录音通讯、录音特写、录音访问、配乐广播、广播对话、广播评论、广播大会、重大集会的实况广播、重要文艺体育表演活动的实况转播。

四、广播稿的结构和写作方法

广播稿一般由开头、主体和结尾组成。

（一）开头

开头部分要一下子吸引住听众。像报纸的消息、通讯的导语一样，广播稿的导语要简要地写明所要报道的最重要的事实，点明主题能马上抓住听众的注意力和兴趣点。

（二）主体

主体部分要阐述充分、详略得当。广播稿的主体部分要紧紧围绕导语立起的主题，充分运用典型材料和事例进行阐述，脉络清楚，该详写则详写，该略写则略写。

（三）结尾

结尾部分要有味道并不落俗套，其方法有总结式、评论式、提示式、号召式等，可根据具体情况使用。无论用哪种方式，结尾都应该使听众进一步思索，加深听众印象。

五、广播稿的写作要求

（一）通俗、口语化

广播是用耳朵听，要求语言明白易懂、口语化，口语化要求写“话”而不是写“文”。

（1）多用短句，少用或不用长句。

（2）少用方言、土语，尽量不用听众不熟悉的简化词或简称。

（3）少用书面词语、文言词语和单音词。把单音词改成双音词；书面语改成口头语；文言词改用白话；音同字不同的词要改换。

（4）不宜用小括号、破折号、省略号，因为其中的内容不便读出来；那些表示否定含义的引号也尽量不用，改用“所谓的”。

（二）结构简洁明了

广播稿由于受到时间的限制，要注意干脆利落。

（1）突出句子的主干，不滥用不必要的附加成分。

（2）用准确的词贴切地表达要说的意思，不说空话、套话。

（3）不用倒装句，不用倒叙和插叙。广播稿的叙事，一般按事物的发展顺序，因为这样顺乎听众的思路和习惯。

（三）生动活泼

（1）要采用多种写作方法，避免单调乏味。

（2）句式要富于变化，运用设问、排比、对偶等句式，使文章有文采；适当选择主动句、被动句、肯定句、否定句等句式使文章有感染力。

（3）具体的事例比抽象的议论更能吸引听众的注意力。

(四)主题单一集中

广播稿最好是一事一报，单一主题。内容纷繁的报道，听众很难记住。

(五)音调和谐

广播稿要避免连续出现仄声字，平仄声要互相交错、配合得当，这样读起来才会抑扬顿挫，悦耳动听。

例文

青春励志广播稿

听众朋友们：

大家好，今天我们谈话的主题是励志。

我有一个比喻，每一条河流都有自己不同的生命曲线，每一条河流都有自己的梦想，那就是奔向大海。当我们遇到困难的时候，不管是冲过去还是绕过去，只要我们能过去就行。我希望大家能使自己的生命向梦想流过去，像长江黄河一样，能流到自己梦想的尽头，进入宽阔的海洋，使自己的事业也变得开阔，但是并不是说你想流就能流动过去的，其实这里面要具备一种精神，这就是水的精神。我们的生命有的时候会是泥沙，尽管你也跟着水一直往前流，但是由于你个性的缺陷，面对困难的腿部或者说胆怯，你可能慢慢就会像泥沙一样，沉淀下去了。一旦你沉淀下去了，也许你不用再为了前进而努力了，但是你却永远见不到阳光了，上面的泥沙会不断地把你压住，最后你会暗无天日，所以我会建议大家，不管你现在的生命是怎么样的，一定要有水的精神，哪怕被污染了也能洗净自己，像水一样不断继续自己的力量，不断冲破障碍。当你发现时机不到的时候，把自己的厚度积累起来，当有一天时机来临的时候，你就能够奔腾入海成就自己的生命。

校园运动会加油广播稿

(一)

前路并非漫漫，终点并不遥远。你们钢铁般的意志，坚韧不拔的毅力，将在这赛场上留下你们卓越的身姿。看，鲜艳的旗帜，在向你舞动；终点的胜利，在向你招手。你是离弦飞出的利箭，你是脱缰驰骋的骏马，你是风，你是光，你是不可超越的强者。往前迈一步，再迈一步，胜利的曙光已近在咫尺；坚持一下，再坚持一下，胜利就紧握在你的手中。

(二)

广阔的绿茵场，是为你们搭建的舞台。张扬吧，年轻的心，我们将为你永远喝彩！泰戈尔在诗中说，天空没有翅膀的影子，但我已飞过；艾青对朋友说，也许有人到达不了彼岸，但我们共同拥有大海。也许你们没有显赫的成绩，但运动场上留下了你们的足迹。也许你们没有奖品，但我们心中留下了你们拼搏的身影。所有的努力都是为了迎接这一刹那，所有的拼搏都是为了这一声令下。

（三）

温暖的阳光洒在赛场上，男子乙组标枪的比赛即将开始。赛场上，一道道优美的弧线将轻盈地划过天空。健儿们用手中的标枪向距离的权限发起一轮又一轮的挑战。标枪在空中轻盈的姿态，是健儿们强健的力量和熟练的技巧的结合。谁能在这场激烈的竞争中获胜？让我们拭目以待，让我们为他们呐喊、助威吧！只有将力量与技巧合二为一的人，才能获得胜利的桂冠！

（四）

在今天的赛场上，我只是个场边的看客。我用眼睛见证了赛场上的是非成败，用心灵感受了运动员的喜怒哀乐。他坚持跑完全程，我学到了坚持的可贵，他摔倒了再站起来，我学会了不怕失败的勇气。场上每一个点滴，都如此震撼我的心灵。在今天的赛场上，我只是个场边的看客，但我学到了很多。

【例文简析】以上两篇广播稿都能够紧扣主题，抓住典型事例，突出重点事实，通过富有感染力、合乎人们语言习惯的用词去渲染和烘托氛围，打动听众，影响听众的情绪。

知识拓展

怎样写好广播稿

（1）广播稿要写好标题。

好的标题是成功的一半，如果一篇广播稿能有一个好的标题，那么就会给人以好的印象。广播稿的标题应尽量反映整个报道的主题，让人听了题目就能明白整个报道的大概内容了。

（2）广播稿要有一个明确的主题思想。

一个活动或会议等的开展都有其目的和意义的，这应该在广播稿中体现出来。而有的同学却像记流水账一样把事情完整记下来就算完了，那是没有意义的，一篇好的广播稿就应该有一个明确的主题思想。

（3）广播稿要详略得当。

广播稿应该报道的是已经发生或是正在进行的事实，如果不是重大活动或会议等，就没有必要报道其计划、筹备工作。

（4）注意人称的使用。

广播稿应该以第三人称来写，最好不要以第一人称来写。

（5）避免犯一些简单的语法错误。

（6）一事一稿。

一篇广播稿报道一件完整的事情就可以了，不要把几件事情放在同一篇广播稿里报道，从而使其杂乱无章。一篇一报可以使内容更集中化。

（7）广播稿应该统一使用格子信笺或是使用打印稿。

知识巩固练习

一、填空题

1. 传播文书是指为配合一定时期、一定主题的中心工作和任务，借助于一定的媒体向社会公众介绍某些________、________、或________以实现让人知晓的目的的一类文书。它包括________、________、________等。

2. 消息，亦称________，它是以简明的文字迅速报道________（或即将）发生具有________的新闻体裁。

3. 消息的写作结构一般由________、________、导语、________和结尾组成。

4. 通讯按内容可分为________、________、工作通讯、风貌通讯。

5. 广播稿要传播速度快、传播范围广、________、________。

二、简答题

1. 什么是新闻背景？新闻背景有哪几种？它有什么作用？

2. 消息的基本结构要素有哪些？

3. 什么是通讯？通讯的写作要求有哪些？

4. 通讯与消息的区别是什么？

三、能力训练

1. 从最近的报纸中选取几个标题，试着分析标题采用了哪种形式。

2. 请点评下面这篇消息所存在的问题：

“爱生活，爱汉字，大家都来写汉字”活动圆满成功

为响应学院号召，学院第二届规范汉字听写大赛即将举行，为了宣传本次比赛活动我院基础部和书画协会特此举办此次“爱生活，爱汉字，大家都来写汉字”活动。同时丰富校园文化生活，给广大同学们提供一个展现自我的平台，提供一个锻炼自己的机会，提高学生的审美能力和审美情趣，体验书法艺术的教育，使学生发现美、认识美、感受美。展现大学生的艺术风采和积极向上的精神风貌。

本次活动由学院基础部李柳老师布置了“爱生活，爱汉字，大家都来写汉字”活动的要求，并安排大家以小组为单位收集资料，充分准备。之后，组员们积极参与，根据学校的校训校风“立德弘商，兴贸致远”中的“商”来开展宣传活动，大家都来写一个“商”字。活动当天有的在写，有的在画，有的进行书法展示，以达到精益求精的效果。整个过程中，同学们对汉字文化产生了浓厚的兴趣，汉字书写、书法作品等让同学们大开眼界，在惊叹我们的文化博大精深、历史源远流长的同时，更加深刻了解了中国传统文化。

“爱生活，爱汉字，大家都来写汉字”活动，不仅锻炼了同学们的书写能力，让他们懂得了团体合作的重要性，而且领略了中国书法的艺术美，提高了学生对汉字及书法的兴趣。

项目八　学习实践文书

知识导入

创新是人类特有的认识能力和实践能力，是人类主观能动性的高级表现，是推动民族进步和社会发展的不竭动力。高职学生在实践岗位上如果能够发挥主观能动性，在岗位工作上创新，必将会在自己的行业和领域中发挥重要的作用。

知识目标

1. 了解顶岗实习报告、大学生创业计划书的文种知识及特点。
2. 掌握顶岗实习报告、大学生创业计划书这两种文种的写作技巧和要求。
3. 阅读例文、模拟写作，能写出符合规范的顶岗实习报告、大学生创业计划书。

第一讲　学习实践文书概述

一、学习实践文书的概念

学习实践文书是各级各类高等院校检查学生在校学习期间的学习成绩，检验教学效果，培养学生运用所学知识提高分析、解决问题能力的应用文种。这类文书，对于学生来说，既是在校学习期间总结和巩固学习成绩、培养科研能力的重要途径，也是总结实践成果、提升个人科研能力的重要工具。

二、学习实践文书的种类

实用的学习实践文书主要有学习日志、实习报告、实验报告、社会实践调研报告、毕业论文、申论、创业计划书等。

三、学习实践文书的特点

（一）明确的实用性

学习实践文书行文的主要目的是考察学生的学习和实践情况，可使学生根据自身情况查漏补缺，所以具有实用性。

（二）严格的时效性

学习实践文书行文的目的是考查学生某一方面的学习成果，所以具有时间要求。

（三）内容的真实性

学习实践文书行文必须真实可信，不得使用造假的材料，也不得有任何的弄虚作假行为，如隐瞒真相、夸大事实等。

（四）体式的规范性

体式的规范性是指学习实践文书的写作必须遵循有关形式、规格的要求，形式和规格要按照统一的编排标准。

（五）语言的平实性

平实性指的是要用通俗易懂的语言表述科学道理，不仅要做到文从字顺，而且要准确、鲜明、和谐、生动，不仅要使有关专家、学者看了能懂，也要尽量使具备一定科学文化知识的普通人能够读懂。

第二讲　顶岗实习报告

一、顶岗实习报告的概念

顶岗实习报告是高职院校学生对顶岗实习情况所作的翔实记录的全面总结，是学生顶岗实习过程、体会、收获的全面反映，是表述其实习成果、代表其专业综合水平的重要资料。它主要由实习周记和实习报告两大部分组成。

二、顶岗实习报告的特点

（一）实践性

顶岗实习报告取材于实习活动过程。实习活动是学生将所学的专业理论知识运用于实践，在实践中结合理论并加深对其认识的过程，因此在写作中要突出其实践性，以翔实的实习业务素材为依据进行写作。

（二）真实性

真实性是顶岗实习报告的重要特点。顶岗实习报告写作必须树立实事求是的态度，如实反映实习真相，用确凿的事实分析基本理论知识，验证和丰富课堂所学理论知识，陈述和总结自己的体会。切忌出现虚构、编造、想象、夸张和自相矛盾的语句。

（三）独创性

顶岗实习报告虽然不像毕业论文那样要求提出明确的理论观点，但要有鲜明的主题，能在归纳总结的基础上提出独特的见解，揭示专业工作规律，反映事物的发展规律。

三、顶岗实习报告的结构和写作方法

顶岗实习报告的结构一般由标题、目录、正文、致谢、参考文献几部分组成。

（一）标题

题目应当简短、明确、有概括性，符合顶岗实习报告任务的要求，应能体现报告的核心内容和专业特点。

（二）目录

目录是顶岗实习报告各组成部分所处页码的具体显现。目的使实习报告的层次更分明，方便指导老师、读者阅读。目录一般单独设页。

（三）正文

顶岗实习报告的正文主要由前言、主体两部分组成。一般在 3 000～6 000 字为宜。

1. 前言

主要以实习时间、地点和任务为引子，把顶岗实习的感受、结果用精练的语言概括出来以引出报告的内容。

2. 主体

顶岗实习报告的主体是学生实习成果的展示和表述，是整个顶岗实习过程的再现，必须以实习单位及实践岗位为背景进行剖析，应当注意层次分明，语言流畅，结构严谨，符合专业要求；用语、表格、插图应规范准确，符合统一标准，引用他人资料要有标注。

主要内容包括：

（1）实习目的。应涵盖的内容是实习在整个大学生涯中的地位和作用、实习与就业岗位的关系如何、应以怎样的态度去面对和进行实习等。

（2）实习单位概况。应包括实习单位的地理位置、规模、产品概况、管理概况、人才需求情况、目前行业发展地位、与专业相关的岗位、设施设备、实习岗位及技能要求等情况的介绍。可绘出单位组织结构图及生产流程图。

（3）实习内容及过程。这是重点部分，主要描述对岗位的认识和工作过程、实习期间工作任务、任务完成情况等。具体可包括：

● 介绍实习过程中做了些什么事，即个人完成的主要工作任务和取得的主要成绩。

● 实习过程中发现了什么问题、有什么建议、准备采用什么方法和措施给予解决，即着重结合所学专业技术知识提出解决实际问题的方案。

● 实习收获与体会。主要包括在实习中发现的问题、解决问题的办法、实习期间的收获、对未来工作的期望等。特别是对自己所学的专业技术知识与岗位实践内容差距的认识和思考，找出自己的差距和不足，以及今后学习、工作努力的方向。

（四）致谢

以简洁的字句对实习单位提供实习实训指导、帮助的老师、师傅、同事及相关人员表示谢意。

（五）参考文献

（1）参考文献按先后顺序用阿拉伯数字连续编号，符号置于方括号内。一种文献在同一文中被反复引用者，用同一序号表示。

（2）参考文献的著录项目要齐全，注明序号、作者、题目、刊名、出版年份、卷号（期号），起止页码。

（3）参考文献的类型以单字母方式标识：M—专著，C—论文集，N—报纸文章，J—期刊文章，R—研究报告，S—标准，P—专利，其他未说明的文献类型采用字母“Z”标识。

四、顶岗实习报告写作要求

（1）顶岗实习报告必须资料翔实、内容简明扼要、层次清楚，能反映实习情况、体会和感受。

（2）顶岗实习报告要紧扣专业工作内容，有独特见解，重点突出、条理清晰。

例文

顶岗实习报告

目　录

前言

实习是为了让我们毕业后能更好地适应社会和工作岗位，现在正在进行的这段实习时间可以说是我大学三年来最辛苦也是最充实的一段时间。辛苦是因为刚踏上工作岗位，有很多方面不能很快适应；而充实则是在这段时间里，我学到在校园无法学到的知识和技能，提高了自己各方面的素质，同时实习也给了我一定的工作经验，为将来谋求一份好职业打下了基础。现在为期六个月的实习结束了，我在这六个月的实习中受益匪浅，现在对这六个月的实习做一个总结。

一、实习概况

（一）实习目的

通过理论与实际的结合、个人与社会的沟通，将在校所学专业知识转化为实际工作能力，提高实践能力及待人处世技巧、团队协作精神等职业素养，为毕业后的就业打下基础。

（二）实习时间

2019 年 7 月 1 日—2019 年 12 月 30 日

（三）实习地点

××事务所有限公司，位于××市××路××号。

（四）实习岗位

本次实习，我主要从事代理记账的相关工作。

二、实习单位概况

××事务所有限公司（以下简称事务所），位于××市××路××号。成立于 2011 年 4 月 19 日，公司秉承“全心全意做到最好”的企业文化，是一所为中小企业提供注册、工商变更、记账、报税、年审一站式服务的专业代理机构。在代理记账的过程中，也会涉及与银行、工商局之间的业务往来以及国、地税的申报纳税。成立至今，事务所在执业活动中从未涉及任何诉讼或行政处罚。

三、实习内容

（一）常用办公设备的使用

如同所有的实习生一样，我刚进入公司时，首先学的也是“打杂”工作。每天上班，除了基本的工作任务之外，还要帮同事打印、复印资料，因此，一些常用办公设备的使用也就成了我学习的重要内容。经过三个月的不断实践操作，打印机、复印机、传真机、扫描仪和碎纸机等办公设备的使用方法我已基本掌握。

（二）装订记账凭证

通过金蝶财务软件将记账凭证、科目汇总表打印好，随后装订凭证，这是我进入公司头两个星期最主要的工作。看似容易的工作，却和在课堂上所学有所区别，并没有想象中那么简单。现实中，不同企业的费用、单据有大有小，参差不齐，有的排序杂乱无章，甚至会出现单据不齐全、单据破损等现象，这也给凭证的装订增加了不少难度。

（三）申请、购领发票

每一个企业都需要开具发票，无论是防伪税控增值税专用发票、增值税普通发票，还是其他行业的普通发票，这些都是必须经过税局统一管理的，由此发票的申请、购领工作，也是我实习期间必学的内容之一。通过实践，我发现原来在××市，根据各企业所属区域、行业的不同，归属于不同的税局管理，但发票的申请、购领工作要求基本一样。以增值税专用发票为例，当企业是首次申请购领时，则要提供税务登记证、开户许可证、银行印鉴卡、法人身份证、经办人身份证、发票专用章、合同等资料，缺一不可，税局则会根据合同所涉及的金额设定开票限额，并准予购领发票。若企业不是首次购领发票，则要提供发票购领簿、营业执照副本、购票人身份证原件等资料，先在税局前台核销验旧，才能购领新发票，并将发票号码等信息导入税控 IC 卡中。

（四）操作“防伪开票子系统”

对于一般纳税人来说，“防伪开票子系统”是日常必不可少的工具，因而这也是我必学的工作内容之一。“防伪开票子系统”主要有两大功能，即发票填开和申报纳税。以公司销售业务为例，当企业业务发生时，就要根据购货方提供的纳税人名称、纳税识别号、地址、银行地址及账号等信息填开增值税专用发票或者增值税普通发票，然后加盖公司的发票专用章，最后将抵扣联、发票联交给客户，而记账联则留在企业做账。在日常工作中，不仅要学会用系统开具增值税专用发票，还要能够对企业的进项增值税专用发票进行核对、扫描、认证。工作虽然简单，但也是容不得半点马虎的，因为发票一旦损坏或者丢失，就无法通过国家税务局的认证，进而影响企业的应缴税金，给企业带来不必要的损失。

（五）申报企业税务

每个月的前 15 天，除去节假日，是企业的纳税申报期，这时企业必须根据实际情况申报、缴纳上一个会计期间的税金、社保等费用，若不及时缴纳，就需要缴纳罚款——滞纳金。而我所在的财务代理公司，其主要代理事项就是每个月的税务申报工作，这也是我实习期间最重要的工作内容。“熟能生巧，勤能补拙”，在三个申报纳税期间，通过不断的重复抄税、报税工作流程，我基本掌握“防伪开票子系统”“企业电子报税系统”“易税门户”3 个报税软件的使用，并且能够将生成的报盘资料上传国税网、缴纳税款，直至完成企业的申报纳税工作。

（六）打包各类资料

财务代理公司，和想象中一样堆满了各式各样的资料，因办公室空间有限，所以一旦有空，我就将客户上一年的各种资料打包好，交还客户自行保管。打包的资料有记账凭证、总账、明细账、每个月的财务报表、各种税务申报表和企业年度审计报表等，若是增值税一般纳税人，则还会有每个月的纳税抵扣凭证。当资料齐全时，就需要将每个月的纳税申报表和财务报表按顺序装订成册，并添加封面、封底，最后打印数据移交清单，以便后续工作的开展。

四、实习体会与建议

（一）实习体会

通过此次顶岗实习，我受益匪浅，不仅仅是专业知识的提升，实习期间的经历使我对工作的职业态度，也有了新的认识。

1. 作为一名会计人员，要具有良好的专业素质、职业操守和敬业精神。会计部门作为现代企业管理的核心机构，对其从业人员，一定要有很高的素质要求。

2. 作为一名会计人员，要有严谨的工作态度。会计工作是一门很精准的工作，要求会计人员要准确地核算每一项指标，牢记每一条税法，正确使用每一个公式。所以我们一定要加强自己对数字的敏感度，及时发现问题解决问题。

3. 作为一名会计人员，要具备良好的人际交往能力。会计部门是企业管理的核心部门，对下要收集会计信息，对上要汇报会计信息，对内要相互配合整理会计信息，对外要与社会公众和政府部门搞好关系。因此要掌握好沟通方法，协调好相互间的工作关系。

（二）实习建议

虽然在实习的短短6个月之中所学颇多，但我也发现了公司存在的一些问题，为此提出如下建议：

1. 完善收费管理制度

由于代理记账机构的逐渐增多，竞争加剧，再加上经济不景气等因素，事务所本就混乱的收费制度再次崩溃。我认为事务所可以根据多元化的标准制定收费办法，如根据委托单位的行业类别、产值大小、税务管理要求（小规模企业或一般纳税人企业）、服务的具体项目等标准，来制定具体的收费方法，在具体收取时可以根据客户的需求面议。结合实际情况，可以采用一次性收取、按固定期限收取、预收款方式收取，也可以根据业务量大小协商确定，这样既提高了会计人员的提高工作效率，也在一定程度上杜绝了客户之间的相互对比而产生的不平衡心理。

2. 增加会计人员，控制业务量，求真求质

解决业务量多的最直接有效的办法是增加会计人手，分摊业务量，以达到提高记账服务质量的效果。另外，企业领导不能只为了眼前的效益而随意造假，应求真求质。

3. 通过逐级薪资制降低会计人员的流动性

针对会计人员变动频繁的问题，我觉得可从三个方面来改善。一是制定逐级薪资制，每三个月或者半年加一定的工资额，以此降低会计人员的流动性。二是入职一开始就和员工签订合同，以此来限制其来去自由，并且规范交接手续，规定在离开之前把手头上的资料一一列示出来交给公司，以避免重要资料的丢失，这样便会减少很多错账乱账坏账，避

免了调账这一程序，节约了大量的人力、物力、财力。三是加大人文关怀力度，倡导人性化管理。

参考文献（略）

致谢

最后，我要感谢我的母校——××职业技术学院，感谢老师的栽培，感谢实习公司能给我这么宝贵的机会，感谢所有在工作中帮助过我的人，感谢三年来我身边的良师益友，谢谢你们。

【例文简析】这则顶岗实习报告是会计岗位实习的同学进行的总结汇报，结构完整，内容主要放在“实习内容”和“实习体会与建议”上，并进行了全面、深度的总结归纳，体现出该同学在会计岗位上的工作内容、扎实的学习态度，以及技能的进步。

/ 知识拓展 /

怎样写好顶岗实习报告

顶岗实习报告必须以实践和研究为基础，在指导教师指导下进行写作，其写作步骤如下：

(1) 收集资料。

从开始实习起就要注意广泛收集资料，并以各种形式记录下来，如写实习日记等。丰富的资料是写好实习报告的基础。

(2) 根据收集的资料，构建报告框架。

构建报告框架要做好四个综合：综合实习材料，分类取舍；综合同类材料，提炼观点；综合成功经验，找出规律；综合实习过程，思考得失。

(3) 归纳感想体会，写作初稿。

在写作时，首先要重点思考如何将理论和实践相结合，如何用理论指导实践，将学校里学到的理论知识、方式方法变成实践的行为。

其次，要细心观察、体验在学校没有接触的知识和东西，它们以什么样的方法和怎样的形态、面貌出现。例如，原先你不了解部门职能，在实习工作中由什么问题引发你对职能部门的了解。再如工作中碰到的一些问题跟学校所学理论知识有什么区别、能否用在学校所学知识来解决问题、你如何体会和理解等。

(4) 修改定稿。

第三讲　大学生创业计划书

一、大学生创业计划书的概念

大学生创业计划书，是指大学生将有关创业的想法通过文本的形式表现出来。创业计划书的质量，往往会直接影响创业发起人能否找到合作伙伴、获得资金及其他政策的支持。如何写创业计划书呢？要依目标，即看计划书的对象而有所不同，譬如是要写给投资者看呢，还是要拿去银行贷款；从不同的目的来写，计划书的重点也会有所不同。不过，创业计划书也有一般的格式，需要涵盖的内容如表 7－1 所示。

表 7－1　　创业计划书的主要内容

部分	涉及主要内容
1. 执行概要	A. 机会：尚待解决的问题或未满足的要求 B. 企业概述：企业如何解决这些问题或满足这些要求 C. 竞争优势：商业模式描述 D. 目标市场：具体客户群描述 E. 管理团队：组成及优势 F. 财务预测：资金需要、使用及收益描述 G. 企业需求描述：如果计划面向潜在投资者，必须阐明需要的资本数额及其使用方案 H. 投资者退出策略（如果计划面向投资者）
2. 企业描述	A. 企业背景与简历 B. 企业使命和目标 C. 商业模式描述：企业如何塑造储蓄竞争优势 D. 现状与需求：企业现状描述、发展的需求描述 E. 资本结构（股东名单） F. 组织结构和法人结构
3. 产品/服务	A. 产品/（服务）描述：产品或服务的用途、优缺点 B. 产品可行性分析：概念测试、可用性测试、产品战略 C. 知识产权：申请或已批准的专利、商标和版权 D. 消费者利益：消费者将从公司的产品（服务）中如何受益
4. 市场分析	A. 产业描述：产业趋势、规模、吸引力及盈利潜力 B. 目标市场：规模、区域聚焦、发展、消费者概况 C. 市场开拓战略：如何发现潜在市场、如何打进潜在市场
5. 竞争分析	A. 现有竞争者 B. 替换产品（服务） C. SWOT（优势、劣势、机会、威胁）机会 D. 进人壁垒：技术/法规
6. 管理团队	A. 管理团队：经验、能力、技术特长 B. 董事会：数量及构成 C. 主要专业服务机构：法律公司、会计公司、企业咨询机构
7. 营销计划	A. 产品战略 B. 价格战略 C. 渠道战略 D. 促销战略
8. 运营计划	A. 生产或服务的交付方式 B. 合格劳动力的可得性 C. 业务伙伴 D. 质量控制 E. 客户支持

续表

部分	涉及主要内容
9. 财务分析	A. 未来3至5年的资本需求：资金来源和使用 B. 财务预测：预测的财务报表及产生过程 C. 收益表 D. 资产负债表 E. 现金流量表
10. 风险评估	A. 企业弱项分析 B. 管理、营销、经营、财务等关键风险应对
11. 退出机制	回购和退出策略（如果面向潜在投资者）
12. 附录	附录（市场调查报告、专利书或授权、供货合同、经营活动情况记录）

二、大学生创业计划书的特点

（一）具有创新性

体现在项目新、内容新、运作思路新，这也是创业计划书不同于一般的项目建议书的根本之处。

（二）具有客观性

表现在创业者提出的创业计划是建立在大量的、充分的市场调研和客观分析的基础之上。

（三）具有整体性

通过项目的市场调研、市场分析、市场开发、生产组织、资金运作及全程的管理，实现企业整体的发展目标。

（四）具有实战性

创业计划书必须具有可操作性，而不是纸上谈兵。

三、大学生创业计划书的结构和写作方法

一般来说，创业计划书主要包括封面、扉页、正文、附录四部分。

（一）封面

创业计划书封面部分一般应出现以下内容：编号、保密等级（秘密、机密、绝密）、标题、落款、时间等。其中，标题应体现核心主题，使人一目了然。

封面是创业计划书的"脸面"，最好单独成页。此外，根据项目内容和阅读对象的不

同，封面可以适当包装。一般而言，计划书封面设计应该简洁大方，以不加图案为宜，但对于已有某种成果或具体规划图案的项目，也可以将图案作为封面背景，以凸显主题。

（二）扉页

扉页部分主要有上下两部分内容：上半部分提出保密要求，或提供机构简介（便于阅读者对机构进行初步了解），这些内容可根据具体情况进行适当修改或删除，有时也可以省略不写；下半部分提供机构的联系方式，以便于阅读者（投资者、合作者）调查核实公司情况并与策划者取得联系。

（三）正文

正文是整个计划书的核心。一般来说，这部分主要包括执行概要、产品与服务、市场分析、管理团队、财务分析、风险控制等内容。这些内容之下又包括若干小的内容，其内容的逻辑性和完整性将体现一份创业计划书的组织写作水平，因此，正文部分的写作尤为重要。

（四）附录

附录部分一般包括公司相关的资质材料、与技术和服务相关的图纸、专利、财务报表相关资料、市场调研相关资料等。

四、大学生创业计划书写作要求

写作大学生创业计划书应规避以下几点：

（1）急功近利：不从自身实际出发，试图模仿大公司、大企业的管理经营模式。

（2）目光短浅：没有长远的发展规划，只看眼前利益，盲目地参与市场竞争。

（3）不切实际：忽略自身状况，所做规划和设计过于理想，违背实事求是的原则。

（4）忽视重点：过分强调盈利，忽视偿还借款这一重要问题。

写好创业计划书必须反复推敲，还要注意措辞上有无不妥，这样才能让投资者明确经营的规划、步骤和目标。任何创业都不能是盲目的，必须经过认真的思考、详细的调查分析以及客观的评价，而编写创业计划书恰恰可以帮助创业者理清思路，将各方面的创业信息进行汇总、分析，思路清晰的创业计划书才能激起潜在投资者的兴趣。

例文

“红菇娘”创业计划书

目录

1.3　浦北县红椎菌

2　公司介绍

2.1　公司简介

2.1.1　公司性质

2.1.2　公司地址

2.1.3　产品名称

2.2　公司目标

2.2.1　创业期

2.2.2　发展期

2.2.3　扩张期

3　产品与服务

3.1　红椎菌生长环境

3.2　红椎菌天然属性

3.3　红椎菌包装设计

3.4　定价策略

3.5　产品服务

4　产品分析

4.1　红椎菌营养价值

4.2　红椎菌烹调方法

4.3　红椎菌周边产品

4.4　红椎菌的养生文化

4.5　龙门镇的旅游资源

5　市场分析

5.1　市场分析及预测

5.2　市场竞争

5.3　目标市场

6　竞争策略

6.1　竞争分析

6.2　自我分析

7　营销策略

7.1　价格策略

7.2　促销策略

7.3　营业推广

7.4　长期推广策略

8　管理与风险

8.1　管理体系

8.2　风险预测

8.3　生产风险

8.4　存货管理风险

8.5　运输风险

9　风险控制

9.1　财务风险的防范

9.2　管理风险的防范

9.3　行业风险的防范

9.4　管理团队

9.4.1　股本结构与规模

9.4.2　资金来源与运用

9.4.3　成员职务安排

10　小结

1. 概要

1.1　前言

我国食用菌产业具有循环、高效、生态的内在特点，具有促进农民增收、农业增效和国民健康的重要作用。“十二五”期间，我国食用菌产业在布局区域化、品种多样化、园区规范化、生产专业化、加工增值化、经营产业化等方面整体趋势向好。新建并成长了一批新兴的食用菌产区，食用菌主产县达到600个，产值超过亿元的县100余个，从事生产、加工和经销的各类企业1万多家，全国各地食用菌从业人员达2 500万人，成为名副其实的食用菌产业大国……

1.2　目标

红菇娘目标：

(1) 升级浦北县红菇的包装，提升红菇附加值。

(2) 以线上线下双渠道售卖浦北县红菇为主要业务，同时销售浦北县八角、百香果、淮山、竹编等周边产品为盈利……

(3) 依托浦北县龙门镇政府打造红椎菌特色小镇的契机，借助政府通过养生文化、旅游，打造“红菇娘”品牌。

1.3　浦北县红椎菌

红椎菌，又名红菇，红椎菌是在漫长的岁月里形成的红椎林土壤腐殖层。广西浦北县龙门镇2018年获自治区批准创建红椎菌特色小镇，该镇拥有原始次生红椎林20多万亩，其中连片11万亩，年产红椎菌约20万公斤，产值超2亿元，是全国最大红椎林基地，红椎菌产量占全国的80%以上……

2. 公司介绍

2.1　公司简介

红菇娘是一家投资有限责任公司，公司运营范围主要为浦北县生态农副产品，其中尤以红椎菌为主打产品……

2.1.1 公司性质

“红菇娘”投资有限责任公司的性质是农产品公司，一共有8个股东共同出资成立，股东以其出资额为限对公司承担责任，公司以其全部资产对公司债务承担责任的企业法人。

2.1.2 公司地址

“红菇娘”投资有限责任公司的注册地址为……

2.1.3 产品名称

“红菇娘”有限责任公司推出的农副产品有红椎菌、百香果、八角等。

2.2 公司目标

公司目标分三个阶段进行，创业期塑造品牌，发展期扩充市场，扩张期获取资金。

2.2.1 创业期

战略目标：磨合团队、打造特色、塑造品牌。

规模目标：在京东、淘宝、天猫开设旗舰店，并在南宁市区建设营销宣传中心。

营销目标：结合文化传播媒体挂靠平台首页，利用粉丝二次变现以提高品牌知名度。

战略说明：创业期战略的依据是设立初期，资金、关系等资源不足，因而需要采用成本较低、成效较快的方式迅速树立公司品牌形象，为下一阶段的市场扩充做好准备。

2.2.2 发展期

战略目标：建立标准、抢占市场、提升品牌。

规模目标：向周边地区进行辐射扩散。

营销目标：完善各项设施，加强服务水准，建立流畅的供应链和产品质量标准；建立完备的管理体系，凸显公司文化。

战略说明：在公司具有一定市场影响后，扩大业务范围，抢占优势市场；同时快速提升品牌优势，增加市场壁垒。

2.2.3 扩张期

战略目标：形成规模、垫高壁垒、获取资金。

规模目标：打开国内一线城市市场，采取大城市多开店、小城市开大店的方式，同时入驻电子商城柜台，开始招收加盟商。

营销目标：形成具有一定规模的实体店与加盟店，建立庞大的客户网络。

战略说明：以规模提升品牌，以品牌垫高壁垒；加盟店的方式使得公司回收资金，同时，稳定公司品牌形象与服务质量，稳定客户群，进一步发展壮大公司，挖掘市场。

3. 产品与服务

3.1 红椎菌生长环境

浦北县境内有红椎林面积26.16万亩，1999年的蓄积量达51.14万立方米。其中五黄岭红椎林连片面积达11.38万亩。浦北红椎木具有结构细密、不易变形、材色悦目、切削面光滑、黏胶和油漆性能好等特点。红椎菌，又名红菇，生活在红椎林土壤腐殖层，每年只在5～8月生长……

3.2 红椎菌天然属性

目前，红椎菌仍无法进行人工栽培。因此，红椎菌便成了十分珍稀的纯天然野生菌。

红椎菌生长的日期非常奇特，每年五月端午、七月鬼节、八月中秋这几个节气前后，是红椎菌盛产的季节，其他时间不生长……

3.3　红椎菌包装设计

在市场经济大潮的洗礼下，农副产品更需要"包装"。"龙升牌红菌"红椎菌注册商标，是当地的著名品牌，远销日本、东南亚、港澳台等国家和地区。

3.4　定价策略

龙门镇年产红椎干菌10多万公斤，每公斤干菌售价240～300元。应抓住消费群体的这个心理差价，为产品制定合适的价格，达成对产品的销售。

3.5　产品服务

服务水平的高低决定着顾客回头率的高低，特别是始终如一地保持优质的服务。据调查分析，市面上很多店的店员的服务态度都不佳，从而给顾客一种生疏冷淡的感觉。

因此，对员工就该有属于自己的一套训练方式，商铺可以从物质和精神上对员工有相应的奖励，从而激发他们的激情，使他们能喜欢和热爱本职工作，并从内心觉得服务顾客，让顾客开心是一件幸福的事的话，优质的服务就有保证了。

"红菇娘"以线上销售浦北县红菌及周边产品为主，主要通过淘宝和京东及微店售卖，通过抖音、易企秀、咫尺网络进行网络传播，扩大市场，将实体店开在南宁江南经济开发区内，推广销售红菌、淮山、八角、火龙果等优质农特产品。店面创新服务形向广大消费者提供生态健康的红椎菌，为使消费者购买满意，食用放心……

4. 产品分析

随着经济发展，人们生活水平的提高和健康意识的增强，天然生态食品的市场需求呈逐年上升趋势。红椎菌以"生态、健康、营养"为产品宗旨，充分体现现代消费者的饮食健康尚，"红菇娘"背靠浦北县政府重力打造的林下经济这一重拳着力推广以浦北红菌为核心的林下产品。

产品优势主要表现在：原材料要得到保证，产品质量是一切的前提……

4.1　红椎菌营养价值

红菇含蛋白质、碳水化合物、矿物质、维生素B、维生素D、维生素E，并含有其他食品中稀少的烟酸，微量元素铁、锌、硒、锰等。

4.2　红椎菌烹调方法

搓洗红椎菌泥沙时要迅速，即洗即捞，勿把红椎菌泡在水中过久，以免失去原味。可配用鸡、猪、鱼或其他肉类一起烹调。在配制任何菜或汤时，加适量的姜、酒，味道更佳。一般人都适合食用，尤其适合儿童、孕妇、贫血者、免疫力低下、癌症患者食用。

4.3　红椎菌周边产品

公司以红椎菌为核心产品，同时销售浦北县其他优质农特产品，以吸引更多的客户。五黄岭周边的村落村民种植了优质的百香果、淮山、八角，还有经济适用的竹编织品等。

4.4　红椎菌的养生文化

红椎菌含高蛋白及丰富的维生素、碳水化合物、18种氨基酸，人体必需的微量元素（铁、锌、硒、锰等），抗癌物质——微量元素硒等；红椎菌身含有5种多糖、16种氨基酸和28种脂肪酸。多糖含量约为2.47%，其中单糖和寡糖占总糖的33.9%，氨基酸含量为14.7%，其中人体必需、半必需氨基酸占氨基酸含量的54.4%……

4.5　龙门镇的旅游资源

广西浦北县龙门镇2018年获自治区批准创建红椎菌特色小镇，并获得建设资金2 000万元。过去三年里，该镇多项工作获得自治区、市、县荣誉，塘田村荣获“2014年广西特色旅游名村”，长平村委瓦鱼埇荣获“清洁乡村百佳村屯”和“广西特色生态农业名称”，浦北红椎菌通过国家农产品地理标志产品保护认证……

5. 市场分析

5.1　市场分析及预测

随着生活水平的不断提高，环境恶化带来的各种铺天盖地的关于健康和疾病的负面信息，让人们对健康及长寿的需求日益见长，高品质的生活需求必然对高品质的产品需求不断增强。特色高品质的农产品营销应该应运而生。

(1) 在饮食多元化和健康需求的背景下，在原有模式下向移动互联网发展，可以及时完善市场红椎菌的销售模式。

(2) 充分发挥移动互联新媒体组播分享宣传优势，提高市场对红椎菌生态健康产品的认可度，不断扩大红椎菌市场容量，逐渐形成多层次的利润空间，吸引更多的市场潜在消费者。

(3) 以移动互联平台的媒介，引领朋友聚会品鉴食用红椎菌，充分融入红椎菌饮食文化特色，宣传红椎菌生态品牌，提高红椎菌的市场占有率。

5.2　市场竞争

随着社会发展，微店已经被赋予了新的使命。微店作为小资本的创业方式，其实也是一种商业模式，是移动端的网店。但微店竞争者数量较多，竞争力量大抵相当；竞争对手提供的产品或服务大致相同，不容易体现出明显差异。用户可以直接在商城购买、下单、支付、完成购物体验，还可以无现金裂变发展下级微商城，它的下级可以是微店店长，也可以是粉丝，粉丝可以申请并拥有自己独立的微商城。

5.3　目标市场

2014年12月8日，国家质检总局批准对“浦北红椎菌”实施地理标志产品保护。红椎菌是一项高机会低风险的理想型投资项目。需要解决的主要问题是：产品销售方式目前较为单一、对红椎菌的营养认知有待提高、价格相对市场目前其他菌种较高、市场初始需要培育、许多地区的客户认知度较弱等。因此，其目标市场以对高端生态农产品有需求的消费者作为主体客户，如互联网的特色美食爱好者、特色民俗旅游者、生态食品追求者，都是项目打造的关键参与者和忠实粉丝。

6. 竞争策略

6.1　竞争分析

从行业竞争角度看，生态红椎菌比一般的菌类具有更高的食用价值，但市场价格也相对较高；从市场竞争角度分析，红椎菌生产成本低，出口利润空间大是竞争优势。红椎菌产品生产“生态意识”正在普及，“无污染、营养、卫生”的标准已在建立，微店的红椎菌生产管理在改变水平落后，加工粗糙、包装简陋的现状，红椎菌检验检疫标准与国际标

应用文写作与口语训练
实操手册

序　言

笔的威力胜于剑！只有当使用笔的人深谙遣词造句之道时，这句话才能成立。

——东尼·博赞

请永远记住，行动比想法更重要！特别是在应用文写作课中，只有不停地写，写后不停地修改，才能将所学知识消化并内化为自身的知识结构，并且能够在书写和表达中形成谨慎、严密的逻辑思维。所以，一定要写，要尽可能地多写。

请参照以下建议开始你的行动：

● 本手册要与《应用文写作与口语训练》一书结合使用。

● 本手册分为上编应用文写作和下编口语训练，部分自学内容不纳入其中。其中，下编内容可以与学院有关活动相结合，到期末参加过活动的同学可以找任课老师加分。

● 时刻记得“好记性不如烂笔头”，请拿起你的笔，把你的策划、你的想法、你的讨论全都记录到手册里，不要再拿手机来拍课件和资料了，你不会看的！

● 坚持摘抄好词好句，坚持每周一写，慢慢地你会发现，你有很多思想的火花。

● 请务必在按照手册里的任务要求写作时，与你的搭档、你的团队、你的授课老师进行讨论，交流想法，碰撞出新的创意。

● 要真正掌握知识，复习是非常必要的，有空的时候拿出手册来翻翻，看看你所写的东西，你会在手册里发现你的进步和提升。

上编　应用文写作

项目一　应用文基础知识

任务：请指出下面这篇文章的主旨（中心思想）、材料、结构、表达方式以及语言特点。

细化标准，让基层政务公开更便民

国务院总理李克强 12 月 18 日主持召开国务院常务会议，部署全面推进基层政务公开标准化规范化工作，加快服务型政府建设提升利企便民水平。会议要求，基层政府要在 2020 年底前编制完成本级政务公开事项标准目录，实行政务过程和结果全公开。

政务公开是行政机关全面推进决策、执行、管理、服务、结果全过程公开，提升政府治理能力的制度安排。而基层政务公开因为直接关系到民众和市场主体的切身利益，一直以来备受瞩目。这一块也往往是政府与民众容易产生隔阂的领域，现实生活中很多争执、不满乃至一些群体性事件，正是由于政务信息的"梗阻"而产生并加剧。

比如此前媒体报道的一些"邻避"事件，多存在政府信息公开不足乃至选择性公开或者干脆遮蔽相关信息的情形。在有关部门看来，只公开想公开的，或许可以暂时取得主动，但在信息时代，一旦听任不完全、不平衡的信息传播开来，很快就会产生蝴蝶效应，而各种传言甚至是谣言就会大行其道，事态也就愈发不可收拾。

其实，类似事件并不神秘，只要及时、及早、均衡地把真实信息告知民众，并与民众互动交流，知无不言，解疑释惑，则很多"心结"并不难解开。不要总是该公开的不公开，该回应的不回应，拖延推诿，冷漠拒绝，想着把什么事都捂在包里、拦在门里、束之高阁；更不要心存糊弄，一意敷衍，胡乱公开，把信息公开的“好经”给念歪了。

此番国务院常务会议全面部署基层政务公开标准化、规范化，剑锋所指，正在于此。政务信息公开，首先意味着一种理念、一种行政治理手段，但同时更应该指向具体的行政操作，指向具体的治理实践。而一旦进入操作层面，当然要有相应的细化标准，要有明晰的执行清单，绝不能“大呼隆”“一刀切”，或者只是停留在表态阶段，口惠而实不至。

公开不公开是态度问题，而如何公开、公开得如何则属于操作问题。很多时候，操作中的细节决定了政务公开究竟能够走多远。这是因为，现代社会政治运行的基础是可操作性，不管多么宏大的理念，若不能建立在可分解的指标、可细化的标准、可复制的目录清单，则只能停留在虚幻之中。

现实也能证明这一点，此前，不少地方都在推动政务信息公开，从声势上看，轰轰烈烈，但因为缺乏细化标准，公开的实际效果并不明显，要么公开规范五花八门，公开主体、形式、范围、时间等都具有较大差异；要么只公开不回馈，只开花不结果，行之不远，效果不彰。

基层政府直接对应广大民众，一件事情究竟是怎么一回事，不存在“打马虎眼”的问题，是即是，非即非，靠糊弄是糊弄不过去的，如果只是想着尽享政务信息公开的好名声，而不去做一些扎实努力，不可能赢得民众信赖。

事实上，梳理基层政务公开事项，开列本级政务公开目录清单，本身也是对基层政府服务意识、公开理念、治理能力的重新审视与打量。这个梳理过程本身也是提升基层治理的过程。每一项事宜都对应着一个领域的治理，每一次公开都是政府与民众的坦诚对话。这中间，如何倾听，如何对话，如何踏实践行公开原则，都是一次不轻松的考验。

政府行政就该多一些标准意识，多一些规范意识，多一些科学意识。基层治理能力的提升，固然要靠相关人员依法行政，但也要不断在实践中摸索相关的标准和规范。特别是，基层政务公开一头连着政府，一头连着民众，如何保障民众能够依法获取信息，尤其迫切需要拿出一些可操作、可复制的清单或目录，有章可循，对各方都是一个约束。

法治政府首先是透明政府，唯有公开了，才谈得上依法行政，才谈得上政府接受民众与社会的监督，才谈得上把权力关进制度的笼子。循此，则标准化、规范化的基层政务公开，不啻为构建法治政府的一块基石。

资料来源：斯远．细化标准，让基层政务公开更便民．凤凰网·政能量，2019－12－19.

分析：

评分表

自评	小组互评	教师评分	总分	备注

项目二　日常文书

任务：请根据老师的要求，进行条据的写作。

评分表

自评	小组互评	教师评分	总分	备注

项目三　事务文书

任务一：以小组为单位，为本班组织策划一次活动，并撰写活动方案（PPT）。

评分表

自评	小组互评	教师评分	总分	备注

任务二：请拟写一份个人工作/社团活动/学习/生活总结。

评分表

自评	小组互评	教师评分	总分	备注

项目四　社交礼仪文书

任务：你打算利用寒暑假时间做兼职，请选择一家公司的某个工作岗位写一封自荐信，自荐成为该公司的实习生。

评分表

自评	小组互评	教师评分	总分	备注

项目七　传播文书

任务：以本学期校园新近发生的事件为题材，围绕选题进行新闻采编工作，将采编获得的新闻制作成一个新闻视频，并由教师组织新闻视频比赛。

要求：

（1）新闻视频的内容必须真实、积极健康向上、有深度。

（2）新闻视频可以用手机进行拍摄。

（3）以小组为单位，每组 6～7 人，每个小组提交一份作品。（指导老师要参与本班小组新闻采编工作方案的指导以及新闻稿撰写的修改工作，督促小组按时按质完成比赛。）

（4）比赛完成后，组织班级成立评审委员会进行评审，作品得分将作为该项目的最终分数。

评分表

自评	小组互评	教师评分	总分	备注

下编　口语训练

项目九　普通话基础

下载安装安徽讯飞科技有限公司开发的畅言普通话 App，可以进行普通话水平测试模拟练习，测试结果会显示你的得分以及口语所处的水平。

普通话资料包

评分表

自评	小组互评	教师评分	总分	备注

项目十　社交口才

任务：对自己的同学或朋友说赞美的话，要求：对不同的人用不同的赞美语言。

评分表

自评	小组互评	教师评分	总分	备注

项目十一　演讲口才

任务：只要完成以下活动中的一项即可得到该项目的得分：

1. 参加一次学院举办的与口语表达有关的赛事，如：演讲比赛、辩论赛、朗诵比赛、读书活动等。

2. 参加一次竞聘演讲。

评分表

自评	小组互评	教师评分	总分	备注

准接轨……

6.2　自我分析

开微店，介绍商品，介于红椎菌文化和长寿养生交流等，其核心是以“红椎菌”为媒介，将“消费者＋移动社交网络＋电子商务”的深度融合。提供个性、特色服务，实现网络营销，整合市场资源……

7. 营销策略

7.1　价格策略

(1) 从价格优势入手，相同质量比价格，相同价格比质量，质量价格相同比服务。要靠质量、价格、服务取胜，给顾客贴心愉快的购物体验和专业无忧的售后……

(2) 心理定价。每一件产品都能满足消费者某一方面的需求，其价值与消费者的心理感受有着很大的关系。这就为心理定价策略的运用提供了基础，使得微店在定价时可以利用消费者心理因素，有意识地将产品价格定得高些或低些，以满足消费者生理的和心理的、物质的和精神的多方面需求……

(3) 差别定价又称“弹性定价”，是一种“依赖顾客支付意愿”而制定不同价格的定价法，其目的在于建立基本需求、缓和需求的波动和刺激消费。

(4) 地区性定价战略就是要决定：对于卖给不同地区（包括当地和外地不同地区）顾客的某种产品，是分别制定不同的价格，还是制定相同的价格。一般地说，一个产品不仅卖给当地顾客，而且同时卖给外地顾客。而卖给外地顾客，把产品从产地运到顾客所在地，需要花一些装运费。也就是说，做微店时要决定是否制定地区差价。

(5) 组合定价策略，对相互关联、相互补充的产品，采取不同的定价策略，以迎合消费者的某些心理，属于心理定价策略之一。对于一些既可单独购买，又可成套购买的商品，实行成套优惠价格，称组合定价。

(6) 新产品定价。新产品定价合理与否，不仅关系到新产品能否顺利地进入市场、占领市场、取得较好的经济效益，而且关系到产品本身的命运和微店的前途。新产品定价可采用撇脂定价法、渗透定价法和满意定价法。

7.2　促销策略

采用平台自运行互动推销的方式进行销售，营销人员通过和客户面对面沟通交流，传播生态健康饮食文化，并使客户获得及时有效的相关信息及服务，以达成交易。

广告策略：除了店面广告、派发传单外，还可以通过口碑相传、赞助学生活动、互联网广告（建立本店的网站，并推出一些活动，如在网站的首页可设一个免费领取红菇专区，这要求领取者的姓氏跟该专区当天公布的是一样的，并且是当天生日）等方式……

7.3　营业推广

营业推广是刺激和鼓励成交的重要手段。它包括对顾客的推广和鼓励推广人员积极推销两个方面。

通过微店自身渠道，使用以下方法推广：

(1) 友情店铺之前被称为微店联盟，找到相似店铺并交换店铺链接，最好是经营互补产品的店铺，不会有竞争关系，利用这些微店给店铺带来流量和人气……

(2) 分成推广就是店主设置一定比例的佣金给帮忙推广的朋友，如果佣金合适，帮忙推广的朋友越多，效果越好。在设置佣金的时候一定要计算好自己店铺宝贝的利润率，建议一般设置5%。

(3) 开通直通车，开通类似于淘宝的直通车后可以在一些黄金位置展现自己的店铺。这个就像微店的付费广告推广，按点击计费，一般效果较好但是也挺“烧钱”。

(4) 论坛、贴吧等站外推广

微店是顺移动互联网的大趋势而生，但是目前的一些网购用户还是习惯用电脑，因为PC端获取信息的来源多，PC端的广告也最有效果……

(5) 微信推广

众所周知，微信是移动App的行业老大，几乎有购买力的用户都会有自己的微信，而微店作为移动端的购物App，势必要搭上微信的顺风车……

(6) 公众账号推广

公众账号推广的基础是先应该有一个自己的公众账号（可以是订阅号，可以是服务号），然后就是各种方法吸引粉丝，利用粉丝的分享达到滚雪球式增加粉丝的作用……

(7) 售后推广

产品卖出去后，对于客户反馈的一些问题及时解决和处理，一些合理要求要尽量满足，服务态度要真诚、热心。

(8) 活动策划推广

根据一定的节假日，策划一些有利销售、有奖销售等活动，比如买赠，具体做法是买满多少金额的货品，赠送相应的物品，以达到增加销量的目的……

7.4　长期推广策略

以网络为传播平台，通过精心策划、实施可以让公众直接参与并享受美食乐趣、折扣优惠的网络事件，以谋求企业的更大效果的营销传播活动。

通过病毒式营销，以好的服务促进口碑在用户之间自发进行。通过消费者或企业销售人员以文字、图片、视频等口碑信息与目标客户之间而进行的互动沟通，达到网络营销的目的。响应自媒体时代的来临，我们的目标让每个客户都自愿成为我们产品的传播者。

8. 管理与风险

8.1　管理体系

店长：负责管理整个红菇的日常运转对外宣传、推广，进货和统筹店面的运作；四名店员：一名负责财务，另外三名负责包装、客服等。

前期通过小团队运作，简化组织管理，让组织更轻更灵活，轻松上阵，专业操作，敏捷响应市场变化。

8.2　风险预测

所面临的市场风险主要来源于市场风险及内部管理风险，具体表现在以下三点：

(1) 经济波动风险……

(2) 价格风险……

（3）产品质量风险……

8.3　生产风险

由于信息、能源、技术及人员的变动而导致代理生产商工艺流程的变化，以及由于库存不足所导致的停工待料或销售迟滞的可能。

8.4　存货管理风险

保持一定量的存货对于我们进行正常生产来说是至关重要的，但如何确定最优库存量是一个比较棘手的问题，存货太多会导致产品积压，占用企业资金，风险较高；存货太少又可能导致原料供应不及时，影响企业的正常生产，严重时可能造成对客户的违约，影响企业的信誉。

8.5　运输风险

货物有可能在运往目的地的途中发生意外，从而为项目带来损失。购买运输保险，确保产品及时到达目的地。

9. 风险控制

9.1　财务风险的防范

着力防控财务风险。财务风险的客观存在，要求企业经营管理者必须研究风险的管理办法，并运用这些方法去预防和控制财务风险。

健全财务风险机制。财务风险机制是指在财务风险管理中所形成的相互联系、相互制约的一种功能体系，是降低财务风险的关键，也是强化企业财务管理的重要组成部分。

9.2　管理风险的防范

（1）法律上：公司与所有正式的员工签订劳动合同既保障员工权力也有利于公司的人员稳定。

（2）经济上：所有员工至少都能得到800元的基本工资加1%～100%的绩效工资，以及岗位的补贴，另外还有各种公司福利及社会保险。员工的平均工资可达3 000多元。

9.3　行业风险的防范

（1）申请并且通过中华人民共和国进出口商品质量检验检疫总局的原产地认证，减少和控制农产品的易模仿性。

（2）注册红椎菌特有商标，利用法律手段来保护红椎菌。

（3）在产品的包装袋上注明原产地，强调红椎菌的特有属性

9.4　管理团队

公司性质是投资有限责任公司，前期通过文化传播塑造品牌，中期招聘相关行业人员，股东升为管理层，调动各部门的积极性和主动性，将采取以业务为划分方式的事业部制组织结构。由股东代表组成股东大会，实行总经理负责制，下设产业部、财务部、营销部、宣传部四个部门。

9.4.1　股本结构与规模

公司注册资本200万元。创业团队自筹资金80万元，占总股本40%。引入两家风险投资120万元，占股本60%。

9.4.2　资金来源与运用

资金筹集：创业团队自筹经费 80 万元，其中包括了资金入股和技术入股，引入二家风投商，筹资金 120 万元，共计 200 万元。

资金用途：根据公司实际情况，属于初创业阶段，所以，公司股东实际出资主要用于：置办办公设备以及各种期间费用。公司引入了的风险投资 120 万元用作为前期流动资金。

管理团队各成员有关的教育和工作背景、成员的分工和互补；公司的组织构成以及领导成员；创业顾问；主要投资人和持股情况。

9.4.3　成员职务安排

团队成员	优势	职务
张一	具有较强的组织能力，文化传播推广有着丰厚的实践经验	法人代表
张二	学习能力和逻辑思维能力强，具有创新精神	创业顾问
张三	担任学生宣传部部长，对信息的传达精准快	宣传部经理
张四	担任班级生活委员，有着丰厚的管理经验	财务部经理
张五	担任学生会外联部部长，交际广，具有良好的沟通能力	营销部经理
张六	担任学生会会长，被学校评为积极分子	产业部经理

10. 小结

红菇，作为一种滋补保健食品食材来说，日常生活中长期食用，这样可以使身体长期吸收红菇里面的营养成分，从而达到强身健体、提高免疫力、防癌抗癌、延年益寿的功效。对于这样的稀有产品，我们要对市场进行调查分析及预测，通过了解市场的竞争力对产品营销进行规划等，扩大此产品在市场的销量。当然此产品在市场销售就必定有风险，因此还要懂得控制风险。如今网络发达，我们通过开微店的形式来扩大市场，主打自己的产品和服务，提供良好的售后服务体系，同时保证了产品的质量……

【例文简析】这是一份结构完整、内容充实的大学生创业计划书，包含了大学生创业计划书所要具备的几大要点内容，创业项目有实际的可操作性。

知识拓展

写好创业计划书需要注意的几点

创业计划书是创业者计划创立的业务的书面摘要。它用以描述拟创办企业相关的内外部环境条件和要素特点，为业务的发展提供指示图和衡量业务进展情况的标准。通常创业计划是市场营销、财务、生产、人力资源等职能计划的综合。写好创业计划书要注意以下几点：

(1) 要想写一份成功的创业计划书，实地调查必不可少。为什么这么说呢？首先，写计划书的目的是创业，如果连市场都不了解，那又怎么能成功呢？其次，实地调查不仅能够提高对市场和消费者的了解程度，而且还能发现很多原本没有想到的问题，比如一份奶茶店创业计划书，只有通过走访调查，才能知道消费者比较青睐哪种口味，这对今后的运营是至关重要的。

（2）竞争分析。有句古话说得好："知己知彼，百战百胜。"要想写一份成功的创业计划书，竞争性分析自然必不可少。首先要对分析自身的优势和劣势并扬长避短，提高自己的综合竞争力；其次，只有对竞争对手有了充分的了解，才能在市场竞争中见招拆招，立于不败之地。

（3）目标。计划书和人一样，都需要有目标，有目标才能规划完成目标的进度和方法，有了目标才有了发展的方向。因此计划书中，经营目标是不可或缺的。除此之外，我们还应当根据自身的情况设定短期目标和长期目标，只有这样才能不断进步，不断超越自己，达到成长的目的。

（4）财务计划。财务是非常重要的一个环节，创业的目的就是赚钱，除了在创业过程中要稳定自己的现金流，保证正常运营外，我们还应该做到开源节流，尽量节省开支，避免不必要的开销，并储备一定的风险应对资金，用以提高企业在面对市场突变时的应对能力。

（5）风险与防范。做任何事情都有风险，创业更是如此。因此在创业之初，计划书中就应当明确指出创业过程中可能会遇到的各种风险，并提出应对和解决方案，提高自己的风险意识。

一份成功的创业计划书中，以上5个要点都非常重要，因此在撰写创业计划书的过程中一定要针对这些方面进行调查与思考。

知识巩固练习

一、填空题

1. 创业计划书，是指人们将有关________的想法通过________的形式表现出来。

2. 创业计划书的主要内容包括：执行概要、________、________、________、________、________、________、________、________、________、________、附录。

二、简答题

1. 简述学习实践文书的种类和特点。

2. 简述大学生创业计划书的特点。

3. 什么是顶岗实习报告？根据本项目的有关知识，请谈谈你打算怎样写顶岗实习报告。

三、能力训练

1. 根据你的寒暑假实习工作安排，撰写一份顶岗实习报告。

2. 你有创业的计划吗？如果有，按照你的设想写一份创业计划书。

下 编

口语训练

项目九　普通话基础

知识导入

语言作为工具，对于我们之重要，正如骏马对骑士的重要，最好的骏马适合于最好的骑士，最好的语言适合于最好的思想。——但丁

各位同学在进入大学之后，会接触到多种多样的课程，参与到丰富多彩的社团活动以及处理复杂多变的人际交往当中去，也会逐渐发现有效的沟通对于一个人的学习、生活、工作有越来越重要的影响。想要进行有效沟通，在与人交往时能更好地表现自己，第一要素是要有良好的普通话口语发音。这一项目的编写，就是要在认识普通话水平测试的前提下，对自己的口语水平有一个清晰的概念，并经过普通话语音训练和朗诵训练，掌握正确的普通话发音方法。能够清楚、流利、饱含情感地大声诵读，才能为要学习的社交口才、演讲口才、求职面试口才等口才练习打下良好的基础。

知识目标

1. 了解普通话水平测试的考证内容。
2. 了解普通话语音的基本知识，如声、韵、调的正确发音方法等。
3. 了解朗诵的前期准备和各种朗诵技巧。
4. 掌握正确的普通话发音方法，并能够清晰、流利地使用普通话朗诵文章。

能力目标

1. 能够纠正日常说普通话时常犯的错误，正确发声，并在普通话水平测试中拿到成绩为 70 分以上的普通话水平测试等级证书。

2. 能够掌握朗诵技巧，针对名文名篇进行流利、优美的朗诵。

第一讲　普通话水平测试概述

一、普通话水平测试

普通话水平测试（Putonghua Shuiping Ceshi，简称 PSC）是对应试人运用普通话的

规范程度、熟练程度的口语考试。考试形式为口试。普通话水平等级分为三级六等，即一、二、三级，每个级别再分出甲乙两个等次；一级甲等为最高，三级乙等为最低。普通话水平测试不是口才的评定，而是对应试人掌握和运用普通话所达到的规范程度的测查和评定，是应试人的汉语标准语测试。应试人在运用普通话口语进行表达过程中所表现的语音、词汇、语法规范程度，是评定其所达到的水平等级的重要依据。

二、普通话水平测试的成绩标准及等级划分

（1）一级甲等（97～100分）：朗读和自由交谈时，语音标准，词语、语法正确无误，语调自然，表达流畅。

（2）一级乙等（92～96.99分）：朗读和自由交谈时，语音标准，词语、语法正确无误，语调自然，表达流畅。偶然有字音、字调失误。

（3）二级甲等（87～91.99分）：朗读和自由交谈时，声韵调发音基本标准，语调自然，表达流畅。少数难点音有时出现失误。词语、语法极少有误。

（4）二级乙等（80～86.99分）：朗读和自由交谈时，个别调值不准，声韵母发音有不到位现象。难点音失误较多。方言语调不明显。有使用方言词、方言语法的情况。

（5）三级甲等（70～79.99分）：朗读和自由交谈时，声韵母发音失误较多，难点音超出常见范围，声调调值多不准。方言语调较明显。词语、语法有失误。

（6）三级乙等（60～69.99分）：朗读和自由交谈时，声韵调发音失误多，方音特征突出。方言语调明显。词语、语法失误较多。外地人听其谈话有听不懂的情况。

根据各行业的规定，有关从业人员的普通话水平达标要求如下：

（1）报考中小学、幼儿园教师资格的人员，普通话水平不低于二级乙等。

（2）师范类专业以及各级职业学校的与口语表达密切相关专业的学生，普通话水平不低于二级乙等。语文教师不低于二级甲等，其他非语文类教师不低于二级乙等。

（3）国家公务员，普通话水平不低于三级甲等。

（4）广西壮族自治区教育厅相关文件规定，高校学生普通话水平不低于三级甲等。

三、普通话水平测试试卷构成

普通话水平测试试卷包括四个组成部分，满分为100分。

（1）读单音节字词（100个音节），限时3.5分钟，共10分。

（2）读多音节词语（100个音节），限时2.5分钟，共20分。

（3）朗读短文（1篇，400个音节），限时4分钟，共30分。

（4）命题说话，限时3分钟，共40分。

模拟试卷 1

一、读单音节字词（100 个音节，共 10 分，限时 3.5 分钟）。请横向朗读！

哲 洽 许 滕 缓 昂 翻 容 选 闻 岳 维 波 信 铭 欧 瞟 测
敷 闰 巢 字 批 翁 辆 申 酿 按 捐 期 黑 咬 瞥 贺 失 窜
广 晒 病 卦 君 拔 仍 熊 撞 非 眸 葬 昭 览 脱 嫩 所 德
柳 砚 甩 鲍 壤 凑 坑 绞 崔 我 初 蔽 匀 铝 枪 柴 搭 穷
董 池 款 杂 此 艘 粉 阔 您 镁 帘 械 搞 堤 捡 魂 躺 瘸
蛀 游 蠢 固 浓 钾 酸 莫 捧 队

二、读多音节词语（100 个音节，共 20 分，限时 2.5 分钟）。请横向朗读！

国王 今日 虐待 花瓶儿 难怪 产品 掉头 遭受 露馅儿 人群 压力
材料 窘迫 亏损 翱翔 永远 一辈子 佛典 沙尘 存在 请求 栅栏
发愣 外面 刀把儿 似乎 怎么 赔偿 勘察 妨碍 辨别 调整 少女
做活儿 完全 霓虹灯 疯狂 而且 入学 夸奖 回去 篡夺 秧歌
夏季 钢铁 通讯 敏感 不速之客

三、朗读短文（400 个音节，共 30 分，限时 4 分钟）。

在浩瀚无垠的沙漠里，有一片美丽的绿洲，绿洲里藏着一颗闪光的珍珠。这颗珍珠就是敦煌莫高窟。它坐落在我国甘肃省敦煌市三危山和鸣沙山的怀抱中。

鸣沙山东麓是平均高度为十七米的崖壁。在一千六百多米长的崖壁上，凿有大小洞窟七百余个，形成了规模宏伟的石窟群。其中四百九十二个洞窟中，共有彩色塑像两千一百余尊，各种壁画共四万五千多平方米。莫高窟是我国古代无数艺术匠师留给人类的珍贵文化遗产。

莫高窟的彩塑，每一尊都是一件精美的艺术品。最大的有九层楼那么高，最小的还不如一个手掌大。这些彩塑形象鲜明，神态各异。有慈眉善目的菩萨，有威风凛凛的天王，还有强壮勇猛的力士……

莫高窟壁画的内容丰富多彩，有的是描绘古代劳动人民打猎、捕鱼、耕田、收割的情景，有的是描绘人们奏乐、舞蹈、演出的场面，还有的是描绘大自然的美丽风光。其中最引人注目的是飞天。壁画上的飞天，有的臂挎花篮，采摘鲜花；有的反弹琵琶，轻拨银弦；有的倒悬身子，自天而降；有的彩带飘拂，漫天遨游；有的舒展双臂，翩翩起舞。看着这些精美动人的壁画，就像走进了……

四、命题说话（请在下列话题中任选一个，共 40 分，限时 3 分钟）。

1. 难忘的旅行

2. 购物（消费）的感受

模拟试卷 2

一、读单音节字词（100 个音节，共 10 分，限时 3.5 分钟）。请横向朗读！

墙 换 戳 告 题 庄 陕 控 娃 段 锥 百 瞥 逆 添 壤 究 群
法 残 揩 末 厅 裂 宣 耳 瞎 瘦 温 揍 硼 晚 察 吞 持 比
昧 孙 日 脖 总 徐 粗 随 奉 汝 劝 黑 定 皆 谬 夺 享 杂
捞 滑 死 德 坏 此 瞧 女 冻 鸟 及 奶 罐 砂 扯 逛 粉 狼
抄 锦 绳 窘 驻 或 揉 宗 悦 连 新 牙 藕 蕴 贴 吾 永 歪
迸 篇 尝 坎 螯 筛 本 绫 勉 对

二、读多音节词语（100 个音节，共 20 分，限时 2.5 分钟）。请横向朗读！

广西 农民 馒头 胆固醇 战略 壮族 浅显 加速 露馅儿 层次 疲倦
标准 佛教 化肥 恰好 夸张 挨个儿 配套 扎实 藏身 快乐 双方
明确 军队 胡同儿 未来 四周 英雄 跳蚤 力气 蜗牛 昂贵 仍然
小鞋儿 完全 所有制 原因 遵循 何况 夸奖 上层 篡改 穷人 富翁
难怪 儿女 命运 轻而易举

三、朗读短文（400 个音节，共 30 分，限时 4 分钟）。

那年我六岁。离我家仅一箭之遥的小山坡旁，有一个早被废弃的采石场，双亲从来不准我去那儿，其实那儿风景十分迷人。

一个夏季的下午，我随着一群小伙伴偷偷上那儿去了。就在我们穿越了一条孤寂的小路后，他们却把我一个人留在原地，然后奔向“更危险的地带”了。

等他们走后，我惊慌失措地发现，再也找不到回家的那条孤寂的小道了。像只无头的苍蝇，我到处乱钻，衣裤上挂满了芒刺。太阳已落山，而此时此刻，家里一定开始吃晚餐了，双亲正盼着我回家……想着想着，我不由得背靠着一棵树，伤心地呜呜大哭起来……

突然，不远处传来了声声柳笛。我像找到了救星，急忙循声走去。一条小道边的树桩上坐着一位吹笛人，手里还正削着什么。走近细看，他不就是被大家称为“乡巴佬”的卡廷吗？

“你好，小家伙，”卡廷说，“看天气多美，你是出来散步的吧？”

我怯生生地点点头，答道：“我要回家了。”

“请耐心等上几分钟，”卡廷说，“瞧，我正在削一支柳笛，差不多就要做好了，完工后就送给你吧！”

卡廷边削边不时把尚未成形的柳笛放在嘴里试吹一下。没过多久，一支柳笛便递到我手中。我俩在一阵阵清脆悦耳的笛音……

四、命题说话（请在下列话题中任选一个，共 40 分，限时 3 分钟）。

1. 我的朋友
2. 童年的记忆

四、普通话水平测试朗读作品目录

说明：40篇朗读作品供普通话水平测试第三项——朗读短文使用。有朗读篇目具体内容及朗诵录音。

1. 作品1号“在船上”（《海上日出》）
2. 作品2号“这是入冬以来”（《第一场雪》）
3. 作品3号“我爱月夜”（《繁星》）
4. 作品4号“爸不懂得怎样表达爱”（《父亲的爱》）
5. 作品5号“夕阳落山不久”（《海滨仲夏夜》）
6. 作品6号“读小学的时候”（《和时间赛跑》）
7. 作品7号“出差在外”（《轻轻的一声叮咛》）
8. 作品8号“对于一个在北平”（《济南的冬天》）
9. 作品9号“自从传言有人在萨文河畔”（《金子》）
10. 作品10号“我在加拿大学习期间”（《捐诚》）
11. 作品11号“没有一片绿叶”（《可爱的小鸟》）
12. 作品12号“朋友的父亲病重”（《背起父亲去看树》）
13. 作品13号“离开家乡已经六年了”（《小河》）
14. 作品14号“那年我六岁”（《迷途笛音》）
15. 作品15号“朋友即将远行”（《朋友和其他》）
16. 作品16号“育才小学校长”（《陶行知的“四块糖果”》）
17. 作品17号“记得我十三岁时”（《我的母亲独一无二》）
18. 作品18号“我们的船渐渐地”（《鸟的天堂》）
19. 作品19号“小学的时候”（《永远的记忆》）
20. 作品20号“在一次名人访问中”（《最糟糕的发明》）
21. 作品21号“梅雨潭闪闪的绿色”（《绿》）
22. 作品22号“我打猎归来”（《麻雀》）
23. 作品23号“在浩瀚无垠的沙漠里”（《莫高窟》）
24. 作品24号“生活对于任何人”（《我的信念》）
25. 作品25号“我为什么”（《我为什么当教师》）
26. 作品26号“伴随着科学技术”（《绿色食品》）
27. 作品27号“身处尘世”（《给生命留白》）
28. 作品28号“在所有的电视”（《感受电视》）
29. 作品29号“我的童年是在”（《绿的歌》）
30. 作品30号“实在不明白”（《域外窘事录》）
31. 作品31号“七月初的一天”（《中计》）
32. 作品32号“鸟儿无意中”（《心的存折》）

33. 作品 33 号“第一次感受”（《感受优雅》）
34. 作品 34 号“在这多情的季节里”（《困驴的启示》）
35. 作品 35 号“求知可以作为消遣”（《论求知》）
36. 作品 36 号“小保罗是个”（《父亲的难题》）
37. 作品 37 号“峨眉山下”（《枯叶蝴蝶》）
38. 作品 38 号“在繁华的巴黎”（《语言的魅力》）
39. 作品 39 号“有这样一个故事”（《野草》）
40. 作品 40 号“一个失去了双亲”（《爱的故事》）

五、普通话水平测试命题说话话题

说明：30 则话题供普通话水平测试第四项——命题说话使用；30 则话题仅对话题范围做规定，并不规定话题的具体内容，说话时间要求满 3 分钟。

1. 我的愿望（或理想）
2. 我的学习生活
3. 我尊敬的人
4. 我喜爱的动物（或植物）
5. 童年的记忆
6. 我喜爱的职业
7. 难忘的旅行
8. 我的朋友
9. 我喜爱的文学（或其他艺术形式）
10. 谈谈卫生与健康
11. 我的业余生活
12. 我喜欢的季节（或天气）
13. 学习普通话的体会
14. 谈谈服饰
15. 我的假日生活
16. 我的成长之路
17. 谈谈科技发展与社会生活
18. 我知道的风俗
19. 我和体育
20. 我的家乡（或熟悉的地方）
21. 谈谈美食
22. 我喜欢的节日
23. 我所在的集体（学校、机关、公司等）
24. 谈谈社会公德（或职业道德）

25. 谈谈个人修养
26. 我喜爱的明星（或其他知名人士）
27. 我喜爱的书刊
28. 谈谈对环境保护的认识
29. 我向往的地方
30. 购物（消费）的感受

第二讲　普通话语音知识

普通话是指以北京语音为标准音，以北方话为基础方言，以典范的现代白话文著作为语法规范的语音。普通话是现代汉语的标准用语，是口语交流的基础。

说好普通话，就必须要读准每个字音。一个字音就是一个音节，音节是语音的自然单位，一般由声母、韵母和声调构成，有时会发生音变现象。

一、声母

声母是音节开头的辅音，普通话有 21 个声母，即 b、p、m、f、d、t、n、l、g、k、h、j、q、x、zh、ch、sh、r、z、c、s。

声母发音的共同特点是气流在一定部位受到阻碍，通过某种方式冲破阻碍发出声音，受阻的部位就是发音部位，形成和冲破阻碍的方式就是发音方法。

（一）声母的分类

按照不同的标准，可以将声母进行不同的分类，具体分类方法如下：

1. 按照发音部位分类

按照发音部位不同，可将声母分为七类：

（1）双展音：上唇与下唇接触，闭揽成阻而形成的音，有 b、p、m。

（2）唇齿音：上门齿与下唇接触成阻而形成的音，只有 f。

（3）舌尖前音：舌尖与上门齿背接触或接近成阻而形成的音，有 z、c、s。

（4）舌尖中音：舌尖与上门齿龈接触成阻而形成的音，有 d、t、n、l。

（5）舌尖后音：舌尖与硬腭前部接触或接近成阻而形成的音，有 zh、ch、sh、r。

（6）舌面音：舌面前部与硬腭前部接触或接近成阻而形成的音，有 j、q、x。

（7）舌根音：舌根与硬腭软腭交界处接触或接近成阻而形成的音，有 g、k、h。

2. 按照阻碍方式分类

按照阻碍的方式不同，可将声母分成五类：

（1）塞音：发音时，构成阻碍的发音部位先形成闭塞，然后保持对气流的阻塞，最后让气流冲破阻碍，爆破成声，有 b、p、d、t、g、k。

（2）擦音：发音时，构成阻碍的两个发音部位靠近，形成缝隙，然后让气流从窄缝中挤出，摩擦成声，有 f、s、sh、r、x、h。

（3）塞擦音：以塞音开始，以擦音结束。发音时，发音器官的相关部位先闭合，阻塞气流，然后打开一条窄缝，气流从窄缝中挤出，摩擦成声，有 z、c、zh、ch、j、q。

（4）鼻音：发音时，口腔中阻碍气流的部位完全闭塞，软腭下降，打开鼻腔通道，气流震动声带，从鼻腔通过成音，有 m、n。

（5）边音：发音时，舌头后缩，舌尖与上齿龈接触，舌头两边仍留有空隙，同时软腭上升阻塞鼻腔的通路，声带颤动，气流从舌头两边的缝隙通过而成音，只有 l。

3. 按照声带是否颤动分类

在以上按照阻碍方式划分的五种发音方式当中，还有“清”与“浊”的区别。所谓声母发音的“清”与“浊”，是以声带是否颤动为判断标准的。清音即发音时不颤动声带，声音不响亮、带有噪音成分的音。清音有 b、p、f、d、t、g、k、h、j、q、x、zh、ch、sh、z、c、s。浊音即发音时声带颤动，声音较响亮、带有乐音成分的音。浊音有 m、n、l、r（ng 不做声母，只做韵尾）。

4. 按照气流的强弱分类

根据发音时气流的强弱，可将塞音与塞擦音分为“送气”和“不送气”两类。送气音气流较强，要用力送出一口气，有 p、t、k、q、ch、c。不送气音气流较弱，自然流出，但也不是完全没有气流，有 b、d、g、j、zh、z。送气与不送气是相对而言的，不送气音比送气音气流相对弱一些、短一些，但比元音要强。

综合以上所介绍的各种分类，进行汇总，见表 9－1。

表 9－1　普通话辅音声母总表

发音部位				唇音				舌尖前音		舌尖中音		舌尖后音		舌面音		舌根音	
				双唇音		唇齿音											
				上唇	下唇	上齿	下唇	舌尖	上齿背	舌尖	上齿龈	舌尖	硬腭前	舌面前	硬腭前	舌面后	软腭
发音方法	塞音	清音	不送气音	b [p]						d [t]						g [k]	
			送气音	p [p ‘]						t [t ‘]						k [k ‘]	
	塞擦音	清音	不送气音					z [ts]				zh [ts]		j [to]			
			送气音					c [ts ‘]				ch [s ‘]		q [to ‘]			
	擦音	清音				f [f]		s [s]				sh [s]		x [o]		h [x]	
		浊音										x [z]					
	鼻音	浊音		m [m]						n [n]							
	边音	浊音								l [l]							

（二）声母的发音方法

普通话的声母从准备发音到发音结束的过程，可以分为成阻、持阻、除阻三个阶段。成阻是发辅音过程的开始阶段，即发音过程中阻碍作用开始形成，发音器官从静止或其他状态转到发中辅音时所必须构成阻碍状态的过程。持阻是发辅音过程的中间阶段，即发音过程中阻碍作用的持续，发音器官从开始成阻到最后除阻的一种中间过程。除阻是发辅音过程的最后阶段，即发音过程中阻碍作用的解除，发音器官从某种阻碍状态转到原来静止或其他状态的一种过程。下面逐一介绍声母的发音方法。

1. 双唇音

b：双唇闭合，软腭上升，堵塞鼻腔通路；声带不颤动；气流冲破阻碍，爆发成声。例如：颁布、辨别、包办。

p：发音方法与 b 基本相同，只是冲出的气流比 b 强。例如：偏僻、乒乓、批评。

m：双唇闭合，软腭下降，打开鼻腔通路；声带颤动；气流从鼻腔通过。例如：麦苗、梦寐、美妙。

2. 唇齿音

f：发音时下唇接近上齿，形成窄缝，气流从唇齿间摩擦而出；声带不颤动。例如：仿佛、反复、芬芳。

3. 舌尖前音

z：舌尖平伸抵住上齿背，气流冲开一条窄缝摩擦而出；声带不颤动。例如：自在、栽赃、祖宗。

c：发音时与 z 相近，只是发 c 音时气流较强。例如：猜测、催促、草丛、

s：舌尖接近上齿背，气流从窄缝中摩擦而出；声带不颤动。例如：洒扫、三四、诉讼。

4. 舌尖中音

d：舌尖抵住上齿龈，软腭上升，堵塞鼻腔通路；声带不颤动；气流冲破阻碍，爆发成声。例如：到达、电灯、大豆。

t：发音方法与 d 基本相同，只是冲出的气流比 d 强。例如：疼痛、探讨、妥帖。

n：舌尖抵住上齿龈，软腭下降，打开鼻腔通路；声带颤动；气流从鼻腔通过。例如：牛奶、恼怒、能耐。

l：舌尖抵住上齿龈，软腭上升，堵塞鼻腔通路；声带颤动；气流从舌头两边流出。例如：力量、联络、流利。

5. 舌尖后音

zh：舌尖上翘，抵住硬腭前部，软腭上升，堵塞鼻腔通路；声带不颤动；较弱的气流把阻碍冲开一条窄缝摩擦而出。例如：站长、蜘蛛、转折。

ch：发音与 zh 相近，只是发 ch 时气流较强。例如：车床、出差、船厂。

sh：舌尖上翘接近硬腭前部，留出窄缝，气流从中挤出，摩擦成音；声带不颤动。例

如：山水、双手、盛世。

r：发音与 sh 相近，只是发 r 时声带颤动。例如：忍让、软弱、荏苒。

6. 舌面音

j：舌面前部抵住硬腭前部，软腭上升，堵塞鼻腔通路；声带不颤动；较弱的气流把阻碍冲开，形成一条窄缝，摩擦而出。例如：坚决、交际、积极。

q：发音与 j 相似，只是发 q 时气流较强。例如：齐全、请求、恰巧。

x：舌面前部接近硬腭前部，留出窄缝，软腭上升，堵塞鼻腔通路；声带不颤动；气流从窄缝中挤出，摩擦成声。例如：学校、喜讯、行星。

7. 舌根音

g：舌根抵住软腭，软腭上升，堵塞鼻腔通路；声带不颤动；气流冲破阻碍，爆发成声。例如：改革、巩固、干戈。

k：发音方法与 g 基本相同，只是冲出的气流比 g 强。例如：可口、开垦、慷慨。

h：舌根接近软腭，软腭上升，堵塞鼻腔通路；声带不颤动；气流从缝隙中挤出，摩擦成声。例如：呼喊、航海、绘画。

二、韵母

韵母是指音节中紧跟在声母后面的组成部分。普通话有 39 个韵母。完整的韵母包括韵头、韵腹和韵尾。例如，光的音节是 guang，韵母是 uang，韵头、韵腹和韵尾依次是 u、a 和 ng。

（一）韵母的分类

韵母依据不同的标准，可以有不同的分类方法，常见分类依据是韵母结构成分的特点和韵母开头元音的口型的特点。

1. 依据韵母结构成分的特点分类

（1）单韵母：由单元音充当的韵母，一共有 6 个：a、o、e、i、u、ü。

（2）复韵母：由复合元音充当的韵母，一共有 13 个：ai、ei、ao、ou、ia、ie、ua、uo、üe、iao、iou、uai、uei。

（3）鼻韵母：由元音和鼻辅音韵尾构成的韵母，一共有 16 个：an、ian、uan、üan、en、in、uen、ün、ang、iang、uang、eng、ing、ueng、ong、iong。

2. 依据韵母开头元音的口型特点分类

（1）开口呼：没有韵头，韵母为 a、o、e 或 a、o、e 开头的韵母。

（2）齐齿呼：韵头或韵腹是 i 的韵母，如 iou、iao、ie、ia 等。

（3）合口呼：韵头或韵腹是 u 的韵母，如 ua、uo、uai、uei 等。

（4）撮口呼：韵头或韵腹是 ü 的韵母，如 üe、ün、üan 等。

（二）韵母的发音方法

1. 单韵母

其发音特点是口形自始至终不变，舌位不移动。

ɑ：舌面、中、低、不圆唇韵母。发音时，口腔大开，舌头前伸，舌位低，舌头居中，嘴唇呈自然状态。例如：大妈、哈达、喇叭。

o：舌面、后、半高、圆唇韵母。发音时，口腔半合，舌位半高，舌头后缩，嘴唇拢圆。例如：伯伯、婆婆、馍馍。

e：舌面、后、半高、不圆唇韵母。发音时，状况大体像 o，只是双唇自然展开形成扁形。例如：隔阂、特色、割舍。还有 ê 的情况：舌面、前、半低、不圆唇韵母，发音时，口腔半开，舌位半低，舌头前伸，舌尖抵住下齿背，嘴角向两边自然展开，唇形不圆。如单独注音只有一个叹词“欸”，但在普通话里很少单独使用，经常出现在 i、o 后面，书写时可把头上的ˆ去掉，写成 ie、üe。例如：解决、确切、趔趄。er 也视为卷舌韵母，发音时，口腔半开，舌头居中，舌尖上升到中间高度，同时向后卷起，唇形不圆。例如：而且、儿歌、二胡。

i：舌面、前、高、不圆唇韵母。发音时，口腔开度很小，舌头前伸，前舌面上升接近硬腭，气流通路狭窄，但不发生摩擦，嘴角向两边展开，呈扁平状。例如：笔记、皮衣、激励。i 还有 -i（前）和 -i（后）两种情况。-i（前）：舌尖、前、高、不圆唇韵母。发音时，舌尖前伸，靠近上齿背，距离很窄，气流不受阻，嘴唇向两边展开。例如：自私、字词、孜孜。-i（后）：舌尖、后、高、不圆唇韵母。发音时，舌尖翘起，靠近前硬腭，距离较窄，气流不受阻，嘴唇向两边展开。例如：例如：支持、值日、实施。

u：舌面、后、高、圆唇韵母。发音时，口腔开度很小，舌头后缩，后舌面上升接近硬腭，气流通路狭窄，但不发生摩擦，嘴唇拢圆成一小孔。例如：图书、补助、瀑布。

ü：舌面、前、高、圆唇韵母。发音时，口腔开度很小，舌头前伸，前舌面上升接近硬腭，但气流通过时不发生摩擦，嘴唇拢圆成一小孔。发音情况和 i 基本相同，只是嘴唇是圆的。例如：聚居、须臾、序曲。

2. 复韵母

其发音特点一是从一个元音滑到另一个元音，舌位的高低、前后，口腔的开合，唇形的圆展都是逐渐变动的，没有明显的界线；二是各元音响度不同，韵头发音轻短，韵尾音值含混，只有韵腹声音最响亮、清晰。

ɑi：ɑ 比单发时舌位稍前，i 比单发时口腔稍开。例如：白菜、爱戴、拍卖。

ei：e 比单发时舌位靠前，i 比单发时口腔稍开。例如：蓓蕾、肥美、妹妹。

ɑo：ɑ 比单发时舌位靠后，o 比单发时口腔稍闭。例如：包抄、抛锚、懊恼。

ou：o 比单发时口腔稍闭，u 比单发时口腔稍开。例如：欧洲、丑陋、口头。

iɑ：i 比单发时口腔稍闭。例如：掐架、下家、恰恰。

ie：e 应发成 ê 音，但 ê 比单发时口腔稍闭。例如：结业、姐姐、谢谢。

ua：a 比单发时舌位靠后。例如：花袜、娃娃、耍滑。

uo：o 比单发时口腔稍闭。例如：过错、国货、骆驼。

üe：e 比单发时口腔稍闭。例如：雀跃、月缺、决绝。

iao：发音时由 i 降到 a，再由 a 升到 o。例如：缥缈、调料、疗效。

iou：发音时由 i 降到 o，再由 o 升到 u。例如：绣球、优秀、牛油。

uai：发音时由 u 降到 a，再由 a 升到 i。例如：徘徊、外快、乖乖。

uei：发音时由 u 降到 e，再由 e 升到 i。例如：垂危、荟萃、归队。

3. 鼻韵母

鼻韵母韵尾有 n 和 ng 两个。n 和元音构成的鼻韵母叫前鼻韵母，有 8 个；ng 和元音构成的鼻韵母叫后鼻韵母，也有 8 个。鼻韵母的发音要领是：发鼻韵母时，由元音状态向鼻音发音状态变化，最后完全变成鼻音的发音过程。前鼻音发音要将舌尖抵住上齿龈，不能收到两齿间；后鼻音发音时要抬起舌根并使之接触软腭。

前鼻韵母：an、en、in、un、ian、uan、uan、uen。前鼻韵母的韵尾 n 与声母 n 发音部位相同，即舌尖抵满上齿龈，区别在于声母 n 要除阻，韵尾 n 不除阻。例如：漫谈、根本、近邻。

后鼻韵母：ang、eng、ing、iang、ong、iong、uang、ueng。后鼻韵母的韵尾 ng 与声母 g、k、h 的发音部位相同，即舌根抵住软腭，区别在于 ng 是浊鼻音，发音时软腭下垂，气流震动声带从鼻腔通过，没有除阻过程。例如：螳螂、鹏程、总统。

三、声调

声调在汉语中由音节内部的音高变化构成，它是每一个音节所固有的声音的高低和升降，主要有用来区别音节的意义。

普通话中有四类声调，即阴平（一声）、阳平（二声）、上声（三声）、去声（四声）。声调的实际读法，即声调高低升降的具体变化称为调值。普通话中阴平调值为［55］、阳平调值为［35］、上声调值为［214］、去声调值为［51］。其中上声的音长在四个声调中最长，去声则是最短。

四、音变

我们在读词语、朗读文章和说话过程中，由于邻近的音节声调的相互影响，有些音节的声调往往要发生变化，这种声调变化现象叫变调。普通话的四个声调发音在受到邻近音节声调影响的时候，有的会有些变化，其中阴平、阳平、去声的变化不很明显，变化最明显的是上声及“一”“不”的变调。

（一）上声的变调

上声在单念或处于词尾、句末时，一般读原调，其他时候常常要变调。

1. 上声在两字词语中的变调

（1）念半上：上声在阴平、阳平、去声前面念半上，调值由［214］变成［21］或［211］，也就是只降不升，即只念上声的前半段降低部分。例如：每天、每年、每月。

（2）念直上：上声与上声相连，前面的上声变成升调，像阳平的调值一样，调值由［214］变成［35］。例如：美好、勉强、骨髓。

2. 三个上升相连的词语变调

（1）单双格（单音节＋双音节），是指一个三字词中，后两个音节的意义关系更加紧密，这时第一个上声变为半上，调值［211］，第二个上声变为阳平，调值［35］，第三个上声读原调，即“半上＋阳平＋上声”。例如：小老虎、好｜总理。

（2）双单格（双音节＋单音节），是指一个三字词语中，前面两个音节的意义关系紧密，这时前两个上声都变为阳平，调值［35］，第三个上声读原调，即“阳平＋阳平＋上声”。例如：演讲｜稿、展览｜馆。

（3）多个上声相连，先划分语音停顿，再依据情况变调。例如：我有｜五把｜纸雨伞。

（二）“一”“不”的变调

（1）“一”“不”单念或在句末念原调。“一”为序数词，表示“第一”的含义时读原调。例如：一、二、三，三十一，一九一九年，第一；不！我不。

（2）“一”“不”在去声前变阳平（“不”的变调只此一种）。例如：一样、不对。

（3）“一”在非去声前变去声。例如：一天、一年、一起。

（4）“一”夹在重叠式动词中间，“不”夹在动词、形容词中间或充当动词后面的补语时，都轻读，属于“次轻音”。例如：听一听、去不去、看不清。

由于“次轻音”的声调仍依稀可见，当“一”和“不”夹在两个音节中间时，不是依前一个音节变为轻声的调值，而是当音量稍有加强，就依后一个音节产生变调，变读为“次轻音”。例如：听一听、试一试、买不买、会不会。

（三）轻声

轻声是一种特殊的变调现象，也是普通话特有的一种语音现象。轻声的语音特性如下：

（1）轻声都是从普通话的阴平、阳平、上声、去声四个声调变化而来的，不是普通话四声之外的第五个声调。如说说、玩玩、写写、看看，这四个词语的第二个音节都是轻声，原来的声调分别为阴平、阳平、上声、去声，变为轻声以后，失去了原来的调值，听感上显得轻短模糊。

（2）轻声音节不能单独存在，总是体现在词语和句子中，因此轻声的读音也不能独立存在，它们的实际轻声调值总是依据前一个音节的调值来确定的，而不论轻声音节原来的调值是什么。如“村子”“麻烦”中的轻声音节“子”和“烦”，在阴平和阳平的后面念

[31]（调值下加短横表示读音的音长比较短），而不论“子”原来的调值是 [214]，“烦”原来的调值是 [35]。这是轻声的“特殊”所在。

（3）轻声主要是由音高和音长这两个因素构成的。从轻声的音高看，轻声音节失去原来的调值，变为轻声音节特有的音高形式，形成轻声调值。从轻声的音长看，轻声音节一般短于非轻声音节，调型虽短但依稀可辨，这是轻声音节发音的另一个重要因素。音强则在轻声音节发音中不起明显的作用。

（4）轻声音节在音色上会发生一些变化，比如声母浊化、韵母弱等。例如“爸爸”中轻声音节的声母 b 有浊化的倾向，韵母 a 开口度稍变小。

（四）儿化

儿化是普通话的一个音变现象，读的时候处于词尾的“儿”，只保留卷舌的动作，与前一个音节融合成一个音节。普通话卷舌韵母 er 有两个作用：一个是独立成音节，表示某个字的字音，例如：而、耳。二是附着于其他韵母，使之成为带有卷舌色彩的韵母，人们称之为“儿化韵”，例如，“小孩儿”中的“孩儿”就是儿化韵。儿化指的是第二种情况。-r 是儿化韵的形容性符号，不要把它作为一个音素看。

儿化韵的正确发音方法是：把“儿”字与前面一个音节融成一个音节，即“儿”字前面的那个音节韵腹发音的同时就把舌头卷起来，不要把韵腹和卷舌变成一前一后两个动作。广西各方言区的人在念儿化词语时，常常把“儿”字读成不卷舌的“蛾”，并且与前面一个音节分开，读成两个音节，这是不正确的，儿化韵的正确发音与韵腹元音和韵尾有关。

知识巩固练习

美文朗诵练习：

时　　间

（沈从文）

一切存在严格地说都需要“时间”。时间证实一切，因为它改变一切。气候寒暑，草木荣枯，人从生到死，都不能缺少时间，都从时间上发生作用。

常说到“生命的意义”或“生命的价值”。其实一个人活下去真正的意义和价值，不过占有几十个年头的时间罢了。生前世界没有他，他无意义和价值可言的；活到不能再活死掉了，他没有生命，他自然更无意义和价值可言。

正仿佛多数人的愚昧与少数人的聪明，对生命下的结论差不多都以为是“生命的意义同价值是活个几十年”，因此都肯定生活，那么吃，喝，睡觉，吵架，恋爱……活下去等待死，死后让棺木来装殓他，黄土来掩埋他，蛆虫来收拾他。

生命的意义解释的即如此单纯，“活下去，活着，倒下，死了”，未免太可怕了。因此次一等的聪明人，同次一等的愚人，对生命的意义同价值找出第二种结论，就是“怎么样来耗费这几十个年头”。虽更肯定生活，那么吃，喝，睡觉，吵架，恋爱……然而生活得失取舍之间，到底也就有了分歧。

这分歧一看就明白的。大别言之，聪明人要理解生活，愚蠢人要习惯生活。聪明人以为目前并不完全好，一切应比目前更好，且竭力追求那个理想。愚蠢人对习惯完全满意，安于现状，保证习惯。（在世俗观察上，这两种人称呼常常相反，安于习惯的被呼为聪明人，怀抱理想的人却成愚蠢家伙。）两种人即同样有个“怎么来耗费这几十个年头”的打算，要从人与人之间寻找生存的意义和价值，即或择业相同，成就却不相同。同样想征服颜色线条作画家，同样想征服乐器音声作音乐家，同样想征服木石铜牙及其他材料作雕刻家，甚至于同样想征服人身行为作帝王，同样想征服人心信仰作思想家或教主，一切结果都不会相同。因此世界上有大诗人，同时也就有蹩脚诗人，有伟大革命家，同时也有虚伪革命家。至于两种人目的不同，择业不同，那就更容易一目了然了。

看出生命的意义同价值，原来如此如此，却想在生前死后使生命发生一点特殊意义和永久价值，心性绝顶聪明，为人却好像傻头傻脑，历史上的释迦、孔子、耶稣，就是这种人。这种人或出世，或入世，或革命，或复古，活下来都显得很愚蠢，死过后却显得很伟大。屈原算得这种人另外一格，历史上这种人可并不多。可是每一时代间或产生一个两个，就很像样子了。这种人自然也只能活个几十年，可是他的观念，他的意见，他的风度，他的文章，却可以活在人类的记忆中几千年。一切人生命都有时间的限制，这种人的生命又似乎不大受这种限制。

话说回来，事事物物要时时证明，可是时间本身却又像是个极其抽象的东西，从无一个人说得明白时间是个什么样子。时间并不单独存在。时间无形，无声，无色，无臭。要说明时间的存在，还得回过头来从事事物物去取证。从日月来去，从草木荣枯，从生命存亡找证据。正因为事事物物都可为时间作注解，时间本身反而被人疏忽了。所以多数人提问到生命的意义同价值时，没有一个人敢说“生命意义同价值，只是一堆时间”。

“前不见古人，后不见来者”，这是一个真正明白生命意义同价值的人所说的话。他说这话时心中的寂寞可知！能说这话的是个伟人，能理解这话的也不是个凡人。目前的活人，大家都记得这两句话，却只有那些从日光下牵入牢狱，或从牢狱中牵上刑场的倾心理想的人，最了解这两句话的意义。

因为说这话的人生命的耗费，同懂这话的人生命的耗费，异途同归，完全是为事实皱眉，却胆敢对理想倾心。

他们的方法不同，他们的时代不同，他们的环境不同，他们的遭遇也不相同；相同的是他们的心，同样为人类向上向前而跳跃。

一九三五年十月

青　春

（席慕蓉）

所有的结局都已写好
所有的泪水也都已启程

却忽然忘了是怎么样的一个开始
在那个古老的不再回来的夏日

无论我如何地去追索
年轻的你只如云影掠过
而你微笑的面容极浅极淡
逐渐隐没在日落后的群岚

遂翻开那发黄的扉页
命运将它装订得极为拙劣
含着泪　我一读再读
却不得不承认
青春是一本太仓促的书

无怨的青春

（席慕蓉）

在年轻的时候
如果你爱上了一个人
请你一定要温柔地对待她
不管你们相爱的时间有多长或多短
若你们能始终温柔地相待　那么
所有的时刻都将是一种无瑕的美丽
若不得不分离
也要好好地说一声再见
也要在心里存着感谢
感谢她给了你一份记忆
长大了之后　你才会知道
在蓦然回首的一刹那
没有怨恨的青春　才会了无遗憾
如山冈上那静静的晚月

项目十　社交口才

知识导入

“口才”就是在说话、交谈、论辩、讲课、演讲等方面的口头表达才能。人际交往中的口才具有目的性、灵活性、综合性等特点。而想成为一个能言善辩的人往往要拥有崇高思想、渊博知识以及远见卓识等基本素质。如果将口才形成的结构比喻成一座金字塔，则又宽又厚的塔底是知识积累，它包括人的知识素养、品德修养、心理素质等；塔身是思维能力，它包括思辨能力、想象力和应变能力；塔顶则是口语表达能力。

知识目标

1. 了解社交口才的特点。
2. 了解社交口才的基本要求。
3. 掌握打招呼、做自我介绍的技巧
4. 掌握赞美与批评、劝说与拒绝的基本方法。

能力目标

1. 学会在正式场合做自我介绍的技巧。
2. 学会赞美与批评的技巧。
3. 学会劝说与拒绝的方法。

第一讲　社交口才的基础知识

一、社交口才的概念

所谓社交口才，就是指人与人之间在社会交往活动中所表现出的语言艺术或才能，即善于用准确、贴切、生动的口语表达自己的思想、意愿的一种能力。

二、社交口才的特点

（一）明确的目的性

我们每说的一句话都要有针对性和目的性，说话人在说任何一句话时都应该做到瞄准目标，注意言语信息的传输与反馈，要做到“言传心声，意随旨遣”。社交口才明确的目的性主要表现在以下几个方面：

1. 明了

即让听者懂得所传递的信息，或明白、理解他所不知晓、不了解的事情。

2. 说服

即让听者在弄懂对方思想观点、立场看法的基础上接受对方的观点并信服，同时能产生相应的行动。

3. 感动

即让听者随着说话者的表达而产生情感、心境的变化，同悲同喜、同忧同乐，产生心灵相通、精神共鸣的效应。

4. 拒绝

即让听者明白说话者的观点、看法、要求，表示出不被接受。拒绝是种逆向交流，尤其需要注意讲究方式与技巧。

5. 反驳

即指出对方观点、要求的不合理乃至荒谬性。

6. 赞许

即认为对方的表达正确，并加以称赞。

（二）明显的综合性

优秀的口才是一个人素质和能力的综合反映，包括生理和心理的综合、素质和才能的综合、思考和表达的综合、方式和手段的综合。

（三）独特的技巧性

不同的人、事、物、景，必须采用不用的表达方式和技巧。

（四）语言具有可欣赏性

语言具有可欣赏性是指说话者说出的话能给人带来身心愉悦的感受。悦耳动听的声音、清晰标准的吐字、恰如其分的措辞，都让听者感到舒服。

三、社交口才的基本要求

社交口才的基本要求表现在适时、适量、适度和适情四个方面。

（一）适时

说在该说时，止在该止处，这就叫适时。可有的人在社交场上该说时不说，他们见面时不及时问候，分手时不及时告别，失礼时不及时道歉，对请教不及时解答，对求助不及时回复……

反之，有的人该止时不止。他们在热闹喜庆的气氛中唠唠叨叨诉说自己的不幸；在别人悲伤忧愁时嘻嘻哈哈开玩笑；在别人心绪不安时仍滔滔不绝发表宏论；在长辈家里乐不可支地详谈“马路新闻”。

请设想一下，假如你在社交中遇见了上面这种人，你会对他产生什么样的印象呢？

（二）适量

捷克讽刺作家哈谢克的名著《好兵帅克》里有一个克劳斯上校。此人以说话啰唆闻名。他有一段对军官的“精彩”讲话：“诸位，我刚才提到那里有一个窗户。你们知道窗户是个什么东西，对吗？一条夹在两道沟之间的路叫公路。对了，诸位，那么你们知道什么叫沟吗？沟就是一批工人所挖的一种凹而长的坑，对，那就叫沟。沟就是用铁锨挖成的。你知道铁锨是什么吗？铁做的工具，诸位，不错吧，你们都知道吗？”克劳斯上校的这番话，虽然是作家加工过的，但生活中、社交场上说话啰唆的人也不在少数。因此说话适量也是社交口才的基本要求之一。

适量既指说话的多少适当，也包括说话的音量适宜。应该指出的是，适量并不是都是以少说为佳，更不是指那种音量没有变化的“老和尚念经”，适量与否应以是否达到了说话目的为衡量的标准。

请看下面几句话：

（1）您看，这么晚了还来打搅您，真过意不去。您要休息了吧？真对不起，对不起……

（2）我不同意这个意见！我明确表示不同意。不管你们怎么看，我就是不同意。

（3）那不是我说的，我怎么会那么说呢？您想，我能说那种话吗？那确实不是我说的。我怎么会那么说呢？您想，我能说那种话吗？那确实不是我说的。

上面的几句话，初听起来似乎都是“废话”，但都是为了增强表达效果而不得不说的“废话”，是需要保留的语言的“冗余度”。第一句是表示道歉的话，重复几句显示了态度的诚恳；第二句话中的重复是为了表示说话人态度坚决和不容置疑；第三句话则是说话人急于表白自己心情而采取的必要的重复。这种语言现象在社交场合经常出现。

由此看来，说话适量并不排除为达到说话目的的必要重复，而是应根据对象、环境、时间的不同，该多说时不少说，该少说时不多说。有的人自我介绍啰啰唆唆，祝酒时说上半个钟头还不停，批评起来没完没了……这样既影响说话效果，又影响自己的社交形象。

适量还包括声音大小适量。大庭广众之下说话音量宜大一点；私人交谈音量宜适中；如果是密友、情人间交谈，小声则可以表现亲密无间、情意绵绵的特殊关系，给人一种亲切感。这些都是在社交场合与人交谈应该掌握的。

（三）适度

1988年美国总统大选期间，民主党在选民中造成了布什是毫无独立主张的这一印象，他们甚至称“布什是里根的影子”。在交谈时，民主党人总爱用挖苦的口气问：“布什在哪里？”这个问题该如何回答才恰到好处呢？布什的竞选顾问、资深政治公关专家艾尔斯为布什设计了一个回答：“布什在家里，同夫人芭芭拉在一起，这有错吗？”

这一回答，体现了强烈的针对性和恰如其分的分寸感的结合，有很高的艺术性。试想，如果你在社交场上遭到别人挖苦时，就马上抓住对方弱点，给以迎头痛击，那将产生什么效果呢？也许你自认为是胜利者，可在别人眼里，你却是一个心胸狭窄、睚眦必报的人。而艾尔斯为布什设计的回答，却为布什的政治家风度增添了不少光彩。

社交口才的适度，主要是指根据不同对象把握言谈的深浅度，根据不同场合把握言谈的得体度，根据自己的身份把握言谈的分寸度。此外，体态语也要恰到好处。

（四）适情

从前，一个皇帝梦见自己所有的牙齿都掉了，醒来吓出了一身冷汗，觉得很奇怪。他马上招来一个解梦家问他这个梦是不是暗含什么意思。解梦家听完皇帝说的梦境后说：“唉，陛下！很不幸地告诉你，每一个掉落的牙齿都代表着你的一个亲人的死亡。”皇帝一听愤怒地对他大骂：“什么？你这胡说八道的家伙！你竟敢对我说这种不吉利的话。来人！给我拖出去打五十大板！”这位解梦家被打得皮开肉绽，给抬回了家。不久，另一个解梦家被招来，他细心听完皇帝讲述的梦境，脸上露出一抹微笑说：“陛下，我很荣幸能为你解梦，你真是洪福齐天！你将活得比所有的亲人都要长久！”皇帝听后，立即眉开眼笑，他说：“你的解梦术实在高明啊！”然后，安排侍从盛情款待他，临走时还赏赐给他50两黄金。

在一旁的侍从私下问这位解梦家：“在我听来，你说的与第一位解梦家说的是一个意思，恕我直言，我并不觉得你的解梦术有什么高明之处。”那个聪明的解梦家狡黠地笑道：“你说得不错，不是我的解梦术高明，而是我说话比别人稍稍高明了一些。话有很多种说法，问题在于你如何去说。”然后他高高兴兴地捧着黄金回家了。

四、社交语言的基本要求

（一）目的明确、思路清晰

交谈前要有明确的目的，根据目的和对象有针对性地确定交谈的内容和方式。谈话时思路清晰，合乎逻辑，不能啰唆凌乱，同时要观察谈话对象的反应，寻找共同话题，使谈话顺利愉快。

（二）讲究用语、彬彬有礼

文雅用语是一个人学识教养的体现，在文明社会，尤其是知识经济时代，社交活动中的礼貌用语尤为重要。

1. 尽量使用敬语

尊重是社交礼仪的核心内涵，体现在语言上就要常用敬语，如“您”与“你”、“先生”与“喂”、“小朋友”与“小孩”，虽然称呼的对象相同，但给人的感受完全不同。

2. 多用商量的口吻，少用命令的语气和语调

如“请帮我跑一趟邮局好吗”与“你替我跑一趟邮局”、“请让一下”与“让开”的口吻就大相径庭；再如“去叫老师”和“去请老师”这一“请”一“叫”，就区分出一个人的礼仪与教养。

（三）掌握分寸、措辞得当

1. 要有角色意识

说话时要注意自己和对方的身份，主从不分、没大没小，都是不礼貌的。

2. 要顾及他人

首先要考虑到听众是否听得懂，要尽量说大家都能听懂的话。其次要顾及他人的情感，将心比心，不要在无意中刺伤他人的自尊心，令人尴尬难堪。最后要注意不要冷落那些社会地位较低或有自卑感的人。

3. 要考虑措辞

措辞既不能过分热情，又不能冷漠待人；既不能过于随便，又要使交往轻松活泼。在商务活动中，说话还应委婉客气，不宜居高临下、咄咄逼人。

（四）善于聆听、学会幽默

1. 善于聆听

只有善于聆听，才能真正做到有效地双向交流。听别人谈话要全神贯注，不可东张西望或显出不耐烦的表情；不要挑剔别人无关大局之处，如对方浓重的乡音或读错的某字；不要突然打断他人的谈话，假如想对别人的谈话加以补充或发表意见，要等到别人说完后再做补充。

2. 学会幽默

幽默能使谈话气氛轻松、活跃。例如，古希腊著名哲学家苏格拉底有一次正与朋友们高谈阔论时，他的妻子突然闯进来，大吵大闹，还把一盆水浇到他头上。朋友们非常惊讶，不知如何是好。苏格拉底却风趣地说：“我早已料到，雷声过后，必定有倾盆大雨。”朋友们大笑，气氛一下子又轻松、活跃了起来。可见幽默语言的作用。

案例

在幽默的玩笑话中道出事实

在一家外资企业中，有一名员工在较短的时间内，连续两次提出合理化建议，使生产成本下降近20%。领导非常高兴，对他说："好好干，我不会亏待你的。"

这名员工当然知道这句话可能意义重大，也可能不值一文。他想要点实在的，便轻松一笑，说："我想您会把这句话放到我的薪水袋里的。"领导会心一笑，爽快应道："会的，一定会的。"不久他就获得了一个大红包和加薪奖励。

【案列简析】 面对领导的鼓励，员工如果不是这样俏皮，而是坐下来认真严肃地提出加薪要求，并摆出若干条理由，结果可能会适得其反。

庄重严肃的话题会使人紧张慎重，而轻松幽默的话题往往能引起感情上的愉悦。在条件允许的情况下，最好能把庄重严肃的话题用轻松幽默的形式说出来，这样对方可能更容易接受。

有口无心的遗憾

曾经有一位朋友为人耿直，心地也十分善良，可是周围却很少有能谈得来的朋友。原因就是这位朋友过于"不会说话"，经常因为一些有口无心的话使人感到不舒服，虽然熟悉他的人都知道他完全没有恶意，可是实在不愿意和他在一起谈天说地。

一次，这位朋友参加一位同学的婚礼。新娘子苗条靓丽，前来祝贺的人都夸新郎好福气。可是这位朋友说的话却令在场的人无不感到惊讶，新郎新娘更是既尴尬又心怀怒气。他是这样说的："现在人们都喜欢苗条的女孩子，女士们本人也以苗条为美。其实苗条也许看起来赏心悦目，可实在不利于身体健康。身体过于单薄的人容易得重病，而且自身免疫力不好，一旦得病就很难治愈。古代就有人说腰身细弱其实是一种薄命相……"在如此喜庆的场面，这位朋友却说出这些不吉利的话，实在是令人气恼。好在新郎新娘有涵养，又素知他的为人，所以当时没跟他计较，可是心里却很是不悦，以后与这位朋友的交情明显冷淡了许多。而当时在场的其他人也是不由得暗伸舌头，或许很多人都在考虑等自己办喜事时是否会邀请他出席。

事隔不久，在一次同学聚会中，有人提到一位没有到场的恩师退休以后比过去胖了许多。这时这位朋友又来了一句："中老年人发胖容易中风，咱们的老师没有中风吧？"当这话传到这位恩师耳中时，恩师自然十分生气，原本还打算推荐他到一个朋友的公司中担任要职，后来因此打消了这个念头。

【案例简析】 说话要适时、适量、适度和适情，喜庆的场合要说祝福的话，同事朋友交流时说话要委婉，表示关心时要真诚。耿直并不代表说话带刺，不分场合、不分情况地乱说话。说话委婉是一种让人舒服的说话方式，并不代表虚伪。所以说，在什么场合说什么话，顾及他人的感受很重要。

第二讲　打招呼、介绍的技巧

一、打招呼的技巧

心理学研究表明，在社交场合，人们对别人如何称呼自己是十分敏感的。称呼得当，能使双方产生心理上的相容，交际就会变得顺利起来。所以，打招呼是开启交谈之门的一把钥匙。因此，在社交场合中要注意打招呼的技巧。

（一）观察对象，视察环境

打招呼的技巧首先是要看对象和当时的气氛，包括时代气氛和环境气氛，否则就做不到得体正确。不得体、不正确的称呼轻则影响第一印象，重则会导致交谈失败。此外，称呼还要看与对方熟悉与否、关系如何，不能乱叫人。有两种不恰当的称呼：一种是省略不当。随便省略他人的姓或名，或直呼其名，这些称呼是在关系比较密切或比较熟悉的语境中才可以用的，不能随便省略，否则会引起尴尬或误会。另一种是乱叫绰号，这也是不可取的。

（二）礼让谦恭，多用褒称

“礼”是温文尔雅的体现，“貌”是和蔼谦虚的表情。能否礼貌地称呼别人，既反映一个人的文化素质，也表现一个人的思想修养。

（三）随俗寒暄，区分职业

称呼的地域性主要表现在两个方面：一是每个地方都有自己的方言土语，自然也就有了方言称呼。二是在称呼别人时不同的地方叫法不一样，如在西方，小孩子往往直呼长辈的名字，这在我们中国人心理上是难以接受的。如果不了解称呼的地域性，盲目称呼，往往造成误会，使人反感。

在称呼上还必须区分不同的职业。对工人、司机、理发师、厨师等称“师傅”；对农民称“老乡”等；对医护人员称“大夫”“医生”；对教师称“老师”“教授”；对国家公职人员称呼其职务，如“主任”“处长”等；对军人和警察，最好称“同志”。如果不知道对方是什么职业或职务，宜用泛称，如“先生”“女士”“同志”等。

（四）记住姓名，有助交往

遇见对方，如能脱口叫出他的名字，显得自然而亲切，如果叫不出对方的名字就会感到语塞，交往的大门就不容易打开。所以，称呼对方的姓名，会使人产生愉悦甚至感动之情，有利于交往。

同陌生人第一次接触时应当问“您贵姓?”“怎样称呼您?”。然后尽可能记住对方的名字，使他人产生受重视的感觉。

案例

一小伙子骑着毛驴去逛白云庙，走到一个三岔路口时迷路了。这时他看见正前方有一老农正在割草，便上前问："喂！老头！去白云庙怎么走啊?"老农没理小伙子，小伙子又重复问一遍，老农还是没说话。小伙子气急了，便骑着驴来到老农身边，提高嗓音说："老头！问你上白云庙怎么走，干吗不理我?"老农连头都没抬，嘴里说着："没工夫，没见我正割草吗!""那说句话也耽误不了你割草呀!""小伙子，你不知道，家里等着草去喂驴。昨天晚上，我家那头驴下了两只骆驼!"小伙子一愣，毛驴下骆驼，这可新鲜稀奇，说道："嗨，老头，驴哪能下骆驼呀，驴应该下驴才对嘛!"老农冲小伙子一笑："哼！谁知道啊，这畜生他不下驴嘛!"小伙子这时才醒悟过来，脸唰地涨红了。

【案例简析】社交中要注意：一是为人处事礼貌先行，称呼别人也不例外，它是交谈双方得以顺利进展的第一道关。二是除非与被称呼者特别熟悉和亲近，一般跟陌生人打招呼，忌用"嗨、哎、喂、嘿"等词。三是看年龄称呼人，要力求准确，否则会令人不愉快，甚至发生口角或者闹笑话。

二、介绍的技巧

（一）自我介绍的技巧

1. 注意时间

自我介绍以半分钟左右为佳，如无特殊情况最好不要超过一分钟。进行自我介绍的适当时间，指的是对方有兴趣、有空闲、情绪好、干扰少、有要求时；进行自我介绍的不适当时间，是指对方无兴趣、无要求、工作忙、干扰大、心情坏、休息用餐或正忙于私人交往之时。

2. 讲究态度

进行自我介绍，态度务必自然、友善、亲切、随和，应落落大方、笑容可掬。既不要畏首畏尾，也不要虚张声势、轻浮夸张、矫揉造作。

3. 力求真实

进行自我介绍时所表述的各项内容一定要实事求是，真实可信。过分谦虚，一味贬低自己去讨好别人，或自吹自擂、夸大其词，都是不足取的。

（二）介绍他人的技巧

介绍他人又称第三者介绍，是指经第三者为彼此不相识的双方引见、介绍。为他人做介绍要审时度势，熟悉双方的情况。如果有可能，在为他人做介绍之前最好先征求一下双方的意见，以免为原本相识者或关系恶劣者去做介绍。在为他人做介绍时，先介绍谁、后介绍谁，是一个比较敏感的礼仪问题。处理这一问题，必须遵循“尊者优先了解情况”的规则，先介绍位卑者，后介绍位尊者。

知识拓展

卡耐基经典口才训练八法

经典方法一：速读法

速读法就是要求用最快速朗读，这样的锻炼可以使人口齿伶俐、吐字清晰、语音准确，这些都是口才的最基本要求。训练者在开始朗读的时候会比较慢，但是每次朗读时要不断加快速度，一次比一次读得快，读的过程不能有停顿，发音一定要清晰，吐字要清楚。

经典方法二：背诵法

背诵可以训练记忆能力以及口头表达能力。背诵时要求有感情，语法准确，语气语调恰当，不能有错。

经典方法三：练声法

练声法即是练习发声，要保持气息充足，声音圆润，练习时要学会用气，吸气要深，小腹要收缩，扩展胸部，尽可能吸入更多的气。

经典方法四：复述法

复述法就是把别人的话复述一遍，这可以锻炼记忆力、反应能力以及串通语言的能力。可以选择一段长短合适、有一定情节的文章，让朗读得较好的同学先读，然后你复述一遍。刚开始可以慢慢进行，不断提高复述能力。

经典方法五：模仿法

模仿法可以锻炼自己的口才，增强自己的口语表达能力。

经典方法六：描述法

训练者把自己看到的景、事、物、人用较好的描述性语言表达出来，主要是训练语言的组织能力和逻辑性，这是演讲所需要的重要口才能力。

经典方法七：角色扮演法

像演员演戏那样，去扮演作品中出现的不同人物，当然这个扮演主要是在语言上的扮演。这种训练法要求“演”的成分很重，它有别于对朗诵的要求。它不仅要求声音洪亮，充满感情，停顿得当；还要求能绘声绘色、惟妙惟肖地把人物的性格表现出来，而且要配有一定的动作和表情。

经典方法八：讲故事法

故事里面既有独白，又有人物对话，还有描述性、叙述性的语言，因此讲故事可以训练人的多种口语能力。其要求是：发音要准确、清楚，平舌音、翘舌音、声调都要清楚；最好能用普通话讲；不要照本宣科，用自己的语言去讲故事，那样才能生动形象。

资料来源：［美］卡耐基．卡耐基魅力口才与沟通艺术．房铭，译．北京：煤炭工业出版社，2015.

第三讲　赞美与批评

一、赞美

赞美，是指发自内心地对自身所支持的事物表示肯定的一种表达。恰如其分的赞美能使我们更好地与人交往。心理学研究表明，喜欢听好话、受赞美是人的天性，这是一种正常的心理需求。赞美不仅能使人的自尊心、荣誉感得到满足，更能让人感到愉悦和鼓舞，从而会对赞美者产生亲切感，使彼此之间的心理距离缩短。人与人之间的融洽关系就是从这里开始的。赞美别人的实质，是对别人的尊重与评价，是送给别人最好的礼物。在社会交往中，多用赞美、巧用赞美、善用赞美，是博得他人好感、获得他人赞同、建立良好关系的“密码”。

（一）赞美的要求

赞美别人不是一件轻而易举的事情。过分粗鄙浅显的赞美之词反而会破坏他人对你的印象，影响你的名声和品位，使你的社交活动蒙上阴影。那么，究竟什么样的赞美之词才合适？我们在人际交往过程中应该如何赞美别人？我们要做到以下两点：

1. 真诚

赞美主要体现的就是真诚。谁都喜欢听赞美的话，但是恭维之词必须是诚心诚意的。如果你毫无根据、虚情假意、夸大其词地赞美一个人，不仅会使被赞美者感到莫名其妙，甚至会觉得你这个人油腔滑调、不可靠。

赞美要想做到真诚，体现在以下几点：

（1）赞美要说到点子上。赞美别人要学会抓住重点，不能什么都说好。宽泛的赞美会让人觉得乏味，起不到一点令人愉悦的作用。比如要夸一个人写的文章，你不能只说“写得好，写得好”，你可以通过不同的细节来夸奖，如观点很新颖、语句很优美等，这样会让人感到你很认真地看过他的文章。

（2）赞美要适可而止，恰到好处，不能夸大其词，也不能滔滔不绝。赞美并非多多益善。虽然人人爱听赞美的话，但有时候，赞美的话说得太多反而会弄巧成拙。生活中常常会碰到一些人，无论见到谁都是一阵吹擂，尤其喜欢在领导面前阿谀奉承来博得领导的好感，这种人让人感觉不到真诚。

（3）赞美应该发自内心，不能太过刻意。听者很容易分辨出你说的是真心话还是在敷衍他。赞美别人不能言不由衷，只有真实的赞美才能让听者感受到舒服并回馈给你感激与友好。

2. 独到

赞美别人的语言要新颖独到，不能人云亦云，只会附和别人的赞美、重复别人说过的话，会显得平淡无味。

“生活中不是缺少美，而是缺少发现美的眼睛。”所以你要用敏锐的观察力、独到的眼光去观察、发现对方的优点，然后赞美对方身上别人没发现的优点。这不仅能体现出你的高层次和高水平，更能激发出被赞美者身上蕴藏的能量，有助于挖掘他潜在的能力。

（二）赞美的技巧

1. 赞美的内容要恰当

选择适当内容进行赞美是一种艺术的运用，它能使赞美获得更好的效果，意义更加非凡。善于赞美的人，总是愿意花费时间充分地了解对方的优点，而不是随意地赞美他人。比如对方明明长得不好看，你一口一个“美女”，还时不时地来一句“你长得真漂亮”，就会让人感到你说话虚假。对方相貌平平，你可以夸她的气质佳、才学高、声音好听、皮肤好。总之，要善于发现对方确实比较好的一方面来夸奖赞美对方。

2. 赞美要讲究方式

赞美别人可采用两种形式：直接赞美和间接赞美。

直接赞美时不要说很抽象的话，可以从三个方面入手，去发现对方的优点或者说是可以赞美的地方：一是人的衣着打扮，如对方的穿着、手表、眼镜、鞋子等。二是人的外貌，如头发、身材、皮肤、眼睛、眉毛等，这些可以称为硬件，就是你能看到的。三是内在的方面，比如说对方的人品、生活的品位、良好的习惯、身上散发出来的气质，还有诸如像学历、经历、兴趣爱好、特长、能力等。

间接赞美，是指利用第三者来赞美别人，可以借第三者的话来赞美对方。比如，在与同事、朋友聊天时，把对别人的赞美说与第三者听，当这些话通过第三者传到被夸奖的那个人耳朵里时，他一定会相信你的赞美是真诚的，就会对你有一种信任感和好感。间接赞美有时比直接赞美所起的作用更大。

二、批评

批评，是指对缺点和错误提出意见。批评不是指责、不是抱怨、不是批判。必要的批评不仅有利于个人的进步，也有利于工作的开展。所以批评是口才训练中不可或缺的内容。

（一）批评的要求

批评是一种否定性的交际方法和工作方法，它会直接或间接地与人的自我保护心理相抵触。它可能使人感到失去荣誉和自尊、成绩被抹杀，同时使人觉得自己处在恶劣的人际关系中，还可能对自己所处的环境产生悲观的体验。如果接受批评的人出现这些心理感觉，就会产生悲观甚至对抗心理，从而使批评事与愿违。因此，在使用批评的时候一定要慎重。要注意以下几点：

（1）批评要实事求是；
（2）批评要注意态度和措辞；
（3）批评要考虑场合；
（4）批评一定要适度。

（二）批评的技巧

批评是一门艺术，批评不当，只会适得其反，不但不利于工作开展，更有可能破坏批评者与被批评者之间的关系。一般来说，在开展批评时，被批评者常处于紧张、压抑的状态，特别是上级批评下级、长辈批评晚辈时。被批评者的心理或表现为焦虑、恐惧，或表现为对立、抗拒，或表现为沮丧、泄气。这些不正常的心理状态成为双方交流思想感情的障碍，大大降低了批评的实际效果。因此，要采用一些适当的方法进行批评，会取得更好的效果，这些方法包括：

（1）采用间接批评法。
（2）将批评与赞美结合起来。
（3）将批评改为建议。
（4）幽默批评。

案例

一位年轻的律师参加了一个重要案件的辩论会，这个案子牵涉很多方面的法律问题。在辩论中，庭长对年轻的律师说：“海事法追诉期限是6年，这个案件已过了追诉时限。”年轻的律师一愣，当即直率地说道：“不是的，庭长，海事法没有追诉期限，您连这个都不懂吗?”当时，整个法庭都安静下来，庭长的脸色铁青。

年轻的律师事后追悔不已：“虽然我是对的，但是在那种场合当众指出一位声望卓著、学识丰富的人的错误，真是足够让人难堪，确实让人下不了台，这是我的错误。”

【案例简析】批评是一门艺术，指正别人的错误要注意场合和地点，如果条件允许，应该在事后单独对当事人的错误进行指正；如果条件不允许，也应该用委婉的方式问一句：“您确定吗?”当然，机敏灵活的人还可以采取幽默批评的方式指正别人的错误。

/ 知识拓展 /

赞美的话术50条

1. 与您打交道可真能学到东西，您太有智慧了！
2. 您的思维太活跃了，我根本就跟不上。
3. 您目光深邃，一看您就是一位有思想的人。
4. 别开玩笑了，看您的容貌，肯定不到四十岁。
5. 您的语调独特，言谈话语中充满了感染力。
6. 这套西服穿在您身上，真是帅气极了！
7. 您总是这么干净整洁，一看就是一位热爱生活又有修养的人。

8. 我真佩服您的头脑，多少别人办不成的事，您一到便迎刃而解。
9. 您每天都这么精神！
10. 您真幽默，话从您口中说出来就是不一样。
11. 听君一席话，胜读十年书，今天与您交谈，我受益匪浅。
12. 在这个问题的处理上，您真有大将风度。
13. 您真是一位家庭幸福、事业有成的人，非常令人羡慕。
14. 您的下属都这么尊重您，真是少见。
15. 从你们的言谈中可以看出，我今天遇到的都是有修养的人。
16. 您的人格魅力真强，这么大的事，您一句话就皆大欢喜了，真不一般。
17. 做那样大的事业，生活还这么俭朴，我真佩服您。
18. 我很高兴和您这样果断、智慧、富有经验的人共事。
19. 现在竞争激烈，您能把公司经营得这么好，绝不是一般人。
20. 在同龄人中，您的能力真是出类拔萃。
21. 凭您的能力，又年轻，太有发展潜力了。
22. 看您情绪这么饱满，事业一定非常顺利！
23. 您时间安排得这么合理、这么有效率，可见您才智过人。
24. 您还别说，您的管理经验书本上也难学到。
25. 您的下巴像雕刻的一样，显示出一种权威的力度。
26. 您的耳垂又大又圆，一看就是大富大贵的人。
27. 您爽朗的笑声证明一点：您是个乐天派，您肯定是个健康长寿的人。
28. 这么魁梧身材、潇洒的外表，您不是大老板才怪了呢！
29. 这条领带太适合您了，一定很贵吧？
30. 您的打扮真有品位，一看就不是俗人。
31. 您衬衣的扣子真别致。
32. 听说您的口才不俗，今天得见，果然名不虚传。
33. 您的身材可真好，有什么秘诀吗？
34. 您可真风趣，什么愁事让您一说全没了。
35. 看您多好，性格温和，举止得体，到处受欢迎。
36. 您脾气不好，但您绝对是个好人，因为您心地善良。
37. 我在和您的员工交流时，发现他们都很敬佩您的为人。
38. 您对生活的乐观态度使我很感动，笑迎竞争是新时期生活中不可缺少的品格。
39. 您是个爱憎分明的人。
40. 不跟您畅谈不知道，您真是眼光独到、志向远大呀！
41. 从您这儿，我算知道什么是聪明了，以后有机会教教我。
42. 经常听人提起，贵公司有今天的发展，与您不凡的管理才能是密不可分的。
43. 这可不是胆大胆小的问题，没您这能力根本干不好。
44. 在这么短的时间里，您能到今天这个局面，那可不一般啊！

45. 您这么有名气，来拜见您，我真的有些惶恐不安。

46. 您最不喜欢听奉承的话，您是一位正直的人啊！

47. 张罗这么大的事儿，没两下子可真不行，我真佩服您。

48. 真不愧是总经理，这么大的办公室本身就代表一种成就啊！

49. 像您这么稳重成熟、思考周密，一般人在这个年龄很难做到啊！

50. 跟您在一起谈话，虽然时间不长，但真是一种难得的享受，真希望下次有机会再与您交谈。

第四讲　劝说与拒绝

一、劝说

劝说是使对方理解、接受自己的观念，并付之行动的交往过程。在人际交往中，许多地方都离不开劝说。劝说别人转变看法是很有意义的，但也是不容易的。

（一）信任是基础

取得对方的信任，是劝说的基础。不要贸然地去劝说一个人，首先要衡量的是你是否能够获得对方的信任，如果信任还没有达到一定的程度，冒失地去劝说别人，成功的可能性往往不大。信任是可以建立的，通过共同从事一些事、通过语言交谈等，都能很快地建立起信任。

（二）了解情况是重点

劝说，首先就是要完整地了解情况，包括对事情的了解，以及对劝说对象情况的了解等。只有清楚了解了各种情况，才能够确定整个劝说工作采取何种方案。尤其是认清劝说对象，更是至关重要的一环。

（三）摸准心理是关键

劝说要针对对方心理，这是成功的关键。我们只有清楚了劝说对象的内心世界，才能探索出他们心底深埋的思想感情。

（四）注重劝说氛围

劝导、劝说的效果，常因地点、环境的不同而不同。虽然这称不上劝说的主要手段，但对于劝说效果来说，却是不可忽视的制约因素，在对方熟悉而自己却感到十分陌生的环境中进行劝说，全新的环境不仅会分散你的注意力，而且还容易削弱你的自信心。因此，劝说要尽量在熟悉的环境中进行，以利于劝说成功。另外，从气氛上看，劝说时的气氛不同，对于不同性质的劝说效果也是不同的。人的情绪会受到环境气氛的感染，使自己的情绪不知不觉地被环境所同化。因此，劝说切不可忽视环境气氛这个因素。

二、拒绝

在人际交往中，有接受，也难免有拒绝。拒绝别人是一件令人难堪的事，如果不善于拒绝，就有可能得罪一位多年的深交。因此，掌握和运用拒绝他人的语言技巧，力争把拒绝带来的伤害缩小到最低程度，做到既不有损对方的自尊和感情，又获得对方的谅解和支持。以下几点是需要注意的：

(1) 态度要真诚；

(2) 要顾及对方的自尊；

(3) 要给对方留退路；

(4) 要选择适当的时间、地点和机会。

拒绝的方法有很多，以下举例几种技巧。

（一）直截了当拒绝

(1) 如实陈述己方的困难和理由，或出示实物、实地查看等；

(2) 说明接受后对对方、对己方、对双方都可能造成的危害，让对方放弃要求；

(3) 不做解释，也不找借口，只用合适的拒绝语即可。

（二）采取迂回战术

诱使对方上钩，造成自我否定，不得不放弃原来的要求，这叫事实胜于雄辩。罗斯福就曾用这样的方法成功拒绝了别人。他在当选美国总统前，曾在海军任要职。一天，一个记者朋友向他打探海军在加勒比海一个小岛上建立核潜艇基地的计划。罗斯福向四周看了看，压低嗓门说："你能保密吗?""当然能。"记者朋友爽快地答应了。"那么，"罗斯福微笑地说，"我也能。"

（三）暗示拒绝

通过肢体语言或非直接的语言把自己拒绝的意思传递给对方，如转动身体、用手帕擦拭眼睛、按太阳穴等，通过这些动作传递出这样一些信息：我很疲劳、身体不适、希望早点结束谈话。此外，微笑的中断、目光的游离不定等同样也会表达出对谈话不感兴趣的态度，间接地表达拒绝。有时候沉默也可以表示否定，聪明的谈话者往往能心领神会。

（四）用推托或者拖延来表示拒绝

如果有人邀你晚上看电影，而你不想同他去，当然不能直接告诉他不去，可以这样说："这电影是新影片，我也很想看。可是明天要上课，我还有不少作业要做呢，电影只好割爱了，真对不起。”

（五）转移话题法

“顾左右而言他”的办法就是转移话题法。当然，这个新的话题必须和原来的话题有一定联系，还必须能引起提问人的兴趣。否则，会引起对方的疑虑或反感。

（六）答非所问，避实就虚表示否定

我国著名球员姚明在美国 NBA 打球时，经常面对记者的刁难提问，有一次，记者问他相比去年是否觉得球技进步了，姚明的回答是：“我只是感觉老了一岁。”这个回答就很巧妙，避重就轻，似答非答，达到了在要害问题上拒绝答复的目的，又显得落落大方，无懈可击。

（七）幽默法

幽默地拒绝别人，不让对方感到难堪，是很好的方法。如姚明在面对各路记者疯狂围堵时答道：“希望大家不要将我逼进厕所。”

（八）类比拒绝

采用类比拒绝的方法，不但不会伤害彼此之间的情谊，还会避免尴尬。曾有人希望庄子出来为官，而庄子是最不喜欢做官的，但又不好直接拒绝，于是他打了一个比方：“你看到太庙里被当作供品的牛马了吗？被拉出来宰杀之前，披着华丽的布料，吃着最好的饲料，的确风光，然而到了太庙之后，它们却被当成了宰杀品，想再像往常那样自由自在，还可能吗？”听了这话，别人就不再去逼迫他做官了。

案例

某公司有一位爱喝酒的员工，曾有一次因喝酒太多而耽误工作。他的同事在对他评价时这样写道：“他这个人很诚实，忠于职守，而且绝大多数时候是清醒的。”

【案例简析】通常，很难看到同事优点的人，在工作上是不会十分顺利的。在职场上应做一个对同事宽宏大量的人，虽然同事身上有这样或那样的缺点和毛病，但毕竟这些缺点和毛病并不会对公司的利益和你个人的发展构成威胁。如果你善于体谅和宽容的话，那么，你就会看到同事身上的优点比缺点多得多，你也能与同事更好地相处，你的工作就会轻松得多。然而，现实中同事之间总有许多矛盾发生，这多是由于一些人宽于律己、严以待人造成的。宽容的好处还在于它会使别人喜欢接近你，从而使你在以后的竞争中得到更多的支持。公司是一个讲究团队合作精神的地方，你必须有全局意识。如果你遇事不够宽容，那给人的感觉就是你是一个目光短浅和心胸狭窄的人。这种只看重眼前利益的人在现代职场上不会有什么作为。

知识巩固练习

1. 对自己的同学或朋友说赞美的话。要求：对不同的人有不同的赞美语言。

2. 你的朋友今天化了一个浓妆，但是跟她的气质以及今天穿的学生装不搭，她自己完全没有意识到，请问你该如何做？

3. 你的室友失恋了，情绪极不稳定，甚至有轻生的念头，请问要如何劝说她（他）？

4. 你新到一个公司工作，与下属和上司均相处得不错。一日，上司突然向你问起平日里下属们都是如何看待他的，并且要求你说真话。事实上，员工们对这位上司是有很多意见和看法的。你应该如何回答这个问题？

项目十一　演讲口才

知识导入

古希腊演讲大师德摩尔尼认为："雄辩的口才，比子弹更有力；弹无虚发的子弹，敌不过锐利如刀的辩力。"我国春秋战国时期，演讲风气盛况空前，孔子、孟子、庄子、苏秦和张仪等，都是才学出众、能言善辩的人物。我国自古有"一人之辩，重于九鼎之宝；三寸之舌，强于百万之师""一言可兴邦，一语可误国""善言使人笑，恶语使人跳""良言一句三冬暖，恶语伤人六月寒"等说法。可见人们很早就深知演讲与口才的巨大力量。

时至今日，演讲更是渗透到了我们生活的各个领域。许多人往往会借助即兴发言、致辞、演讲等机会在公开场合表达自己的思想与观点，同时也向大家展示自己的才华，获取更多的机遇。

随着我国经济的发展，演讲口才在社会竞争与合作中的作用越来越重要。熟练掌握演讲口才知识与技巧，对大学生就业、创业都具有极其重要的意义。

知识目标

1. 了解演讲口才的基本知识及相关技巧。
2. 掌握演讲的特点和程序，以及演讲稿的撰写方法。
3. 了解演讲的口语表达技巧和态势语表达技巧。

能力目标

1. 做好演讲前的准备，包括心理、仪态、演讲稿的写作等。
2. 能利用演讲这一有力工具传递信息、交流思想、表达情感、感染听众。
3. 提高口头表达能力，掌握各种场合需要的演讲技巧，能有效阐述自己的观点以及说服对方，提高专业能力水平，从而完成工作。

第一讲 演讲口才的基础知识

一、演讲的概念

演讲，就是在特定的场合，面对听众就某个问题发表自己的意见的一种独白体说话形式，也叫演说或讲演。一般以口语为主，以态势语为辅。可以说，演讲是一门艺术。

二、演讲的内容

演讲是一种社会活动，其内容多种多样，人类社会生活的方方面面都可作为演讲的内容。

三、演讲的特点

就演讲的表现形式来说，其主要特点是传声性、传情性和现场性。传声性，就是演讲者选用一定的语音、语速、语量、语调来表述。传情性，就是演讲者选用一定的态势语，如面部表情、手势动作和身体姿态等，渲染情感气氛，以增强演讲效果。现场性，就是演讲者直接面对听众讲演，双方的情感、情绪互相影响、互相制约。

就演讲的实质内容来说，其主要特点是针对性、真实性、论辩性和鼓动性。

四、演讲的种类

按照不同的划分标准，可将演讲分为不同的种类。一般来说，演讲按内容划分，有政治演讲、学术演讲、法律演讲、生活演讲等；按方式划分，有专题演讲、论辩演讲、即兴演讲等。按内容划分的类型具体阐述如下。

（一）政治演讲

就是站在一定的政治立场上，评论当前重大事件，表明态度立场，或阐明某种政治主张等。要求有鲜明的政治立场，有的放矢，有鼓动性。如我国无产阶级革命领袖、国家领导人毛泽东的著名讲话《中国人民站起来了》，美国黑人民权运动领袖马丁·路德·金的著名演讲《我有一个梦想》等。

（二）学术演讲

就是为宣讲科研成果、传授科学知识或阐明学术见解而做的演讲。要求独创性和科学性相结合，专业性和通俗性相结合。既要有新理论、新见解，又要有科学依据；既要有专业性，又要尽可能地深入浅出、通俗易懂。如法国哲学家萨特的《存在主义是一种人道主义》、美国教育家杜威的《经验与自然》、英国博物学家赫胥黎的《进化论与伦理学》等。

（三）法律演讲

就是自诉人、公诉人、被告人或辩护代理人在法庭上发表的演讲和律师的辩护演讲，要求公正性和针对性相统一。如古希腊著名哲学家苏格拉底的《法庭上的申辩》，美国废奴运动领袖约翰·布朗的《就义前的讲话》，法国巴黎公社著名女英雄米歇尔的《法庭上的讲话》等。

（四）生活演讲

就是就社会生活中的各种问题、风俗、现象而做的演讲，如礼仪方面的生日祝词、婚礼祝词等，较讲究礼节、情感，且要求配以一定的服饰。如恩格斯的《在马克思墓前的讲话》，美国前总统尼克松的《在答谢宴会上的祝酒词》等。

此外，关于演讲的分类方式还有很多。18 世纪英国演说家乔治·坎贝尔根据演讲的意图和目的，把演讲分为娱乐性演讲、传播性演讲、说服性演讲和鼓动性演讲等；英国演说家梅尔斯把演讲分为建议性演讲、情感性演讲和大众性演讲三大类；中国现代著名演讲家邵守义按演讲的功能将演讲分为使人知类演讲、使人信类演讲、使人激类演讲、使人动类演讲和使人乐类演讲。

五、演讲的作用

（一）演讲可以作为宣传的手段

演讲可以宣传思想、宣传文化、宣传真理，用以团结人民、教育人民，以达到打击敌人的目的。如戴高乐的《反法西斯广播演说》、秋瑾的《敬告中国二万万女同胞》等。与此同时，演讲也可以被邪恶者所利用，宣传犯罪，如第二次世界大战时，具有“魔鬼口才”的希特勒，就充分利用演讲，在德国到处煽风点火，发动了世界大战，使人类陷入战争的灾难之中。

（二）演讲可以作为传播知识的手段

比如学术演讲，在一定程度上就是为了传播知识，当然，同时也是为了促进学科理论的发展。

（三）演讲可以作为开发智力的手段

通过练习演讲，可以启发思维，从而达到开发智力的目的。这在学校教育中经常使用，如各类学校经常开展的各种演讲比赛。

（四）演讲可以作为训练口才的手段

通过演讲训练，改善和提高口语表达的能力，以达到提升个人涵养的目的。这也是学校教育中常用的手段。

（五）演讲可以作为搞好经营管理的手段

一个企业如果正面临许多问题，一个演讲水平高的领导就有可能通过演讲，鼓舞斗志，使员工重整旗鼓。

六、演讲的基本要求

（1）演讲的内容要正确，观点要鲜明。
（2）演讲的材料翔实，论据确凿，论证严密，逻辑性强。
（3）演讲的语言要通俗易懂、生动流畅，声音要清晰。
（4）演讲者的感情要真挚朴实，亲切感人，态势自然得体。
（5）演讲者的着装要整洁大方。

第二讲　演讲口才的准备技巧

除了即兴演讲、即席演讲外，演讲者在实施演讲之前，一般都要做好许多准备工作。例如，美国第十六任总统林肯经典的《在葛底斯堡国家烈士公墓落成典礼上的演说》，全文不足六百字，十句话，从上台到下台，用时三分钟，却足足用了两星期准备。美国第二十八任总统威尔逊在世时，有人问他："准备一份五分钟的演讲词，需要多少时间？"他回答："两星期。""三十分钟的演讲呢？""一星期。""两小时的呢？""现在就可以进行演讲。"可见，越是简短的演讲，就越需要做更多的准备。因为，必须对大量的材料进行筛选，去伪存真，删繁就简，还得对所用的言词细心推敲，否则就做不到短小精悍。可以说，所有成功的演讲，都是需要花时间做精心准备的。那么，演讲前要做哪些准备工作呢？

一、选择题目、确定主题的技巧

俗话说，"到什么山唱什么歌，对什么人讲什么话"。演讲也一样，选题要看所面对的是什么样的听众。所以，要先分析研究听众，然后选择一个适合的题目，确定一个正确的主题。

（一）选择题目

选择题目要注意：一是题意要明朗，不要含蓄，不要委婉，更不要含糊。美国著名演讲家查尔斯·格鲁纳提出了选择题目的法则：自己熟悉；听众感兴趣；有教益或有娱乐性。即选择适合自己、适合听众同时又有意义的题目。二是题目用字要新颖易读。

（二）确定主题

主题是演讲的灵魂，确定一个正确而有意义、有价值的主题是关键。“查尔斯法则”指出，关注当前社会生活中急需回答的问题，选择既是听众想得到解答的，又是自己有真知灼见的主题。此外，还要是正面的，能代表正义、真理，反映真善美，这样的主题才是有价值的主题。

二、搜集材料的技巧

（一）围绕主题尽可能多地搜集材料

选择什么主题就必须搜集什么样的材料，对什么人讲就要尽可能多方面地寻找相关的“养料”，如有趣的事实，真实的故事，确凿的数字，相关的民谣谚语、格言名句，包括正面的、反面的材料，等等。植物学家柏毕克说：“我常常在种植了几十万株的植物中挑选标本，但仅仅选取一两株最优的，其他的劣种，我便完全抛弃不用。”搜集演讲材料也是如此，搜集得越多越好，这也是一种获得知识的过程，对上台演讲也很有帮助。

（二）搜集第一手材料

第一手材料即自己亲身经历、耳闻目睹的材料。第一手材料新鲜、真实、可信，用在演讲中最容易打动他人。

（三）搜集第二手材料

第二手材料即通过书、杂志、报纸、电视、广播、网络等途径获得的材料。

三、编写演讲稿的技巧

（一）拟演讲提纲

演讲提纲般由开头、主体、结尾组成。例如：

题目：如何提高学习成绩。

具体目标：让听众了解在大学提高成绩的三个技巧。

开场（引言）：

（1）我们都知道，无论是继续攻读研究生，还是要寻找到一份好的工作，好成绩都是非常重要的。

（2）因为我是再次回校就读的学生，所以我要尽力学好每一门功课。

（3）我想与你们一起分享我在学习过程中所采取的三个提高成绩的技巧。

主题句：在大学提高成绩的三个行之有效的技巧，即经常上课、建立积极的态度、有效率地学习。

正文：

（1）第一个技巧：经常上课。

1）比较成绩优秀的学生与成绩一般的学生的出勤率。

2）如果你的学习动力不够，就计算一下你每天的“课价”。

（2）第二个技巧：建立积极的态度。

1）大脑对行动有支配性。充满自信地带着轻松的心情去上课。

2）想象考试取得好成绩。潜意识接受了一个概念，就会执行。使用肯定的语言。

（3）第三个技巧：有效率地学习。

1）在每一节课前要从头到尾阅读一遍布置的作业。

2）将要在课堂讲授的知识分析一遍。

3）课后复习。

结论：如果每节课你都出勤，有效率地学习知识，并且从精神上做好准备，那么你将获得好成绩作为报答。

（二）筛选材料

筛选材料的原则：一是以听众的兴趣为出发点，选择自己比较了解的、听众能理解的、能反映主题的、真实可信的、比较新颖的材料。如果是众所周知的材料，最好能有新的认识角度。二是选择材料还要考虑是否符合演讲的环境，要做到观点与材料相统一。

（三）编写讲稿

编写演讲稿时，观点要鲜明，要有理有据；赞成什么、反对什么，必须明确，不能含糊；论证时，不能强词夺理，要摆事实、讲道理；所用事例要典型、新鲜、恰当，引用材料要准确；语言要尽可能用短句，用口语来写，把演讲稿写得通俗、易懂，还可适当地使用一些修辞手法，如反问、设问等，使演讲生动活泼些。

（四）选择主体结构的安排方式

主体部分的结构一般有三种方式，即并列式、递进式、对比式。并列式是指一个问题论述完，接着论述另一个问题，最后总结自己的观点；递进式是指按层次论述问题，由小到大、由浅到深，逐步把道理讲清；对比式是指先对错误的观点进行批驳，在批驳中确立自己的主张，然后论证自己的主张的正确性。

四、试讲彩排的技巧

在真正上台演讲之前，需反复练习演讲。必要时，可以用录音机把试讲的实况录下来，或用摄像机拍下来，寻找缺点和不足，然后加以改正。如果是演讲比赛，这个方法就更需要试试，因为比赛是要受时间限制的。

五、心理准备的技巧

演讲者的心理素质决定其演讲是否成功。最好在演讲前进行一些心理准备和心理素质方面的训练，请这方面的内行帮忙或自我训练都可以，最重要的是培养自信、诚实、友善的心理素质。

（一）自信

一个演讲者首先要对自己有信心，相信自己可以做得最好，要反复地在这方面给自己以鼓励。

（二）诚实

演讲者要诚实坦荡，确认自己所讲的都是可信的，对数据和材料都做了最大限度的核实。

（三）友善

演讲者要从内心深处发出友善的信息，让听众觉得自己和演讲者是一个群体，彼此之间没有距离。要做到这点，最好的做法是准备一个友善的开场白，以消除彼此之间的距离感。

第三讲　演讲口才的口语表达技巧

一、演讲的口语表达技巧

演讲是以口语表达为主、态势语表达为辅的一门艺术，两种表达都很重要，不得忽视。口语表达的总体原则是：语言要简洁准确，清楚明白，生动形象，通俗易懂。口语表达要把握以下技巧：

（1）多用简洁的短句，不用较多修饰语的长句。

（2）多用通俗易懂的词汇，忌讳晦涩、生僻之词。

（3）多用流行的口头词语，少用老套的话语。

不同的时期，有不同的流行语，在演讲中，恰当地选择使用，会使演讲更接近现代生活。

（4）多用能表明个人倾向的词汇，不要模棱两可。

演讲中，演讲者要明确告诉听众自己主张什么、批评什么，赞成什么、反对什么，那就必须使用能表明个人倾向的词汇，如“因此，我认为”“在我看来”“显而易见”“坦率地说”等，这样能给人以坦诚、果敢的印象。

（5）适当使用重复。

演讲中使用重复，就是对主要观点或主要信息的强调，目的是让听众加深印象，以引起注意和思考。所以，适当使用重复，能提高演讲效果。例如，演讲的主要观点在演讲中用材料论证的时候可重复提及，在演讲就要结束时，再总结强调。这样可以使演讲的主题突出，但要注意不能有太多重复，否则就会弄巧成拙，变得啰唆，这是演讲的大忌。

（6）适当使用简略语。

演讲中使用一些简略语，可以使演讲简练活泼，比如公共关系可以简称为“公关”，质量检查报告可以简称为“质检报告”，南方航空公司简称为“南航”，消费者协会简称为“消协”，维护权益简称为“维权”，关心下一代工作委员会简称为“关工委”，等等。但要注意所用简略语必须是规范简称或大家熟悉的、约定俗成的词语，不能自造，否则人们就会听不懂。

（7）适当使用数字。

数字是很好的论据，适当使用可增强演讲的说服力。使用数字时，可用约数，比如，99.9万元，可说成近百万元。

（8）多用俗语。

演讲中多使用常用成语、惯用语、谚语、格言、歇后语等，会使演讲通俗活泼。例如，戈尔巴乔夫和里根就削减战略武器的问题，曾有一段意味深长的对话。戈尔巴乔夫说：“总统先生，你很喜欢俄罗斯谚语，我想为你收集的谚语里再补充一条，这就是‘百闻不如一见’。”意在表示他们在削减战略武器上有所行动了。里根总统也不甘示弱，彬彬有礼地回敬：“是足月分娩，不是匆忙催生。”意思是，美国政府不急于和俄罗斯达成削减战略武器的协议。戈尔巴乔夫担心美国言而无信，于是，用谚语提醒：“言不信，行不果。”里根也用句谚语回道：“三圣齐努力，森林就茂密。”

（9）灵活使用多种修辞手法。

演讲中适当地使用一些修辞手法，可以使演讲更为生动感人。设问的使用，可引起人们的思考和注意。排比的使用，可使演讲气势磅礴，有排山倒海之势，效果甚佳，在演讲中几乎是不可缺少的手法。例如，马丁·路德·金的演讲《我有一个梦想》，就八次使用了排比手法，使他的演讲非常有气势，很有感人的力量。比喻的使用，使演讲既通俗又形象。另外，夸张、对偶、对照等都可以使用。

（10）掌握适当的音量、语调和语速。

演讲具有传声性。亚里士多德在《修辞学》中指出，什么时候说得响亮，什么时候说得柔和，什么时候说得介于两者之间……这都是关系到演说成败的关键问题。不管演讲者使用什么语言演讲，都要求语音标准，至少要让懂这门语言的听众都听得懂。一是控制音量。二是控制语调和语速。比如，需要强调的就读重音；表达愤怒、喜悦、快乐的情感内容时，语调要高一些，语速要快一些；表达哀伤、沉重、胆怯的情感内容时，语调要低一些，语速要慢一些。

二、演讲的开场技巧和常见问题

（一）演讲的开场技巧

俗话说："好的开头是成功的一半。"戴尔·卡耐基说："演说应该是一段有目的的旅程，必须事先绘好行程图。一个人不知从哪里开始，通常也就不知在何处结束。"所以，设计一个好的开场很重要，如讲一件有趣的事情，讲几句好听的话，美言几句当地的环境，讲一个滑稽的故事，或向听众提一个有趣的问题，等等。演讲没有固定的开场方式，只要能吸引听众就行。

1. 以幽默开场

先讲一则幽默的话或笑话，会给人愉快轻松的感觉。例如，某君应邀到一所中学做青少年心理保健知识演讲，当时正热播欧洲杯，他就以此为切入点，开始他的演讲："很高兴在这个热情的午后，和大家共同交流心理保健方面的知识。不少同学看上去面露倦容，想必是昨天夜里通宵达旦坚持看欧洲杯的缘故。古人云，'道不同，不相为谋'，今天我荣幸地遇到了这么多的同道中人。本人也是一名铁杆球迷，从 1994 年世界杯开始入门，如今已达到了业余九段水平。"以幽默开场，以谈球赛为切入点，演讲开始就吸引了学生的注意力，并告知自己的爱好，增加了学生对演讲者的认同感，为演讲做了很好的铺垫。当然，这样的开场对某些成年人讲，效果可能一般，甚至适得其反，所以，一定要看对象。又如，美国影星施瓦辛格在当选州长后首次演说是这样开场的："今天早上，我女儿来找我，她在我耳边说，州长先生，咖啡已经好了！"话音未落，掌声四起，笑声一片，为什么这个开场会有如此好的效果呢？原来，施瓦辛格要面对的是债台高筑的加州政府，财政赤字庞大，要扭转困境谈何容易，虽然在竞选中胜出，却仿佛开始品尝咖啡的苦味。这个开场是一语双关，意味深长。

2. 以故事开场

先讲一个有趣的或跟演讲内容相关的故事，常常能唤起人们的兴趣。例如，张智、张国刚的演讲《魂系"长城"创业人》的开场白："在座的各位，请让我先讲一个故事。在古希腊神话中，有一位名叫皮格马利翁的雕刻大师，他在将一根象牙雕成美女的时候，对这件作品产生了感情，他对象牙美女倾注了自己全部的心血和爱，最后，感动了上帝，上帝让象牙美女有了血肉，有了生命，有了感情，有了智慧，并让她和皮格马利翁结成了终身伴侣！"这个演讲的主题就是介绍某个人物的先进事迹，开头讲的故事所揭示的执着精神，正是要讲的人物身上具有的，因此，以这个优美动人的故事开始，既具有强烈的感染力，又富有深刻的启示性。

3. 以解释原因开场

这是一种常用的演讲开场白，这种方法真实坦诚，目的明确，容易获得好感。例如，著名演讲家李燕杰在《爱情与美》的演讲中是这样开头的："我不是研究爱情的，为什么会想到要讲这么一个题目呢？前年4月，北京一家公司的团委书记要我去做报告，我因教学任务紧张推托不去。这个团委书记恳切地说：'李老师，您一定要去，我们这次是请您去救命的。'我很纳闷。于是他掏出一卷纸，上面写着他公司所属工厂里的一批自杀者的名单，其中大多数人因为恋爱问题处理不好而轻生厌世，轻率走上绝路。这样，我便想到要与青年朋友谈谈'爱情与美'的问题。"这样的开场白可以引起听众的好奇。许多竞聘演讲就用这种形式。

4. 以开门见山进入主题开场

这种开场白不拖泥带水，直奔主题，也可以给人以深刻的印象。例如，一位教育局的干部，在对师大毕业生做题为《西部欢迎你》的演讲时，开场就说："同学们，今天我是来给你们这些热血青年'煽风点火'的，我要煽起哪里需要就到哪里去的狂风，点起为振兴西部教育奉献青春的烈火！"他的话音刚落，会场上就响起热烈的掌声。这个开场，语言简洁，活用词语，也很有煽动性。

5. 巧用名言警句或吟诗咏词开场

这样的开场白能给听众留下难忘的印象。当然，所引用的名言警句或诗词要紧扣演讲主题，含义深刻。例如，《信念永不倒》的开场："著名黑人民权运动领袖马丁·路德·金有一句名言：'这个世界上，没有人能够使你倒下，如果你自己的信念还站立的话。'是的，只要信念不倒，我们在任何不利的情况下都不会趴下，都能闯出一条路来。"又如，《团结就是力量》的开场："俗话说得好：'一个篱笆三个桩，一个好汉三个帮。'今天我演讲的题目是……"

6. 以自损家门的方式开场

例如，抗战时期，著名作家张恨水在成都中央大学的演讲开场："今天，我这个'鸳鸯蝴蝶派'作家到大学演讲，感到很荣幸。我取名'恨水'不是什么情场失意，我取名'恨水'，是因为我喜欢南唐后主李煜的一首词《相见欢》：'林花谢了春红，太匆匆，无奈朝来寒雨晚来风。胭脂泪，相留醉，几时重。自是人生长恨水长东。'我喜欢的这首词有'恨水'二字，我就用它作为笔名了。"这种开场，真诚、坦率、有趣，能快速拉近演讲者与听众间的距离，使听众消除对演讲者的陌生感，为主题演讲打开场面。

7. 以独特创新开场

这种开场白别开生面，十分吸引人。例如，某大学生的《大学生的责任》的演讲开场："同学们，我今天演讲的题目是《大学生的责任》。大家一定会说，这题目都让人讲烂了，你怎么还讲呢？是啊，我为什么还要讲呢？昨天，我在同学的笔记本上发现一首中英文结合的小诗，诗中写道：人生本是 happy/何必苦苦 study/只求考试 pass/拿到文凭 go away/既然如此 lazy/何必天天 study/娶位漂亮的 lady/抱个胖的 baby……读到这里，我的心在颤抖，难道我们当代的大学生，只是为了考试 pass 和漂亮的 lady 吗？不，绝不！这可怜的百分之零点几，是不能代表我们百分之九十九点几的！为此，我今天要认真地讲一讲《大学生的责任》。”

（二）演讲开场中常见的问题

1. 过分谦虚

在演讲的开头过分谦虚就会让人感觉演讲者缺少自信。例如，某青年《当代青年的风采》的演讲开场：“在下姓张，很高兴今天有机会在这里演讲。不过，丑话说在前，由于本人学识疏浅，加上这段时间很忙，没时间好好准备，演讲中如有不对之处，请大家批评指正。下面，我演讲的题目……”其实他是做了很充分的准备的，只是想谦虚一下，可是效果并不好。这样的开场对自己接下来的演讲非常不利。

2. 过分卖弄

例如，某君被邀请到一所学校做演讲，面对几千名师生，他一上台就一口气介绍了自己的十几个头衔，很令人反感。又如，有一名青年，一上台演讲就向听众介绍自己曾在什么大赛中获奖。这样只会适得其反，是不可取的。

三、演讲的结尾技巧和常见问题

（一）演讲的结尾技巧

各种研究表明，演讲的结尾比起正文来说，更能被听众记住，要充分利用这个部分，以取得最好的效果。所以说，好的演讲结尾既要做到言简意赅，又要余音绕梁，使听众振奋精神，并不断思考回味。演讲的结尾没有固定的模式，可以采用以下几种技巧。

1. 以决心、誓言结尾

美国作家约翰·沃尔夫说：“演讲最好在听众兴趣未尽时戛然而止。”即在演讲达到高潮时突然收场，这样就可以给观众留下深刻的印象。例如，在美国独立战争前夕，帕特里克·亨利在弗吉尼亚州议会的演讲结尾：“我们的同胞已经身在战场了，我们为什么还要站在这里袖手旁观呢？先生们希望的是什么呢？想达到什么目的？生命就那么可贵？和平就那么甜美？甚至不惜以戴锁链、受奴役的代价来换取吗？全能的上帝啊，阻止这一切吧！在这场斗争中，我不知道别人会如何行事，至于我，不自由，毋宁死！”这个演讲的结尾斩钉截铁，威力无穷，话音刚落，全场沸腾，随后就响起“拿起武器”的呼声。“不自由，毋宁死”则成为美国人民争取独立与自由的誓言。

2. 用诗词、名言结尾

先讲几句富有感召力的号召，接着引用名人名言来结尾，犹如画龙点睛，既深化了主题，又有鼓励行动的力量，给人深刻的印象。例如我国国家主席习近平同志发表的 2020 年新年贺词的最后一段：“此时此刻，还有许多人在坚守岗位，许多人在守护平安，许多人正在辛勤劳作。大家辛苦了！让我们只争朝夕，不负韶华，共同迎接2020年的到来。”“只争朝夕”一词来自开国领袖毛泽东的《满江红·和郭沫若同志》中的名句“一万年太久，只争朝夕”；“不负韶华”一词在近年多被引用，很多文章都出现“以梦为马，不负韶华”的句子，这句来自海子的诗《以梦为马》。

3. 总结式结尾

这样的结尾能进一步深化主题，给听众留下深刻的印象。例如，我国著名播音艺术家葛兰在“夏青播音成就研讨会”上的演讲的结尾：“‘业精于勤’，是他始终恪守的座右铭，也是他对青年播音员的要求，‘读万卷书’是他孜孜不倦的好习惯，也是他对后生晚辈的希望。至于什么名啊、利啊，在他看来只不过是虚幻泡影，‘真才实学’才是衡量一个合格播音员的标准。几十年的相处，从夏青老师身上我深深悟出了这个真谛。”再如，一位青年在《榜上无名，脚下有路》的演讲中是这样结尾的：“朋友们，青春无权闲适，光阴无权荒废。要使人生放出光彩，只有不断攀登，才能‘一览众山小’；只有以‘苦作舟’的精神，才能到达理想的彼岸。一句话，叹息无出路，爱拼才会赢！”几个简洁的短句，总结演讲中心，给人留下深刻印象。

4. 呼吁号召式结尾

这是演讲常用的结尾方式，它以强烈的情感，向听众发出号召、呼吁，提出希望，以鼓舞斗志，促其行动。例如，毛泽东的《论联合政府》的结尾：“成千上万的先烈，为着人民的利益，在我们的前头英勇牺牲了，让我们高举起他们的旗帜，踏着他们的血迹前进吧！一个新民主主义的中国不久就要诞生了，让我们迎接这个伟大的日子吧！”

其他常用的结尾方式还有赞扬式、抒情式、感谢式、祝福式等。

（二）演讲结尾中常见的问题

1. 套话空话，令人生厌

有的演讲人明明已经讲完了，却还来几句客套话，以为这样做会给人好印象，其实不然。例如，“我之所以能取得这样好的成绩，全靠领导的栽培，谢谢了！”“我讲得还不够成熟，还有不少错误，希望各位领导、同志批评指正！”“我的话讲完了，由于时间太紧，准备不充分，讲得不好，请大家多多原谅。”

2. 画蛇添足，多此一举

有的演讲者在演讲差不多结束时又多添了一笔，倒成了画蛇添足。例如，“在结束演讲前，我想就某某问题，再补充几点……”“请大家再耐心等会儿，还有几分钟时间，我的演讲就要结束了，我想再谈谈……”这些都是不可取的，在一定程度上影响了演讲效果。

3. 草草收场，不了了之

收场不够突出，不概括，不强调，突然说“我的讲话完了”，没给听众留下什么印象，也是一种失败的结尾。

四、演讲的衔接技巧

除了微型的几句话演讲外，演讲都要涉及内容与内容间的衔接问题。如果衔接过渡得好，可以使演讲悦耳流畅，如行云流水，会大大增强演讲效果。否则，可能断断续续，给人突兀之感，效果一定不理想。从演讲的一部分转向另一部分，或从一个要点转向另一个要点的过程中，常常要用一些词语、词组、短语、句子或过渡段作为衔接，这种衔接也叫过渡。

常用的衔接方式有：一是总结式衔接。这是最常用，也是最容易学习的衔接方式。二是关联词衔接。如使用“所以、但是、因此、而且、如果”等关联词进行衔接。三是总结性词语衔接。如“总之”“一句话……”等。

恩格斯的《在马克思墓前的讲话》是一篇衔接流畅的经典演讲范文。全文九个自然段，有六次使用衔接，而且用得自然贴切。第一自然段讲马克思去世了。第二自然段穿插了承上启下的过渡衔接：“这个人的逝世，对于欧美战斗的无产阶级，对于历史科学，都是不可估量的损失。这位巨人逝世以后所形成的空白，不久就会使人感觉到。”第三自然段介绍马克思对人类历史的第一大贡献“发现了人类历史的发展规律”后，第四自然段先以“不仅如此”作为衔接，然后介绍马克思的第二大贡献“发现了剩余价值规律”。第五自然段以“一生中能有这样两个发现，该是很够了”作为衔接，接着概括介绍马克思在其他领域的研究和发现。第六自然段以“他作为科学家就是这样。但是这在他身上远不是主要的”一句作为衔接，然后说明他关注科学的原因。第七自然段以“因为马克思首先是一个革命家”作为衔接，然后介绍他在革命实践和革命宣传方面的伟大贡献。第八自然段以“正因为这样，所以马克思是当代最遭嫉恨和最受诬蔑的人”作为衔接，然后写敌人对他的攻击和他对敌人的态度。最后以“他的英名和事业将永垂不朽”作结。全文衔接自然，一气呵成。

五、演讲的应变技巧

（一）演讲中突然忘了演讲词的处理技巧

演讲中突然忘了演讲词，肯定会紧张，但不要轻易放弃，解救的方法很多。如可向听众提一个问题，在听众寻找答案时，自己快速回想一下演讲词；重复前面所讲的一些内容，以帮助自己记起演讲词；把最后的几句话作为下一个内容的开始，以继续自己的演讲；抛开所忘记的内容，从记住的地方继续演讲等。

（二）演讲中出现突发事件的处理技巧

突发事件，就是无法预见的事件。演讲者首先要镇定，再发挥应变能力。例如，在一次演讲中，一位演讲者正讲到“我们的前途是光明的”时，突然停电了，会场一片漆黑，听众有些混乱。于是，他灵机一动，提高声音说："在光明之前可能会出现'黎明前的黑暗'，但黑暗不会长久！我相信，只要大家团结一致，共同努力，就会渡过难关，迎来胜利的曙光!"他的演讲赢得一片掌声。

如果演讲时会场的某个角落出现了骚动，演讲者不一定知道原因，要表现得不露声色，还要继续演讲，不受干扰；如果是因为演讲太生动，台下响起热烈的掌声，这时，演讲者最好停止演讲，等掌声过后再继续，也无须表示感谢。

（三）演讲中说错话后的处理技巧

演讲中难免会出现说错话的现象，一旦发现自己说错了话，怎么办呢？解决的方式就是把正确的话说一遍就可以了，千万不要道歉地说："对不起，刚才说错了。"

（四）演讲中出现冷场的处理技巧

由于种种原因，演讲时出现了冷场，这时要沉着冷静，千万不能发脾气，再想想自己哪方面出了问题。如果是演讲技巧方面出了问题，可讲一个故事或笑话，使听众把涣散的注意力收回来，以继续演讲；如果是演讲内容方面的问题，解决方法比较难，但也可以尽量把后面的内容缩短，使演讲早些结束，或考虑能否换个角度讲。总之，遇到这样的情况，最好不要再滔滔不绝地讲下去，就算草草收场也好，但不能即刻停止。所以，演讲者在准备时，一定要分析听众的喜好。

（五）演讲中听众起哄的处理技巧

听众起哄的原因可能是多样的，这方面要具体问题具体解决。例如，著名剧作家萧伯纳在他的《武器与人》首演成功后，应观众要求，上台接受人们的祝贺，当他正准备讲话时，突然有一个人对他大声喊道："萧伯纳，你的剧本糟透了，谁要看？收回去，停演吧!"萧伯纳不但不生气，反而笑容满面地向那人深鞠一躬，彬彬有礼地说："你说得对，我完全同意你的意见。"说着用手指着观众说："遗憾的是，我们反对这么多观众有什么用呢？我们能禁止这剧本演出吗?"说完，全场响起暴风雨般的掌声，那个捣乱者灰溜溜地跑了。

（六）战胜心理紧张的技巧

著名的演讲家也承认，上台演讲时感到紧张。战胜心理紧张的方式因人而异，有一个简单的方法，就是做几次深呼吸，抑制紧张情绪。

总之，演讲中要克服的困难不少，需要演讲人全身心投入去准备，尽可能避免在演讲中犯错误。最后，演讲结束了，无论情况如何，演讲者都要态度从容，面带微笑，愉快地离开。

案例

有一年，著名相声演员马季带领艺术团到湖北省黄石市巡回演出，在他出场前，有一位演员不慎说走了嘴，把黄石市说成了黄石县，顿时引起了观众的哄笑。这哄笑还未平息，就该马季登场了，他必须扭转这种局面。只听他不紧不慢地说：“今天，我们有幸来到黄石省演出……”啊？黄石省？台下又是一片哄笑，观众议论纷纷，剧场秩序眼看要乱，马季一看，唉，是时候了，就提高嗓门儿：“方才，我们的一位演员把黄石市说成了黄石县，他给降了一级，不行，我在这要说黄石省，再给提一级，这样一降一提，哎，这就扯平啦！”全场立刻响起震耳的掌声。

【案例简析】将错就错，以歪解来纠正错误。

曾有一位演讲者走上讲台时不慎被话筒线绊倒了，当时台下听众发出了一片嘘声和倒掌声，气氛降到了零点。这位演讲者爬起来后，不慌不忙地走到话筒前，微笑着对听众说：“同志们，我确实为大家的热情倾倒了！谢谢！”顿时，全场响起了热烈的掌声，大家都为他这绝妙的应变和开场白喝彩。

【案例简析】顺势利导，化解困境。

第四讲　演讲口才的态势语表达技巧

态势语，就是指包括面部表情、姿态、手势等方面所表达的思想内容和感情。态势语的使用总原则是要自然。美国心理学家阿尔培特说：“人的感情表达由三个方面组成：55%的体语+38%的声调+7%的言辞。”英国梅尔斯在《公众演讲技巧》中指出：“好的演讲是：50%的主题内容+20%的开场和结尾+20%的有效表达+10%的个性表现。”多罗西·萨尔诺夫在《演讲艺术》中指出：“最佳演讲效果取决于8%的内容+42%的表情+50%如何说。”由此可见，态势语在演讲活动中所起的作用。

一、态势语表达的技巧

（一）头部

人的头部动作能表达不少意思。比如，点头表示赞同，摇头表示否定，昂首表示勇敢、高傲等。

（二）面部表情

人的面部表情很丰富，以眼睛和嘴巴两个部位最为突出，尤其是眼睛。达·芬奇说，“眼睛是心灵的窗户”，当一个人的眼睛透露出一种信息，而他的嘴里又表达另一种意思时，人们肯定是相信他的眼睛。人的许多情感都可以通过面部体现出来，如喜、怒、哀、乐。因此，演讲者可以根据自己演讲的内容需要，设计一下自己面部情感的表达。

（三）手势

手势是指演讲者运用手指、手掌、拳头和手臂的动作变化，以表达一定的思想情感。手势在演讲中的运用非常普遍。

1. 手指的运用

如表示赞扬、胜利、蔑视、数目、警告、强调、提醒注意等常常运用手指。

2. 手掌的运用

演讲中，运用手掌表情达意也很多。如掌心向上，表示坦诚、谦恭，或表示请求、许诺，或表示欢迎；掌心向下，表示反对、否认，或表示批评、制止；双掌合十竖起、高举表示祈求；手掌抚摸胸口，表示亲切；手掌拍头，表示自责；手掌抱头，表示痛苦等。

3. 拳头的运用

演讲中，紧握拳头一般表示决心、信心、宣誓，或表示愤怒、示威等。

二、态势语表达时要注意的问题

态势语的恰当使用，可使演讲魅力无穷。但是，如果使用不当，也会影响演讲效果。所以，在使用态势语时，要注意以下问题：

（1）在上台演讲之前，要认真研究好要使用什么态势语，并找时间进行演练，最好能找人指点一下，不要临时抱佛脚。

（2）在演讲进行中，如果一直都是使用温文尔雅的态势语，那么切忌突然使用大幅度的态势语。

（3）不要在演讲的结尾才突然用大幅度的态势语。如果在演讲的过程中没有使用态势语，演讲结束时突然做一个大动作收尾，反倒影响了演讲的效果。

（4）不要在演讲的全过程都使用大幅度的态势语，这样会给人张牙舞爪、不稳重的感觉。总之，态势语使用要适度、自然。

态势语训练

1. 控场目光训练：我的眼睛会……

在全场演示扫视、环视、虚视、点视、斜视等技巧，谈谈目光对沟通听众、传递情感、眼神控场的作用。

2. 请同学们每二人为一组相互表现以下表情，并互相评说是否表达到位：

（1）喜悦：面部肌筋放松，嘴角向上，眼神明亮。

（2）悲哀：面部肌筋放松，嘴角向下，眉目低垂。

（3）快乐：面部肌筋放松，嘴角大开，双眼眯缝。

（4）惊讶：面部肌筋收缩，嘴唇大开，眉目骤张。

（5）坚定：面部肌筋收缩，嘴唇紧闭，目光炯炯。

（6）愤怒：面部肌筋收缩，嘴角向下，怒目圆睁。

3. 请在演说下列语句时配上手势，表达情感并评析：

（1）只有这样，才会有充实的生活，才会有灿烂的人生。

（2）欢呼、跳跃吧！我们成功了！

（3）一条弯弯曲曲的小河。

（4）他当时心情比较平静。

（5）他这人太卑鄙了，无法和他相处。

（6）这很有诱惑力，不过，让它见鬼去吧！

4. 以“这就是我”为题，按下面的要求介绍自己：

（1）不慌不忙走上讲台，先站定，后抬头，面对大家说话。

（2）说话中，必须有2～3个富有个性的手势。

（3）说话时间不少于2分钟，不超过3分钟。

5. 选择一个演讲视频进行观赏，分组模仿并讨论演讲的礼仪、态势语。

例文

弘扬广西精神，彰显时代青春

各位评委老师、各位在座的观众：

大家好！我是来自……的参赛选手×××。

精神是一种力量，更是一种指引，每个时代，每个阶段都有其特定的精神导向和时代标杆。它代表了社会的发展进步，代表了人文素质的不断提高。精神具有辐射作用和内驱力，它使社会生活中的人们能够感知真善美，效仿真善美，传承真善美，引导人们积极有为，奋发向上，努力搏击，以精神的榜样为言行准则，在传承与传播中见证时代的精彩与感动。精神对于我们来说是多么重要的一个角色。

近年来，精神文明建设工作在各地都如火如荼开展着，我们广西也不例外。一股改革之风吹遍了我们的八桂大地。“广西精神”这四个大字，包含着丰富的内涵——团结和谐、爱国奉献、开放包容、创新争先。

广西的改革相信大家都看得见。就比如说我们的广西南宁。南宁市从默默无闻的西南边陲小城演变为如今的区域经济核心城市。南宁给我们上演了一场魔术般的视觉盛宴，让我们亲眼见证了南宁市发展成为一个繁华都市。南宁的蓬勃发展，一定有着强有力的精神支柱，那一定就是我们“广西精神”——团结和谐、爱国奉献、开放包容、创新争先。这16字的箴言，是中华民族传统文化与广西地域文化结合的产物，是历史传承与时代创新性的统一，展现着广西各族人民共同奋斗的价值取向，崇尚伦理观念和内在凝聚力是我们广西人共同享有的精神财富。这让我们更深切地感受到优秀的广西精神的伟大力量，它是推动我们城市发展和壮大的强大驱动力。

人最重要的是精神，这种精神需要价值观、理想、信念与信仰的重建。特别是作为当代大学生的我们，生活在一个快节奏的时代下。现代社会的现实，使大学里越来越多的年轻学子，变得越来越世故、越来越功利。如果精神信念未立，我们大学生也就必然处于迷茫中，或按照现有生活的惯性继续生活下去。追求安逸的生活，缺少远大理想，这对国家与个人都是没有价值的。德国哲学家黑格尔说，一个民族只有有那些关注天空的人，这个民族才有希望。如果一个民族只是关心眼下脚下的事情，这个民族是没有未来的。

在我们年轻气盛、桀骜张扬时，想想广西精神的团结和谐，我们对待任何事情又多了一份冷静跟稳重。在我们陷入安逸生活的迷茫时，想想广西精神的爱国奉献，前进的动力又重新燃起，对学业又多一份热爱。在我们故步自封、闭门造车时，想想广西精神的开放包容，对未来便更多了一份慎重。在我们感到前途渺茫、无力坚持时，想想广西精神的创新争先，困难在我们面前就显得那么渺小脆弱。

作为当代大学生的我们，要彰显自己的青春活力，要为城市、要为祖国，奉献自己的青春力量。梁启超在《少年中国说》中说："故今日之责任，不在他人，而全在我少年。少年智则国智，少年富则国富，少年强则国强……"我们是生活在新时代下的新青年，我们是使时代富有青春活力的最重要元素。我们是国家的未来，民族的希望。所以，请让我们用"团结和谐、爱国奉献、开放包容、创新优先"16 字精神，来面对我们的使命。让我们时刻准备好，时刻准备走向未来。

汪国真说过："既然选择了远方，便只顾风雨兼程。"朋友们，也许在担负责任时，我们会感觉到一份沉重、一份压力。在那时，我们就想想广西精神吧！那是一种考验，更是一种激励。

背负更多的行囊，让我们自己给自己激励，你会看到一个不一样的自己。岁月如梭，日月如歌，稍纵即逝。青春不常在，趁着我们都还年轻、朝气蓬勃，张开双翅飞翔吧！让我们用我们的青春之火，去传递，去奉献，去燃起那广西之火！

我的演讲完毕，谢谢！

【例文简析】开门见山的开场白点明主题。用排比修辞，增强表达效果。后面的段落层层递进，自然顺畅。巧妙引用名人名言，为演讲增添文气，给人以心灵温润之感。

在社团评优大会上的讲话

老师、同学们：

大家好！

一年一度的社团评优活动又到来了。过去的一年里，我院二十多个社团举办了各具特色、风采的社团活动，各个社团也都在不断发展壮大，社长和社员们做出了巨大贡献，使社团的质量不断提高，我谨代表学院领导感谢大家！谢谢！

社团是学校的窗口，透过这个窗口，我们可以看到同学们的课余生活状况。同时，社团为同学们提供了一个展现自我的平台，是校园文化不可或缺的组成部分，为此我们要不断提高社团的质量，不断完善、不断求新、不断开拓，这样才可以为学校、为大家营造更好的校园文化氛围。当今高校社团文化蓬勃发展，学生社团彰显出自身独特的魅力和鲜活的生命力，我院社团联合总会抓住这样不可多得的发展机遇，在院团委的大力支持下，社团规模迅速扩大，社团文化影响着整个校园，已经成为校园文化的重要一部分。社团联合总会配合院团委的指示进一步加强我院大学生思想政治工作，共同促进校园文化的健康发展。通过理想信念教育、素质拓展教育和基础建设保障加强社团人的自身素质、文化修养、思想意识和工作能力，为共同促进校园文化建设贡献自己的一份力量。以政治教育、爱国教育为导向开展丰富多彩的校园文化活动，营造积极和谐的社团文化氛围。我们要本着以丰富校园生活为根本目标的工作思路，使社团活动经常化、品牌化、特色化，使社团活动贯穿于整个校园文化建设，注重社团整体配合，突出社团的性质，这是社团发展的目标，同时社团之间要多多进行交流。

我院社团数量不断增加，规模不断扩大，在追求数量的同时，我们要牢记质量永远是第一位的。所以提高社团质量和社联品位迫在眉睫，以抓好社团管理为重点，使社联努力成为有组织、有纪律的团体。同时本着繁荣社团、服务校园文化建设的宗旨，提高社团活动的文化层次，为社团长期发展打下坚实的基础。加强与学院其他学生组织互相交流、共同进步。鼓励社团走出校园，积极开展校外活动，为社团活动提供更广阔的发展空间。所以，社团建设工作目标为：管理系统化、社团品牌化、档案正规化、交流开放化。加强对社团的规范化管理，针对社团管理混乱的问题，实施评定、考核制度。规范社团宗旨、招新收费、经费使用、活动计划与总结、履行职责等方面，将其作为社团评优的重要依据。

现在我们以热烈的掌声祝贺 2018 年度获得“优秀社团”光荣称号的社团——院青年志愿者协会、院公关礼仪协会、院武术协会、院计算机协会、院营销策划协会。

院社团联合总会将继续本着服务与管理社团的宗旨，充分发挥学院与各个社团的中间纽带作用，希望在今后的日子里，大家相互合作、共同进步，把校园文化建设得更好。

最后，祝愿我院社团越办越好！谢谢！

【例文简析】本例是一篇领导讲话稿。讲话稿体现的是讲话者的思想和意志，具有鲜明的倾向性和针对性，以及一定的政治色彩。讲话稿的语言应具有号召力、推动力、约束力。要求结构严谨、和谐，立意要新颖、深刻；要能起到总结作用，并对下一步的工作做出安排部署。因此，语言要凝练、明快，用词要准确、得当，层次要分明，逻辑要严密，起承转合要紧凑。

知识拓展推荐

视频资料：《TED 演说》《超级演说家》

知识巩固练习

请就下面的话题进行主题演讲，要求有中心思想，语言生动有趣，内容符合逻辑并有深度。

1. 不完美才是人生
2. 时间都去哪儿了？
3. 靠天靠地靠爹妈不如靠自己
4. 累了，休息一会儿！
5. 在吗？在干吗？吃饭了吗？

实训：班级主题演讲比赛。

项目十二　求职面试口才

知识导入

麦肯锡公司在创立初期，曾经给一家非常重要的大客户提供咨询服务。咨询结束的时候，麦肯锡的项目负责人在电梯间里遇见了对方的董事长，该董事长问麦肯锡的项目负责人："你能不能说一下现在的结果呢?"该项目负责人毫无准备，而电梯门很快就打开了。最终，麦肯锡失去了这一重要客户。此后，麦肯锡公司要求所有的员工，必须能在最短的时间内把事情的结果描述清楚，且要求凡事都必须直奔主题。就这样，"30 秒电梯法则"应运而生。

30 秒时间很短，稍纵即逝，你能否在 30 秒内把一件事情说得清晰明白呢?

任务分析

假如你是一名即将毕业的大学生，需要做好求职面试的准备工作，应掌握求职与应聘的口才技巧，譬如，自我介绍的语言表达技巧、面试过程中的应答技巧等，同时，还需要了解面试礼仪知识。

知识目标

1. 了解求职与口才的关系。
2. 了解求职口才的特点及重要性。
3. 熟悉面试前期的准备工作。
4. 了解应聘面试时的忌讳。

能力目标

1. 掌握求职语言的基本要求。
2. 掌握自我介绍的语言表达技巧。
3. 掌握面试应答的思路及语言技巧。
4. 掌握求职口才的训练方法。
5. 能灵活运用求职语言的相关技巧，取得圆满的求职效果。

第一讲　求职面试必需知识

一、求职面试的概念

求职面试就是求职者为了应聘接受招聘单位的会面考察，包括仪表形象、待人接物、语言表达、知识能力、道德品质等各个方面的综合性考评。

二、求职面试的内容

一般来说，招聘单位总是根据岗位需要招聘合适的人才，不同的岗位考察的侧重点不同，但不管招聘哪个岗位的人才，招聘者都会考察求职者以下几方面的能力。

（一）思维能力

面试中的提问，留给求职者思考的时间很短，如果求职者思维能力强，就会在面试中反应敏捷、思路清晰地回答问题，在对答中显示出自己的逻辑性和判断力。思维能力差的人，往往会语无伦次、词不达意，甚至弄不清对方究竟问的是什么。

（二）口才能力

通过面试自我介绍与应答，可以测试出求职者语言表达是否流畅、优雅、得体，吐字是否清楚，语音是否标准等，特别是教师、公关、营销等职业，对口才都有较高的要求。

（三）专业知识与能力、特长

如通晓国际通用财务制度，有较强的公关能力与文字表达能力，有较强的管理、组织协调能力，精通某种外语，能速记，擅长快速中英文字处理等。招聘单位将根据招聘的工种职位，决定特长吻合者留用。

（四）性格、品质

招聘单位通过面试有意地问一些激人动情的问题，就可以在求职者无暇准备的回答中看出其性格、情绪、表情等；并测试出其道德品质如何，做事是否积极主动、认真可靠，是否诚实可信，能否吃苦耐劳，有无进取心等。此外，还有考察求职者对求职单位的实际了解程度，求职者的辩解能力、回答问题的方式等，甚至谈吐、坐姿、微笑、外表等许多细节都在观察记录之列，这些都将成为是否录用的原始记录。当然，由于职业类型不同、单位有别，面试的目的也不会完全一样，求职者在面试前应做好充分准备。

三、求职面试的方式

从不同的角度，可以将面试分为以下几种方式。

（一）单独面试与集体面试

1. 单独面试

单独面试是指一位或多位主考人员与一位应试者单独面谈测试。其优势是能为双方提供一个面对面的机会，让面试双方较深入地交流。单独面试有两种类型：一是招聘单位由一位主考人员主持面试，对每位求职者依次进行面试，这种面试大多在较小规模的单位录用较低职位人员时采用；二是由多位主考人员组成考评组进行面试，每位主考人员负责不同的方面，向求职者分别提出问题，然后根据其他有关情况进行评分，最后得出总分，综合做出决定。

2. 集体面试

集体面试是指多位求职者同时面对几位主考人员的面试，也叫小组面试。集体面试常由主考人员出一个题目进行小组讨论，相互协调解决某一问题，而题目一般都取自于拟任工作岗位的专业需要或是现实生活中的热点问题，具有很强的岗位特殊性、情境逼真性和典型性。讨论中，主考人员也偶尔提出问题，众主考人员通过观察、听，给每位求职者进行评分。如让甲提问，让乙、丙、丁回答，再由甲来评论；或由主考人员提问，让众求职者进行抢答等，由此来测试求职者的多方面能力。

（二）一次性面试与分阶段面试

1. 一次性面试

一次性面试是指招聘单位对求职者的面试一次完成。在这种面试中，求职者能否被录用，甚至于录用于什么工作，都取决于这次面试的表现。当招聘单位规模较大或是招聘较高职务人员时，主考人员的阵容就比较“强大”，常由招聘单位的人事部门负责人、任职部门负责人以及有关测评人员组成。面对这种面试，求职者应集中所长，认真准备，全力以赴。

2. 分阶段面试

分阶段面试是指招聘单位在众多求职者中挑选最合适的人选，随着逐步面试将选择范围由大渐小到最后确定的一种招聘方式。分阶段面试大多有三个阶段，通常为初试、复试和录用面试。

初试的目的在于从众多求职者中选出较好的人选，一般由招聘单位的人事部门主持。初试只涉及共性的背景信息，如求职者的学历、经历、求职意向等。由于不是纵深剖析求职者的个性和品格，所以初试阶段较注重的是求职者的形象、言谈举止以及求职者的履历，求职信所反映的实际工作经历和教育背景等，将不合格者予以淘汰。

复试是为了对求职者的学识、能力、潜力、责任感、事业心等内在条件做一番深层次的考察，对求职者的禀性与风格进行谨慎的审视，以确定求职者是否为合意的录用对象。复试一般由招聘单位的用人部门主管主持，以考察求职者的专业知识和业务技能为主，衡量求职者对拟任工作岗位是否合适。

录用面试阶段是决定一位具备任职条件的求职者能否正式录用的阶段。录用面试，无论是招聘者还是求职者，都要面对一些实质性的具体问题，如专业、工作部门、工资、奖金、福利、试用期、培训期等条件，这些将被摆到桌面上并写进协议书，做出一个使双方都满意的录用方案。与初试和复试相比，求职者在录用面试时的主动性已不局限在自我表露方面，而是逐步走出被审视的境地。此时的选择更是双向的，招聘单位不仅要抉择是否录用求职者，而且要决定如何录用求职者。求职者在被测试具备任职条件后，也需考虑招聘单位所提供的条件是否合意，并决定去留。

分阶段面试已越来越多地在招聘中采用，特别是在三资企业和涉外单位中采用。

四、求职面试时应注意的问题

（一）克服消极心理

不少求职者对面试存在不同程度的恐惧感，在面试前会无端地产生一些不必要的消极心理，诸如“我会失败”“我肯定不如他（她）”“过去曾失败过”等。对求职者来说，自信心强者更易战胜自信心不足者，而“自我推荐恐惧症”往往使许多求职者败下阵来。要消除自卑与紧张情绪，应做到以下几方面：

（1）不要把面试当包袱，而应该将它作为展示自己才能、推销自我的好机会。

（2）降低期望值，学会自我放松，不必刻意追求一步到位和一次成功。

（3）多看自己的长处和优势，增强自信心。不要总拿自己的弱点与别人的长处比，各人都有自己的优势，所以不必盲目自卑，在心理上先打败仗。

（4）向有经验者求教，从他们的经历与经验教训中了解应聘的有关知识，以便自己在面试前做到有备无患，面试中可以胸有成竹地从容应答。

（5）事前进行面试演练。可以对着镜子自练，把镜中的自己看成主考人员，就面试中可能提到的各种问题进行自问自答，用平时与人谈话的声音和语调说话；也可在同学、同事、家人面前练，由他们提问，自己回答，共同总结经验，以利实战。

一个心理素质强的人会有足够的耐受力面对挫折，也有足够的勇气迎接挑战。自信心强的求职者在面试时就能临阵不乱，应对自如。而这种“不乱”和“自如”是必须以人格的自尊和一定的知识、能力与特长为前提的，而不是盲目自信或刻意逢迎。如果没有胜任工作的知识、能力与特长，面试准备也不足，那么即使心理素质再好，在面试时也难以镇定自若。在面试中，应该有主见、有原则，即使面对向往已久的理想工作也不可“卑躬屈节”“垂涎三尺”，应记住“人必自爱而后人爱之，人必自助而后人助之”的道理。

（二）注意服饰和仪态

服饰和仪态能够反映出一个人的文化水平、气质和修养。面试中，适当的打扮，得体的装束，潇洒的仪态，往往会给对方留下好感。

案例

日本松下电器公司董事长松下幸之助有一次理发时，理发师毫不客气地批评他不重视自己的服饰，并说："你是公司的代表，却这样不重视衣冠，别人会怎么想？人都这么邋遢，那么公司的产品还会好吗？"松下觉得言之有理，从此重视起自己的仪表来。

【案例简析】一个人注重仪表是对自己尊严的尊重，也是对别人的尊重，是有良好教养和礼貌的体现。同时，仪表得体能给别人留下良好的印象，相处起来就会比较融洽。爱惜自己的仪表，随时随地注意自己的行为规范，能体现出一个人的职业素养和职业态度。

有人曾说："你不可能由于戴了一条领带而取得一个职位，但可以肯定，你戴错了领带就会失去一个职位。"

求职者面试时服饰总的要求是：着装合体，化妆适当；正统而不呆板，活泼而不轻浮；款式、色彩与求职者的年龄、身份、气质、形体相协调；服饰与所求的职业特点相称，职业形象鲜明。例如，所求职业是教师、工程师、公务员等岗位，就应该选择庄重、素雅、大方的服饰，以显示稳重、文雅、严谨的职业形象。

具体地说，男女着装要求各有差异，男性一般以穿西服套装、系领带、配皮鞋为宜，人们普遍认为"西装革履"是现代职业男士的正规服饰。就求职而言，穿西装是最为稳妥的。但要注意领带与西装颜色相协调，宜选择冷色，以给人沉稳、可靠、忠诚、朴实的印象。女性以穿西装套裙为宜，这是最通用、最稳妥的着装，鞋子以中跟为最佳选择。着冬装不要给人以臃肿之感。切忌穿太紧、太透和太露的服装，以免给人轻浮的感觉。衣服可多选中性色调，给人以亲切、自然、大方的印象。男性饰物多为手表、公文包；女性饰物多为手提包和胸针等，切忌显得俗气。

面试中良好的仪态应该是：提前到场，准时赴约；礼貌通报，轻按门铃或轻叩门两三次，听到"请进"后再推门进入；进门后面带微笑，正确得体的称呼主考人员；问答中文明有礼，谦逊热情，辅之以优雅的态势语；告辞时不管对方是否录用，都要衷心道谢，有礼貌地告别，给对方留下有修养的印象，这对录用也起到潜移默化的作用。

（三）恰当的语言表达

面试以谈话为主。面试时间一般都不会很长，长则半小时或一小时，短则几分钟。求职者与主考人员素不相识，要在这短暂的时间内让主考人员认可自己，这就要靠口语表达技巧了。有些人求职不成，不是因为学识或任职能力不够，而是口头语言表达欠佳，致使主考人员难以了解其才华而不予以录用。所以在面试中，口语表达尤为重要。

面试语言表达有两个层次的要求：最基本的要求是声音清楚、表意准确、通俗易懂；较高一层的要求是清晰流畅、抑扬顿挫、优雅动听。面试时要改变"学生腔"，自我介绍不可令人感到像在背书，语气、语调要自然，用语要注意文明礼貌。

面试语言还应质朴无华。如果片面地追求语言的新奇华丽、过分雕琢，会给人华而不实的印象。语言贵在自然、朴实、生动、亲切，具有真情实感。在面试中，通过自我表白来表露自己的水平和才华是必要的，但一定要恰如其分，名副其实，切勿言过其实。对自己的评价，也应少用空洞无物的溢美之词。在问及有关招聘单位与专业技术等问题时，正是表现自己的好机会，但必须有实际内容，有真知灼见，切忌夸夸其谈。总之，真诚而质朴的语言，加上扎实而显著的成绩与胜任工作的实际能力，再通过恰当有利的时机，就可以顺利地将自己推销出去。

案例

某公司的复试主持人对一位资历良好、学业成绩优秀的大学生说："你救了我的女儿，对你的录用我们会优先考虑的。"可这位大学生听后，愣了一下，接着便语气坚决地否定："先生，你弄错了吧，我未曾救过任何人。"主持人微笑着说："年轻人，你说得很对，是我弄错了。我很欣赏你的诚实。我决定，你的复试已经通过了。"

【案例简析】复试如此别出心裁，实在出人预料。但这位大学生没有侥幸地乘机贪功，而是始终流露出一个真实的自我，因此通过了复试。

（四）突出个性

现代人普遍认为，有特色的东西最具有吸引力。求职者面试也应如此，"个性鲜明"的回答往往容易给人留下深刻的印象。

案例

当主考人员问："你喜欢出差吗?"一位求职者回答说："坦率地说，我不喜欢，因为从一个地方到另一个地方毕竟不是旅游，确实很辛苦。但我知道，到外地推销商品是营销活动的一个重要部分，也是推销员的主要工作之一。所以我不会在意出差的艰辛，反而会以此为荣。因为我非常喜欢推销工作，我认为这一点更重要。"主考人员问："如果我们接受你，你会签多久呢?"求职者回答："没人愿意把一生中最为宝贵而有限的时光花在不停地寻找工作当中，也不会有人甘愿将自己喜爱的东西轻易放弃。如果这份工作使我学以致用，能更好地发挥我的潜力，而我也能从中获得更多的新知识与新技能，并且也能得到相应的回报，那么我没有理由不专心致志地对待我所热爱的工作。"

【案例简析】这番话所表现的机敏、坦诚与个性深为招聘者所欣赏。可见，真实的思想与坦诚的语言都能较好地体现个性。

（五）语速恰当

语速关系到语言表达的质量与效果，所以不可忽视。通常情况下，面试问答都是平铺直叙的。例如，介绍自己的基本情况、专业特长与能力、对公司前景的看法和建议等，说话时注意句与句之间的间隔，使人感到思路清楚。回答问题语速太快会令人感到语言表达不清楚，语速太慢又使人产生思维、反应不敏捷的印象。

第二讲 求职面试前的准备

现代社会中，个人事业的发展大多起步于谋职。择业作为筹划未来的一种手段，它与每个人的价值观、人生观和世界观是紧密相连的。虽然人们常说，“条条道路通罗马”，但究竟哪一条道路最适合自己，必须慎重选择，千万不可轻率为之，所以每个人在择业求职的过程中对自己未来从事的职业都应有充分的准备，以免走弯路或陷入困境。

一、正确认识自我，准确进行定位

正确认识自我，包括认识自己的能力、水平、兴趣、优点、缺点、心理状况、个性特点等。也就是对自己做出实事求是、恰如其分的评价，既不妄自尊大，又不妄自菲薄。通过对自我做出全面的分析，就可以正确地判断自己属于什么层次、什么类型的人，这就是定位。位置明确了，方向校正了，就能寻找到与之相匹配的职业。如果将自己定位过高，必然好高骛远，求职难成；反之，如果将自己定位过低，必然会造成降格使用，使自己的才智得不到充分的发挥。这两种做法都不可取。现实生活中，有许多人求职受挫或是对现有职业不满意，常常与自我定位不准确有关。因此，认识自我、准确定位是成功求职必不可少的一项准备工作。例如，喜欢操纵工具、机器，能较快地适应客观环境、较好地接受具体任务的人，往往适合从事技能性的工作及公共关系等职业；细心、善于察言观色、处理人与人之间的关系、对许多信息能较好地进行系统处理的人，适合做行政工作和会计工作等；习惯选择开拓性工作的人，适合做销售、管理、外交等工作；形象思维较好，善于利用感情、直觉和想象来创造作品的人，比较适合搞艺术工作和设计工作。

如何进行准确的求职定位呢？我们可以采用国外学者研究的能有效确定择业目标单位的方法，即“漏斗法”。在该方法中，职业选择的起点是已知的广泛内容，通过一系列的步骤，逐渐缩小个人选择的范围，随着对某些目标的排除，最后确定自己的职业、单位。具体做法如下：

（1）确定一个广泛的兴趣领域。

如果没有工作，想要寻找适合自己的工作，就要问问自己，是想到广播电视领域工作，还是到营销、建筑等领域工作，或是到旅游服务、卫生保健等领域工作。若对某一领域比较了解，又与个人兴趣、特长吻合，那么求职时就确定这个领域。如果已有了工作但不合意，那么换一个适合自己的工作也不失为明智的做法。

（2）确定已选择领域的特定职业。

工作领域确定后，就要考虑是干行政管理工作还是干公关工作，或是干财会、销售工作等。在确定特定工作方面，一般先选择相近的几个，如秘书、行政管理、文员等为相近者，而审计、统计、财会等为相近者。

（3）确定向往的工作地区。

首先要确定工作的区域，是沿海地区还是内地，是城市还是乡镇，是长江流域还是珠江流域。区域初步定好，便可以具体到某一市、县。如果所向往的区域是国外，那么根据所掌握的信息，应确定到什么国家的什么地区工作。

（4）确定可以发挥技能的机构。

根据自己的特长，认真思考，是想到国家党政机关从政，还是到企业搞实业；是想搞科研，还是到文艺界从事文学艺术创作。如果想找一个较为稳定的职业，到党政机关、学校、医院、大型企业等求职较为适合；如果善于与人相处、好交际、热情外向，去实业公司等求职较适合；若喜欢安静、好独处，那么到高校、科研部门等求职较适合。

（5）对选择做出评估。

对求职的兴趣领域、职业方面、工作单位的地点和性质做了确定后，再冷静地想想：这样选择是否妥当？是否符合自己的实际能力？与自己的求职理想相距多远？哪些方面还需调整？应如何调整？等等。

（6）做出最终抉择。

按照自己的职业理想以及对自我认识制定的工作选择准则，再根据以上的选择，就可以在已搜集的求职信息中选出具体的职业单位了。

从上而下采取由一般到特殊的步骤，在每一阶段工作越有成绩，最终获得成功的希望就越大。

在改革开放的今天，每个人对人生道路的选择应是多元化的。在考虑到国家利益的同时，也应兼顾个人的专业、才智与爱好。因此，毕业生在选择自己的人生路时，首先，要站得高、望得远。既要看当前，又要看未来，只有准确把握祖国发展的大趋势，主动适应国家建设发展的需要，才能事半功倍。其次，选择个人前程不必从众赶时髦，而要量体裁衣，选择适合自己的岗位。只有扬长避短，选准岗位，才能在前进途中减少困难与阻力。古往今来，所有成功者的背后无不留下一串串艰辛的脚印。步入社会的大学生，一定要从大处着眼，从小事和实事干起，千里之行始于足下，要将远大的理想放在一步一个脚印的努力中。今日的艰苦奋斗，必将迎来明天事业的累累硕果。

二、了解现代社会的用人观

受供大于求的职业市场大气候的影响，招聘单位对求职者的条件要求也越来越高。

从各地人才招聘洽谈会和各类招聘启事可以看出，对于求职者，招聘单位普遍看重的有以下条件。

（一）工作能力

企事业单位都希望前来应聘的求职者具有一定的社会工作实践和专业实践能力。合肥美菱股份有限公司人事部经理认为，现代社会特别是现代企业，需要的是有真才实学、知识面广、专业精深，并能在拥有丰富知识的基础上努力拓展自己的开拓型的人才。拘泥于专业理论而不会灵活运用或创新的大学生，将越来越不受欢迎。这一看法反映的是一种普遍的社会观点。联想集团人力资源部总经理也强调，联想选用人看重的是能力。联想集团员工培训资料上写着："人才是既有责任心而且能出色完成本职工作的人。"北京叉车总厂每年在招聘毕业生进厂时，总是将社会适应性强列为录用的重要标准，该厂领导认为，求职者上岗后能否以比较强的适应能力在短期内打开局面，这对企业来说是个很重要的问题。

许多用人单位认为，在对求职者工作能力和工作经验不甚了解的情况下，是否持有与应聘岗位相适应的技术等级证书是衡量应聘人员技术能力水平的一个重要标准，也是考核人员素质的重要依据之一。众多招聘单位"钟情"于有实践工作能力的毕业生的事实，可用来提醒尚在苦读书本的学子，就读期间不妨多寻找一些机会锻炼自己，从多方面培养自己的实践能力。

（二）学习能力

不少企事业单位在录用毕业生时，都把学习能力与发展潜力作为考察的一个关键指标。广州建筑安装公司的副经理认为，毕业生的应变能力及发展潜力，不仅决定这个人自身未来的发展，而且直接关系到企业对这个人的各种投资会不会亏本。发展潜力，是与学习能力成正比的。中国电子进出口总公司北京分公司总经理强调，公司用人首先关注的是毕业生的学习能力。据专家统计，现代社会知识的更新周期已缩短到5～7年。为了适应科学技术飞速发展和不断加快的知识更新过程，终身学习成为必然趋势。如果说知识是金子，那么毕业生就必须有学习能力这个"点金术"。

（三）合作能力

虽说评估标准因行业、职位不同而各异，但有些基本的标准却是具有共性的，其中一条便是考察毕业生是否具备与人合作的能力。当今世界，许多项目都非一个人能完成的，而是需要多方合作、共同努力才能完成。甚至有些项目，还需要多学科、多行业、多部门、多人员共同协调一致地进行才能获得成功。所以，对求职者就职后能否与上司、同事和睦相处，是否富于合作精神，是否善于与公司内外的各方协作，是否具有协调性和顺应性等，这些在面试中都要提问并重点考察。而且许多企业都有这样的共识：善于合作的人拥有更多的机会，不善合作的人将面临无穷烦恼。

（四）敬业精神

美国洛杉矶总裁研究顾问公司总裁斯威尼曾说："优秀的人才在工作上能迅速取得进展；具有优良的智力；在复杂的形势和压力下冷静沉着；热爱工作并准备为事业成功而献身……"一位充满积极进取精神、愿为事业做奉献的人，必然会对工作尽职尽责，必然会想方设法在竞争中立于不败之地。因此有些用人单位这样说："有些求职者看起来毫不起眼，但能给企业带来大量的利润；有些人仪表堂堂，却拿不来一张订单。这里的关键就在于是否有敬业精神。企业最关注的当然是效益，能为企业带来效益的员工就是企业所欢迎的人才。有了高素质的人才，企业就能兴旺发达。"许多用人单位都认为，敬业精神至关重要。没有事业心，这山望着那山高，频繁跳槽，这样的人到哪里都不会受欢迎。各用人单位都要求员工有奉献精神，不喜欢自己工作的人，大多也不会勤奋。所以，必须挑选工作勤奋和热爱工作的人。

由此可见，当今用人单位对求职者的要求是全面而严格的，既重才又重德，要求求职者德才兼备。某公司的经理说："我心目中理想的求职者应该是：德才兼备，既能干又肯干；与人争论不锋芒毕露，而是有理有据有新意，令人感到可信任、可合作；擅长与人相处，具有较强的公关协调能力；心理素质好，性格开朗，精力充沛，富有朝气和活力；谈吐幽默，具有较强的口头表达能力；具有较强的办事能力，能机智灵活地解决各种棘手问题。"现代社会用人单位心目中理想求职者的形象，无疑为求职者指明了自我完善的方向和目标。要做好求职准备，就必须在全面提高自己的综合素质上多下功夫。

三、摸清用人单位的情况

为了确定一个适合自己的工作单位并确保面试成功，求职者在面试之前，应对招聘单位各方面的情况都有所了解，以便选定满意的工作单位，并在面试中应付自如。摸清用人单位的情况一般包括以下几个方面。

（一）单位状况

用人单位的机构规模、发展潜力、经营状况、在外声誉等，这些都直接关系到求职者今后职业的稳定程度、收入的高低、工作的升迁、才能的发挥以及福利待遇等，求职时对这些都不可忽视。对这些情况心中有数，面试问答中当对方问及单位的发展经营方面的有关问题时，就可做出恰当、中肯的回答。

（二）工作性质

工作性质是否适合自己，应慎重考虑。如工作范围、工作责任、自主性与创造性、个人兴趣等方面，是否与自己的工作志向接近或吻合。如果与自己的工作理想相距甚远，就会在实现理想时多走弯路，甚至会使原不打算干的工作因日复一日而成为终身职业。如工作性质适合自己，在面试中便可有的放矢地突出自己胜任工作的特长，在问答中也可胸有成竹地就有关业务提出自己的见解。

（三）工作环境

很多求职者都不大留意工作环境，有些人工作以后会因不适应工作环境感到难以忍受。因此就必须弄清楚用人单位的工作节奏、实际工作环境及工作设备、人员情况。

（四）劳动报酬

通常在考虑报酬时，应将工资、奖金和其他福利做整体计算。如有的单位工资不高，但奖金多、福利好，有住房津贴、医疗保险与养老保险等。薪金是谋职求生的重要因素，一般应达到某一水平，即该职位的薪金与其他同类职业的薪金相差不远。这样当招聘者问及“你认为多少报酬合适”时，就不至于说得过高而失去工作机会，也不会说得过低而使自己委屈。

（五）晋升机会

晋升机会影响到应聘录用后个人才华能否充分施展，能否较快地实现自己的工作理想。许多人找工作偏爱大机关、大企业，其实大单位与小单位都各有所长也各有所短。人的发展过程往往呈抛物线状，有上升期、平衡期与下降期。如果上升期得到重用，无疑会对才能的增长产生刺激作用。如果找大单位而缺少晋升机会，倒不如找有晋升机会的小单位更好些。这也是近年来有些名牌大学毕业生放弃到大机关而去乡镇企业工作的原因。如果去小单位，当问及“你为什么选择到本公司来应聘”之类的问题时，就可以表示自己的就业观是以事业发展为重的，希望能够发挥自己的专长，而该公司正是符合自己理想的单位。这样回答可以给主考人员留下一个有事业心、有追求的优秀青年的印象。

（六）主考人员

事先了解主考人员的背景和个性也很有必要。如果知道对方的姓名、职务等，开口一句恰当的称呼就会使主考人员产生一种亲切感和熟悉感。如果对主考人员取得的成就、特殊的兴趣以及好恶都有所了解，就比较容易在谈话中与之建立良好的关系，回答问题也易博得其好感。

四、做好面试内容的准备

面试内容的准备，主要是对面试中可能提出的问题该如何回答进行准备。不少求职者在面试前怯场，主要原因就是不知道面试时会提什么问题、怎样进行回答。心中无数，难免恐惧。尽管不同的用人单位、不同的主考人员会提出不同的问题，但是一般来说，大致会提哪些方面的问题仍是有一定规律可循的。通常情况下，主考人员所提问题基本上与求职者所应聘的职位及其所需素质有关。这些问题表面看来是随意提的，但实际上却大多围绕着求职者的受教育情况、工作背景、个人优点、兴趣、特长、工作能力、社交能力以及思维、反应、对生活的认识与看法等进行。例如，“请简要谈谈你的情况”“你为什么会选择这一职业”“你应聘的动机是什么”“你有什么特长”“你的人际关系如何”“你的优缺点是什么”“你对我们单位了解吗”等。由此可见，求职者是可以有针对性地做好面试问答基本内容的准备的，这种准备越充分，面试的成功概率就越高。

第三讲　求职面试的语言技巧

面试是求职者推销自己的良机，是展示自己的才华与人格魅力的时刻。在这个重要时刻，求职者无论容貌如何端庄、举止多么有礼、服饰怎样合乎标准，如果没有优雅的谈吐，则评价便会大大降低。主考人员从求职者的语言中，不仅可以看出其修养、品质，也可以看出其基本素质和业务水平，并由此决定是否录用。因此，掌握面谈的语言技巧，对求职者面试成功是大有益处的。

一、自我介绍的语言技巧

这里所说的自我介绍，不同于社交场合中的对自己的姓名、年龄、工作单位等情况的介绍，而是指在面试中针对主考人员的考察提问所做的自我推销性的介绍。几乎所有的面试都有这个提问，只是问法略有不同罢了。常见的提问方法有："请介绍一下你自己""谈谈你的基本情况好吗""请谈谈你的主要优缺点"等，这些实际上都是需要做自我介绍的问题。主考人员之所以喜欢提这样的问题，是因为这个问题有助于他们比较全面地了解求职者的工作经历、经验、特长、成绩、优缺点和语言表达能力、自我评价能力、认识问题及分析问题的能力等。因为要在短短的几分钟内对自己做一个介绍，介绍什么、怎样介绍，这确实不是一件容易的事，需要求职者有较强的综合能力。

人人都以为最了解自己，介绍自己还不是最容易的事吗？其实，在面试中介绍自己却并不简单。许多人急于推销自己，却因介绍语言不妥而引起主考人员的反感。由于介绍不当致使面试失败，占面试不成功的60％以上。因此求职时，个人的学识、能力、资历和成绩固然重要，但将这些很好地组织起来，构成扎实而富有新意的自我介绍更为重要。要恰当地做好自我介绍，必须掌握以下技巧。

（一）有针对性，注意定位

求职者自我介绍可说的内容很多，但究竟该介绍什么，哪些该做重点介绍，并不是随意、盲目的，而是有一定的内在依据和技巧。提高针对性总的原则是：要紧紧围绕所求的职业岗位对人才条件的要求和招聘单位的用人标准来介绍自己。

不同的职业岗位对求职者的性格、知识、能力等的要求是不同的。因此在介绍时，首先应了解所求的职业岗位对从业人员的条件要求，然后有针对性地进行重点介绍。那些与此无关的特点、长处则没必要多介绍。如果应聘教师，就应重点介绍职业道德、知识结构、语言表达能力、协调处理人际关系的能力；如果应聘推销员，就应重点介绍公关能力、口头表达能力、吃苦耐劳精神、过去的推销经验和业绩等。

此外，每个用人单位都有自己录用人才的基本评价标准。例如，大多数用人单位注重考察求职者专业是否对口，拥有的专业知识、专业技术能力等，以便一经录用立即上岗，很快产生效益。而也有一些公司对求职者"专业不限"，注重有无发展潜力。如博思管理顾问有限公司的招聘人员说："再优秀的大学生也只能用其在大学期间学到的知识来回答顾客的每一个问题。本公司的新员工进公司后都要接受业务培训。如果你有潜能，无论你学什么专业都能在本公司文化的熏陶下成长为咨询业的人才。"汇丰银行上海分行的人事部经理也表示，银行招收高层管理人员，求职者的领导决策能力、组织能力、分析处理问题能力、交际能力等才是关键，至于专业是金融还是管理并不重要。因此，求职者在自我介绍时，必须针对性强才能说服对方，使自己被录用；否则，即使介绍时口若悬河，面面俱到，也会被淘汰。

（二）处理好详略和虚实的关系

主考人员一般对自我介绍的时间和内容不做明确规定，以便更真实地考察求职者组织材料的能力和语言表达能力。因此，求职者要简明扼要、突出重点地进行介绍，一般介绍应控制在5分钟以内，除非主考人员另有要求，否则会影响后面回答的时间，因为面试常常对总时间有规定，特别是集体面试。

要在几分钟内详细介绍自己的所有情况是很困难的，这就需要事先拟好草稿。即使时间紧迫，只有一两分钟的时间进行自我介绍，也应拟好腹稿再讲。拟稿时应该对先介绍什么、后介绍什么，哪些重点介绍、哪些简略介绍、哪些不介绍，介绍中强化什么、弱化什么，都要通盘考虑；否则，就会重点不突出、详略不分明。一般说来，对姓名、年龄、专业、学习、工作经历、毕业学校等可先做介绍，而且简要介绍，不必展开发挥；而对自己的专长、兴趣、能力、获奖等情况则应做详细介绍，因为这是自己的闪光点和优势，与求职成功有密切联系。为加深主考人员的印象和信任，还可以举出具体典型事例，甚至当场提供证书与实物来加以说明和验证。如果主考人员已看过自荐材料，那些已在材料中反映得很清楚的一般性内容可以不再重述，应重点介绍自己的特长、优势以及材料中未做介绍而招聘单位又很看重的内容。如果事先未送自荐材料，此时可当场送上一份，请主考人员边看边听，以加深印象。

求职面试的自我介绍，切忌报流水账，平铺直叙，面面俱到，重点不突出。在“择优录用”的面试考核中，自己的优势应详讲、实讲，以突出自己属于“优者”，具备录用条件；而对不可回避的弱势方面，则应略讲、虚讲，以便扬长避短。

（三）分寸适度，留有余地

在求职自我介绍时掌握适度的分寸，首先就是要恰如其分地评价自己，既不妄自尊大，也不要妄自菲薄。

自我介绍本身就包括了对自己的优缺点的介绍以及对自身的评价。在介绍时要客观地介绍自己的优点，即自己的特长、能力、业绩和经验。当然，适当地抬高自己，用一点溢美之词是必要的，充分表现自己的才能与自信，以战胜竞争对手。但要避免过分炫耀、夸夸其谈，否则会给人以妄自尊大、华而不实的印象。另外，在介绍优点的同时，有时也需适当地、婉转地介绍自己的缺点。因为“金无足赤，人无完人”，一个人不可能没有缺点，有时主动谈及自己的缺点，能使对方感到你是一个诚实可信的人。但介绍缺点也有技巧：一是不能多，以免冲淡优点或损害自己的形象；二是不能谈会影响录用的缺点，因为尽管用人单位欣赏求职者诚实的态度，但他们总不会喜欢一个有较严重的工作能力缺陷的人；三是不能通过自我贬低以示谦虚和恭敬，对方可能认为求职者是缺乏自信与竞争力。任何单位都想招聘有才干、有能力的人，过分谦虚显示不出实力。

面试中的自我介绍还要注意留有余地。一般不宜用表示极端的词来夸耀自己的成绩和长处，不宜将自己说成事事皆能，以免使自己进退维谷。例如，如果求职者介绍说：“我非常熟悉这业务!”就会引起主考人员追问：“这项业务的最新发展动向是什么?”“那么请你谈谈对业务中出现的问题可以采用哪些措施?”社会情况往往是非常具体而复杂的，尤其是对涉世不深又缺乏实践工作经验的毕业生来说，更是难以把握，因而要尽量避免使主考人员为难自己。

二、推销自己的语言技巧

有人说：“我既无在人前露一手的绝技，又无让人刮目的优异成绩，凭什么去推销自己呢?”于是还未面试，就已先败下阵来。可是，在大学生群体中，能称得上“出类拔萃”的毕竟是少数，大多数的人成绩平平，亦无什么“绝技”在手。那么这时推销自己就更有必要。在面试中通过介绍语言，巧妙地把自己的真诚、热情、充满进取精神等档案无法反映的特点，淋漓尽致而又得体地显露出来，令人感到你学习成绩虽不是名列前茅，但知识面较广，能力较强；或虽档案评语一般，但有蓬勃的朝气和工作热情等。这样成功的希望自然比听任对方通过简历评价自己大得多。

面试中，还要注意说好一个“我”字。在向用人单位进行自我推销时，要尽量减少“我”字的使用频率。因为老把“我”挂在嘴上，易使人反感，受人轻视，被认为是强迫性自我推销。所以，要经常注意把“我”字变成“你”字。如主考人员说：“谈谈你自己吧!”一位求职者巧妙地回答：“你想知道我个人的生活，还是与这份工作有关的问题?……你想了解我的实践操作情况吗?”尽量把面试变成一场你与主考人员之间沟通的对话。沟通时切记，自信不等于自负，如果说到“我”时语音加重，语气得意扬扬，喜欢用“最好”“很强”等极端的词来强调自己的优点，就会使主考人员感到此人孤芳自赏、自命不凡，这种狂傲之人即使有真才实学，也必将难以与他人合作共事。因此，只有在自我推销中表现出自信、自强、自立而又不自负的好形象，才会赢得用人单位的好评与认可。

三、提出问题的语言技巧

在面试中，求职者绝不是一个被动的受审者，只能回答主考人员的提问。其实，求职者同样可以反客为主，向主考人员提问。这不仅是面试允许的，而且善于提问，只会对求职者有利。根据调查显示，90%的用人单位在面试时，希望求职者能提问，因为他们从提问中可以看出求职者的水平。因此，提出与求职有关的问题，主考人员会因求职者主动显示对应聘工作的兴趣而加深对求职者的印象。

求职者应珍惜提问机会，不仅要提问，还要敢问。求职者对有关职务能力要求或有关情况不太清楚时，也可以通过提问进一步了解，从而决定自己是否适合这个职位。如“请问贵公司想请个什么样的人来担任此职务呢?”“这份工作是季节性的还是长久性的？在什么情况下，这份工作要求加班或出差?”“假设你们聘用我，而我也接受，公司希望我的表现如何?”“公司打算为这个职务一个月付多少薪水?”“这次面试后到决定录用前还要进行面试吗?”“如被录用，什么时候可以上班?”等，这些提问都是用来了解对方情况的。另外，求职者也可通过提问引导对方对自己的优点、特长产生兴趣，如“你想知道我为什么会对这个职业这么热爱吗?”“不知公司对计算机和英语有什么要求?”“公司对文理兼科双学位的应聘者感兴趣吗?”等，这在求职问答中就可占有主动权，能避开短处而突出表现自己的长处。

在求职中，不可一个接一个地提问，以免引起主考人员的不快，也不要提对自己不利的问题，如一见面就问“这个职务一个月薪水多少”等。要在面试中巧妙地进行有利于自己的提问，就应注意以下几个问题。

（一）所提问题要与求职有关

一般说来，与求职有关的问题有：该单位、该职务所需人员的知识结构、能力结构与素质要求等；该职业劳动性质、任务、岗位状况；该单位用人方式、内部分配制度、管理方式；该单位经济效益、社会效益、管理状况等。

（二）注意提问的时间

要把不同的问题安排在面试谈话的不同阶段提出。有的问题可以在一开始就提出，有的可以在谈话进程中提出，有的则应在快结束时再提出。不要毫无目的地提问，更不可颠三倒四，反反复复提那么几个问题。在面试前，应将要提的问题列出来，多看几遍，想好在何时提问，以便谈话时保持头脑清醒，根据具体情况选择有利时机提问。特别是当谈话冷场时，可以借提问让谈话顺利地进行下去。

（三）注意提问的方式和语气

有的问题，可以直截了当地提出来；而有些问题，则应委婉、含蓄地提出。如了解自己应聘职务后每月会有多少收入等问题，就不宜直接问：“我每月能拿多少钱?”而应婉转地说“贵公司有什么奖惩规定?”“贵公司实行怎么样的分配制度?”等，因为这些情况清楚了，大概也就知道会有多少收入了。在询问时，一定要注意语气，要给人一种诚挚、尊重对方的感觉。例如，在不知能否被录用时，不可直接问：“你们什么时候可以给我录用消息?”而应问：“我过一周再来听消息，可以吗?”前一种问话是质问语气，会令人反感，后一种问话是商量语气，显示了对对方的尊重。

（四）不要提模棱两可、似是而非的问题

凡提到与职业、事业有关的问题，一定要明确，特别是不能不懂装懂，提出一些幼稚可笑的问题。因为从提问中可以看出求职者的知识水平、思维方式、个人利益、价值观等，这都是事关能否录用的问题，所以绝不可信口开河，马虎对待。

四、解除困境的语言技巧

有些主考人员经常喜欢向求职者提一些令人为难的问题。例如，有位求职者在谈到离开原单位、希望换个工作时，主考人员便问：“你为何辞职？那儿的条件比这儿好多了，我们公司如果不如你原来的单位，那么你又会跳槽了？”如果求职者答：“我绝不再跳槽了！”这看来是直接回答了问题，但中了圈套。因为这一回答没有说明任何理由，单纯地表决心是不能赢得主考人员信任的。因此，在面试遇到困境时，要学会走出困境。其技巧有以下几种。

（一）改变为难人的问话模式

为难人的问话，常有一定的模式，如“这么说，你就……”“假如……你是不是就……”“不是……就是……”等，对于这类难以回答的问题，首先要打破其问话的前提，或者对前提加以更正，如果前提条件不存在了或变了，为难的问题也就不用回答了。另外，还得明白其问话的真正用意，主考人员很可能希望求职者就此问题谈点别的什么。如果不明用意，可以说，“我猜想，你的意思是……”趁机把问题引向对自己有利的方面。

（二）让结论寓于答话之中

求职者说希望换个工作，主考人员以此推断他可能不安心工作，于是提出“跳槽”问题。如果求职者说“我不会跳槽”，那就无法解释为何要换工作；如果说“我会跳槽”，则印证了主考人员的推论。遇到这类两难问题，最好不要贸然回答，应避开主考人员的话题，回到自己的话题，强调期望换工作是为了就近照顾年老体弱的父母，或与所学专业不对口等，暗示跳槽是由于客观原因，而非主观原因，从而让结论寓于答话之中。

案例

有位大学生学习成绩较差，却被某企业录用。他在上大学之前父亲病逝，上大学不久，母亲也去世了。他是长子，需抚养弟妹，于是白天上课，晚上打工，所以成绩越来越差。直到弟妹高中毕业后有了工作，家庭窘迫状况才有所改善，但他的学习成绩却未能赶上去。当主考人员问：“你的学习成绩不太好吧？”他便坦率地向主考人员讲述了自己家庭的情况，主考人员对他的遭遇表示同情，并且认为他有过深刻的生活经历，经得起磨难，于是他得到了一份向往已久的工作。

【案例简析】在面试问答环节，求职者不仅要态度诚恳，说话条理清晰、有重点，还要读懂主考人员的“话中话”，以做出正确的回答。这句“你的学习成绩不太好吧？”延伸出来的另外一层意思就是“你的成绩我们公司看不上”。这位求职者的回答不仅解释了成绩不好的原因，还突出了他人品中的闪光点。“先做人再做事”，求职者的品德是很多公司都看重的条件。

（三）诚实坦率，不必掩饰

对面试中实在不会的问题，就应坦诚回答“不会”或“不清楚”，既不要支支吾吾，也不要不懂装懂，否则主考人员进一步追问，情况会更糟。坦然地做出回答，反而能给人留下诚实、坦率的好印象，可以变不利为有利。

（四）对面试中的小过失不必惴惴不安

无论求职者在面试前做了多少准备，也无论其口才多么好，在面试中都可能会出一些失误。如果事前无思想准备，又急于求成，就会心慌意乱，陷入尴尬局面。

其实，对于小的失误，可以一笑了之，主考人员并不会因为无关紧要的小过失而不录用求职者，而求职者如果因此影响自己的情绪，患得患失，面试就很难成功。所以，出现小失误时，应将其视作“主考人员要借此考察我的心理承受能力及解决问题的办法”，不气愤也不气馁，保持稳定的情绪，就能从容地应付和走出难堪的局面。

第四讲　求职面试的语言策略

在求职面试中，条件最好的候选人并不一定总能得到所求的职位，只有在面试中表现最佳者才能成为幸运儿。面试中最难的不是有准备的自我介绍，而是捉摸不定的灵活应答，尤其是当出现一些意料不到的令人为难的提问时，求职者便感到压力了。求职面试语言也离不开策略与技巧，只有巧妙应答，才能出奇制胜。常用的求职面试的语言策略有以下几种。

一、具体实例法

为了向主考人员展示一个与众不同的形象，进而求职获得成功，求职者必须记住：在突出自己的优势时，不要用单调、乏味、难以给人留下印象的概括叙述法，而要用生动、形象的具体实例法来展示自己的特长，如自己具有的素质、技能，以及处理人际关系、解决问题的能力等。通过事实、相关的细节、具体做法陈述等，让自己从一个平常的陌生人，变成一个个性突出、富有情趣、充满活力的人，一个让主考人员很容易从众多毫无特色的求职者中记住的人。

例如，回答这样一个典型的问题：“你最主要的长处是什么？”运用具体实例法回答这一问题就显得更真实、更有趣、更富有魅力。这就如同商品推销术一样，只说商品如何好还不行，还要具体地说出商品的优越性及特性等，否则，再好的商品也难以打动顾客。

运用具体实例法要具体问题具体对待，并非所有问题都适宜。例如，在回答“你最不喜欢什么样的人”时，就可采用抽象概述：“我不喜欢那些口是心非、损人利己的人；那些斤斤计较、只考虑自己的人。”这样回答提纲挈领、简洁有力，若不合时宜地套用实例来说，则未免画蛇添足，既浪费了宝贵的面试时间，又因事事具体而使重点不突出。

在介绍自己主要优点时，用具体实例法来充分描述以加强感染力；在介绍与所求职务关系不大的次要优点时，用概述方法使语言简洁明了，就可使整个面试语言详略得当、重点突出。

二、扬长避短法

抓住机会展现自己的优势、特长，同时注意弥补自己的不足，增强自信。

案例

在某公司应聘部门经理的面试中，主考人员问：“你不认为自己做这项工作年轻了些吗?”求职者答：“下个月我就23周岁了。尽管我没有相关的工作经历，但我却有整整两年的领导学生会的工作经验。大二时，我被选为校学生会主席，之后又连任一年。你们可以想象，要管理3 000多名学生，并非易事，没有一定的管理才能和领导方法，是无法胜任的。所以我认为，年龄固然能说明一定的问题，但个人的素质和能力更为重要。因为这正是一个部门经理所不可缺少的。”

【案例简析】本例是典型的扬长避短式的回答。求职者极力宣扬自己的长处，并将长处同应聘工作的性质有机地结合起来，意在变不利为有利。

三、审时度势法

审时度势法就是要根据不同情况灵活地作答。

一是要掌握好回答问题的时间，做到心中有数，有的放矢。在有限的面试时间里，要得体、有效地“展现”自己，不要漫无边际或反复陈述，过多地拖延时间。

二是要读懂对方。从一个眼神、一个有意识的动作、一句看似随意的问话中，洞察对方的心理与真正用意，从而迅速而准确地调整自己的对策。必要时，“投其所好”或是“见好就收”，都不失为一种应对之策。例如，有位女生到一家知名公司应聘，面试中主考人员突然问：“你在家是独女吗?”她立即意识到主考人员是在暗示她可能存在“娇气”的缺点，于是她回答：“我有三个哥哥，正是在这种家庭环境中，我养成了男孩的性格：豁达、开朗、坚忍。”主考人员立刻流露出欣赏的目光。

四、故作糊涂法

在面试中，主考人员提出了一个意料之外的问题。由于问题来得突然，往往使求职者措手不及，陷入尴尬。比如主考人员突然用英语提问，并要求求职者用英语回答，而求职者的英语并不出色，说得结结巴巴，词不达意。原本“胜利在望”，现在却面临着“功亏一筹”的局面。在这种情况下，采用故作糊涂法可以缓解紧张情绪和调整思路。就是用一些没有实际意义的词、短语或句子，来连接上下文，以继续回答，例如，“噢”“好”“我认为”“这个问题很有意思”“这个问题本身就极富挑战性”等，或用“我想，你的意思是……”“总而言之，就是说……”的句式，在拖长音节时中断自己所说的话，并仔细观察主考人员的反应。在大多数情况下，主考人员会将半截话接下去，这样就可以赢得思考的时间，以便较好地回答问题。

五、虚实并用法

现代面试如用兵打仗，无论是主考人员还是求职者，都讲究“谋略”。往往采用“虚中有实，实中有虚，虚虚实实”的方式，以达到出其不意的效果。求职者在面试中适度而有效地运用“虚”与“实”，常常会起到强化自身求职资格和取悦、“攻克”对方的作用。

例如，当问到“你的工作动力是什么”时，一位求职者便采用了以“虚”带“实”的回答：“我的动力主要来自以下三方面：首先是工作本身，即我对该工作是否感兴趣，是否能发挥自己的特长，能否胜任，能否学到新知识与新技能，以及能否得到进一步的自我发展；其次是自我价值的承认，即我能否得到别人的信任和尊重，能否有晋升的机会；最后是结果，即我是否能得到较高的工资和待遇。”面试是求职应聘中的一个重要环节。而在面试中招聘者最希望看到的是一个真实而全面的你。显然，诚实是最好的策略。所以在面试中，应以“实”为主，以“虚”为辅，虚实都要运用得当，实要实得主旨鲜明突出，虚要虚得合理得体，否则便会弄巧成拙。

六、适度激将法

面试是求职者与主考人员智慧与实力的较量，在这个较量过程中，灵活运用适度激将法，无疑会为自己谋职成功添上有力的砝码。

例如，求职者对“请谈谈你想要的月薪好吗”这一类关键性问题时，就可采用适度激将法，适度“刺激”对方，给对方造成一定的“压力”，从而达到个人预期的目的。如回答“我知道贵公司是一家赢利较多的大公司，那么一定会善待一名优秀的秘书，所以我想，我能得到的最低月薪大概不会少于××××元吧!”运用适度激将法时应注意：一定要适度，掌握好“火候”，针对对方的特点及客观条件；语言一定要委婉，不能太直太白。只有这样，才能达到妙用的理想效果。

知识巩固练习

1. 请分析以下两则对话中，求职者失败的原因。

(1) 招聘者：从你的简历得知，你的英语已经过了四级水平，真不简单。

求职者：您过奖了。其实我周围很多同学都达到了这个水平，我只是一般而已。我还有很多不足，比如，我的电脑水平不行，很多同学都过了二级，我还是停留在初级水平；还有一些专业课也掌握得很不好，让我头痛得很。有时，我也觉得自己没用。

招聘者：哦，原来你对自己很没有信心。

（2）招聘者：据我了解，你干推销似乎挺会赚钱的，对吗？

求职者：是的，我干推销颇有一些赚钱的新招。因为我读的是名牌大学营销专业，又曾在名企的推销部门兼职，所以对于赚钱，我还是挺有把握的。

招聘者：噢，原来你是名牌大学的高才生。不过，我们单位较小，层次较低，目前暂时不要名牌大学的毕业生，很抱歉。

2. 模拟面试。请回答以下问题：

（1）请你介绍一下自己的基本情况好吗？

（2）请问你为什么要来我公司求职？你了解我公司的情况吗？

（3）你认为你在大学中学到了什么？

（4）你认为你所面试的职位最注重的素质是什么？

（5）你最专长于什么？你打算如何发展你的事业？

（6）你有没有应聘过其他公司？那个公司怎么样？你没被聘用吗？还是那个公司不适合你，你跳槽了？

（7）你希望的薪酬是多少？

（8）你是一个什么样的人？喜欢什么样的上司？

（9）前台接待的工作很烦琐也很辛苦，你为什么要选择应聘这个岗位呢？你觉得你有哪些过人之处？

（10）如果你的上司做了错误的指示，你该怎么做？

参考文献

［1］王婕，于新秋．应用文写作．北京：中国传媒大学出版社，2009.

［2］农柳，汤楠．应用文写作：修订版．北京：电子工业出版社，2017.

［3］王燕．应用文写作项目化教程．2版．北京：中国人民大学出版社，2017.

［4］路小燕，陈玉萍，黄玲青．应用写作与口才训练．长沙：湖南人民出版社，2017.

［5］段轩如．写作学教程．5版．北京：中国人民大学出版社，2020.

［6］史英新．应用文写作．济南：山东人民出版社，2013.

［7］萧庆元，强亦忠．科技写作教程．北京：高等教育出版社，2005.

［8］晨梅梅．实用写作教程．2版．上海：上海外语教育出版社，2017.

［9］胡可斯．实用演讲与口才项目化教程．南京：南京大学出版社，2010.

附录　编辑常用校对符号一览表

中华人民共和国国家标准

GB/T 14706—93

校对符号及其用法

Proofreader's marks and their application

1　主题内容与适用范围

本标准规定了校对各种排版校样的专用符号及其用法。

本标准适用于中文(包括少数民族文字)各类校样的校对工作。

2　引用标准

GB 9851　印刷技术术语

3　术语

3.1　校对符号　proofreader's mark

以特定图形为主要特征的、表达校对要求的符号。

4　校对符号及用法示例

编号	符号形态	符号作用	符号在文中和页边用法示例	说　明
			一、字符的改动	
1	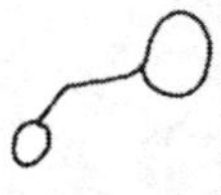	改　正	增高出版物质量。 提 改革开改 放	改正的字符较多,圈起来有困难时,可用线在页边画清改正的范围 必须更换的损、坏、污字也用改正符号画出
2		删　除	提高出版物物质质量。	
3	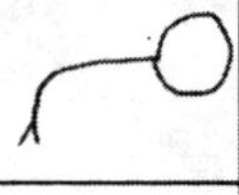	增　补	要搞好校工作。 对	增补的字符较多,圈起来有困难时,可用线在页边画清增补的范围
4	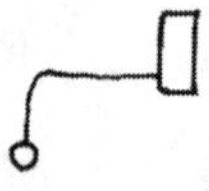	改正上下角	16=42 2 H_2SO4 4 尼古拉费欣 · 0.25+0.25=0.5 . 举例2×3=6 : X:Y=1:2 :	

国家技术监督局1993-11-16批准　　　　1994-07-01实施

GB/T 14706—93

续表

编号	符号形态	符号作用	符号在文中和页边用法示例	说　明
		二、字符方向位置的移动		
5		转　正	字符颠倒要转正。	
6		对　调	认真经验总结。 认真验结经总。	用于相邻的字词 用于隔开的字词
7		接　排	要重视校对工作， 提高出版物质量。	
8	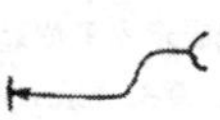	另 起 段	完成了任务。明年……	
9		转　移	校对工作，提高出 版物质量要重视。 "。以上引文均见中文新版《 列宁全集》。 编者　年　月 …… 各位编委：	用于行间附近的转移 用于相邻行首末衔接字符的推移 用于相邻页首末衔接行段的推移
10	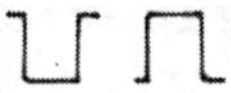 或 	上 下 移	序号 | 名　称 | 数量 01 | 显微镜 | 2	字符上移到缺口左右水平线处 字符下移到箭头所指的短线处
11	 或 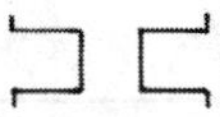	左 右 移	要重视校对工 作，提高出版物质量。 3 4　　5 6　　5 欢呼　　歌　　唱	字符左移到箭头所指的短线处 字符左移到缺口上下垂直线处 符号画得太小时，要在页边重标

GB/T 14706—93

续表

编号	符号形态	符号作用	符号在文中和页边用法示例	说　明
12	═ ‖	排　齐	校对工作非常重要。 必须提高印刷质量，缩短印制周期。　国家标准	
13		排阶梯形	RH_2	
14	↑	正　图	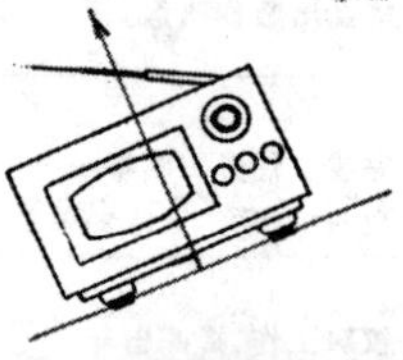	符号横线表示水平位置，竖线表示垂直位置，箭头表示上方

三、字符间空距的改动

编号	符号形态	符号作用	符号在文中和页边用法示例	说　明
15	∨ >	加大空距	├ 一、校对程序 ┤　∨ > 校对胶印读物、影印书刊的注意事项：　>	表示在一定范围内适当加大空距 横式文字画在字头和行头之间
16	∧ <	减小空距	二、校对程　序　∧ < 校对胶印读物、影印书刊的注意事项：　<	表示不空或在一定范围内适当减小空距 横式文字画在字头和行头之间
17	#	空　1　字距 空 1/2 字距 空 1/3 字距 空 1/4 字距	第一章校对职责和方法　# 1. 责任校对	多个空距相同的，可用引线连出，只标示一个符号
18	Y	分　开	Goodmorning!　Y	用于外文

GB/T 14706—93

续表

编号	符号形态	符号作用	符号在文中和页边用法示例	说　明
		四、其　他		
19	△	保　留	认真搞好校对工作。	除在原删除的字符下画△外，并在原删除符号上画两竖线
20	○＝	代　替	⊜色的程度不同，从淡⊜色到深⊜色具有多种层次，如天⊜色、湖⊜色、海⊜色、宝⊜色…… ○=蓝	同页内有两个或多个相同的字符需要改正的，可用符号代替，并在页边注明
21	○○○	说　明	第一章　校对的职责 改黑体	说明或指令性文字不要圈起来，在其字下画圈，表示不作为改正的文字。如说明文字较多时，可在首末各三字下画圈

5　使用要求

5.1　校对校样，必须用色笔（墨水笔、圆珠笔等）书写校对符号和示意改正的字符，但是不能用灰色铅笔书写。

5.2　校样上改正的字符要书写清楚。校改外文，要用印刷体。

5.3　校样中的校对引线要从行间画出。墨色相同的校对引线不可交叉。

GB/T 14706—93

附 录 A
校对符号应用实例
（参考件）

〔例〕今用伏安二法测一线圈的电感。当接入 36 V 直流电源时，的过流电流为 6 A；当插入 220 V、50 Hz 的交流电源时时，流过的电流为 22 A。算计线圈的电感。

〔解〕在直流电路中电感不起作用 ，即 $XL=2\pi f=0$ （直流电也可看成是频率 $f=0$ 的交流电）。由此可算 出线圈的电阻为

$$R=\frac{U}{I}=\frac{36}{6}=6\Omega$$

接在交流电源上，线圈的阴抗为

$$Z=\frac{U}{I}=\frac{220}{22}=10\ \Omega$$

线圈的感抗为 $X_L=\sqrt{Z^2-R^2}=\sqrt{10^2-62}=8\ \Omega$

故线圈的电感为

$$L=\frac{X_L}{2\pi f}=\frac{8}{2\pi\times 50}=0.025\ \mathrm{H}=25\ \mathrm{mH}$$

第七节 电 容 电 路

电容器接在直流电源上，如图 3-13 甲所示。电路呈断路状态。若把它接在交流电源上，情况就不一样。电容器板上的电荷与其两端电压的关系为 $q=c_{u_c}$。当电压 u_c 升高时，极板上

附加说明：

本标准由中华人民共和国新闻出版署提出。

本标准由全国印刷标准化技术委员会归口。

本标准由人民出版社负责起草。